鉄道連絡船細見

イラストでたどる 鉄道連絡船の変遷

わが国初の鉄道連絡船"第一太湖丸"が誕生して125年。その間さまざまな連絡船が登場した。それぞれの形態、性能、航路は違っても、鉄道連絡船としての使命感に燃え、懸命に走りつづけた姿に変わりはなかった。

※船名／航路
総トン数：t 長さ：m 速力：ノット

→ 小型船のため拡大作画(約175%)
→ 竣工時の名称
→ 最初に就航した航路名

明治期（1883–1911）

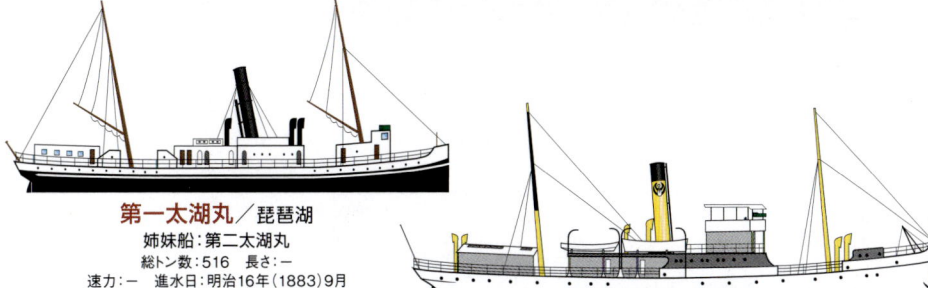

第一太湖丸／琵琶湖
姉妹船：第二太湖丸
総トン数：516 長さ：― 速力：― 進水日：明治16年(1883)9月

阪鶴丸／山陰
姉妹船：第二阪鶴丸
総トン数：760 長さ：56.99 速力：11.7 進水日：明治39年(1906)

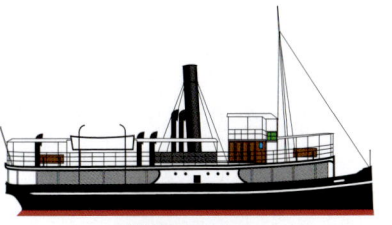

豊浦丸／門徳
姉妹船：馬関丸
総トン数：322 長さ：41.14 速力：10.34
進水日：明治32年(1899)7月9日

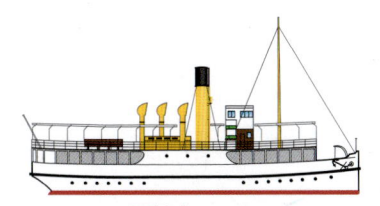

児嶋丸／四国
姉妹船：玉藻丸
総トン数：224 長さ：30.05 速力：10.65
進水日：明治36年(1903)1月24日

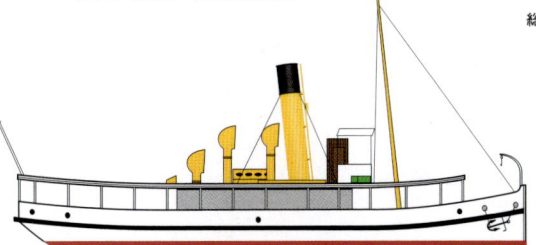

※大瀬戸丸／関門
姉妹船：下関丸 I
総トン数：188.83 長さ：30.48 速力：8.20
進水日：明治34年(1901)2月16日

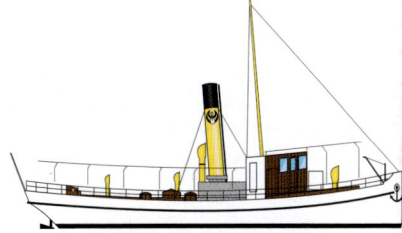

橋立丸／舞鶴・宮津間
総トン数：48.13 長さ：22.86 速力：11.0
進水日：明治37年(1904)10月

※第一由良川丸／由良川
類似船：第二由良川丸・旭丸
総トン数：8.91 長さ：12.19 速力：― 進水日：明治35年(1902)

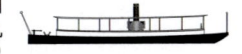

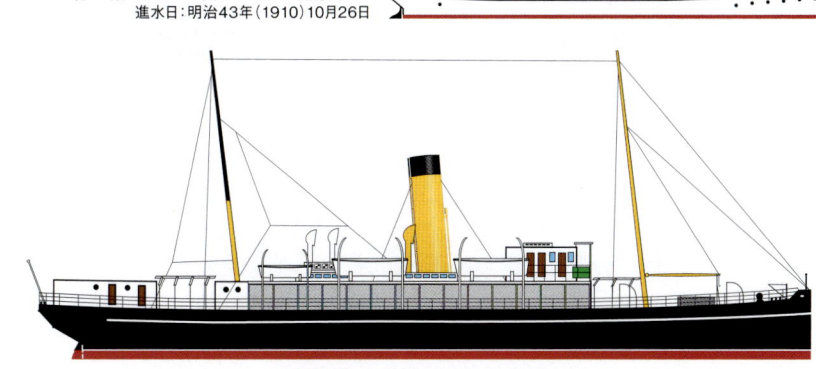

※第三橋立丸／舞鶴・宮津間
総トン数：168.61 長さ：30.48 速力：9.60
進水日：明治43年(1910)10月26日

壱岐丸 I／関釜 姉妹船：対馬丸 I
総トン数：1,680.56 長さ：79.24 速力：14.96 進水日：明治38年(1905)6月19日

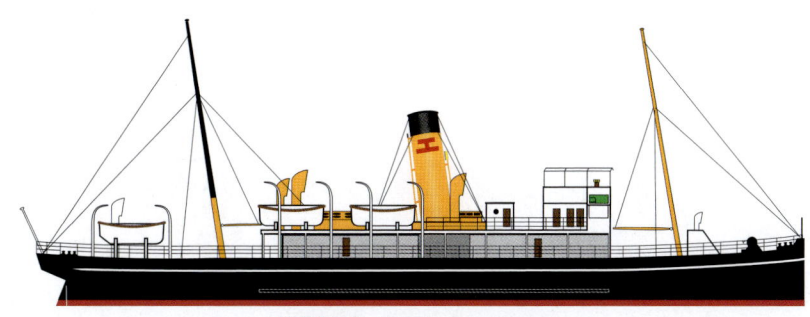

比羅夫丸／青函 姉妹船：田村丸
総トン数：1,480.41 長さ：85.34 速力：18.36 進水日：明治40年(1907)7月10日

大正期（1912–1926）

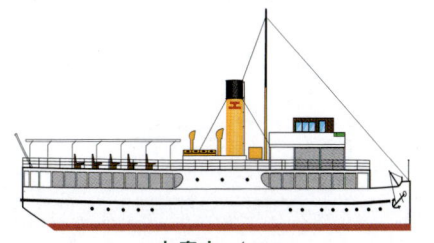

水島丸／宇高
総トン数：336.73 長さ：38.10 速力：11.20
進水日：大正6年(1917)3月

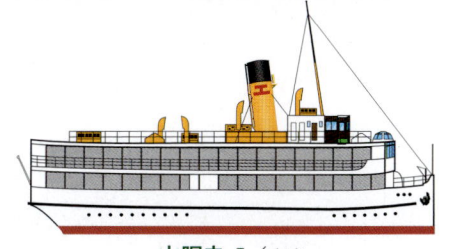

山陽丸 I／宇高
姉妹船：南海丸
総トン数：561.19 長さ：42.67 速力：13.89
進水日：大正12年(1923)4月17日

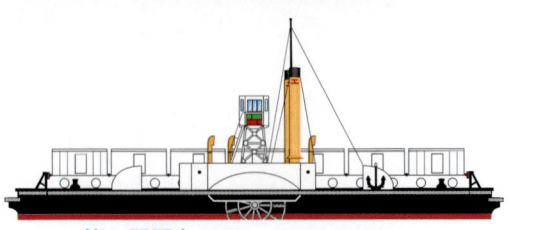

第一関門丸／関森　姉妹船：第二関門丸
総トン数：463.10　長さ：53.64　速力：10.12
進水日：大正8年(1919)5月26日

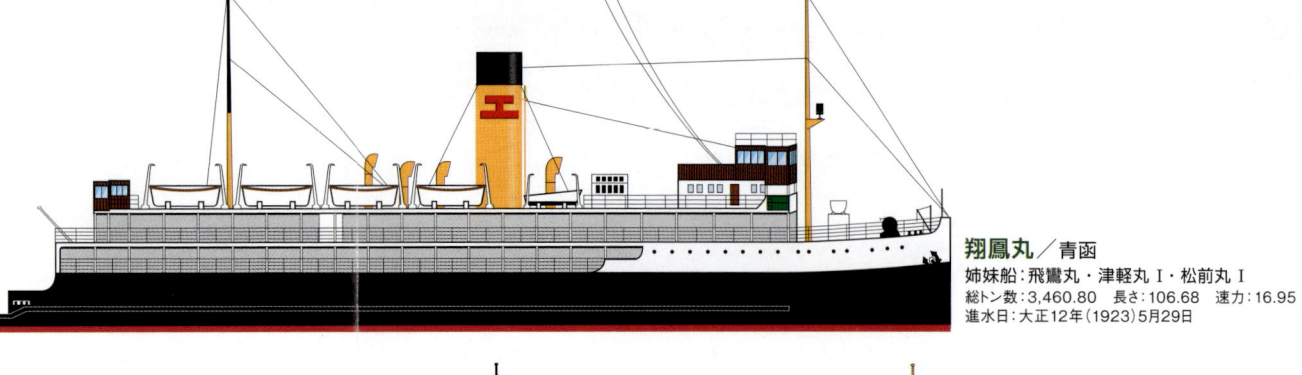

翔鳳丸／青函
姉妹船：飛鸞丸・津軽丸Ⅰ・松前丸Ⅰ
総トン数：3,460.80　長さ：106.68　速力：16.95
進水日：大正12年(1923)5月29日

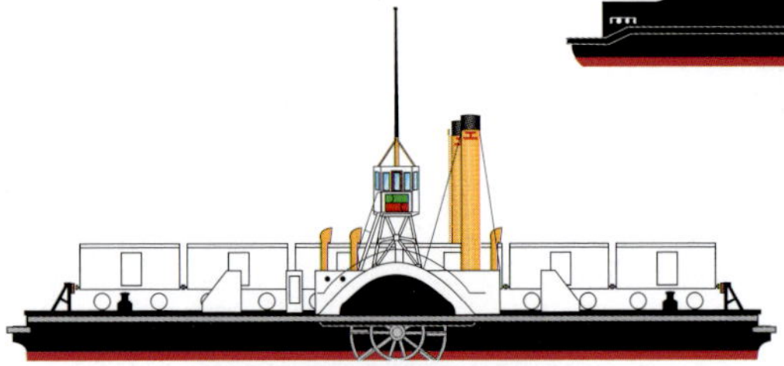

第三関門丸／関森
姉妹船：第四関門丸・第五関門丸
総トン数：493.14　長さ：53.64　速力：8.86　進水日：大正10年(1921)11月

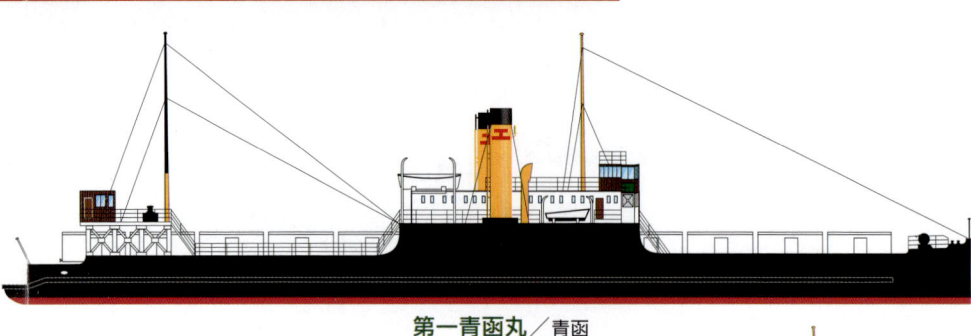

第一青函丸／青函
総トン数：2,326.08　長さ：108.50　速力：13.51
進水日：大正15年(1926)10月21日

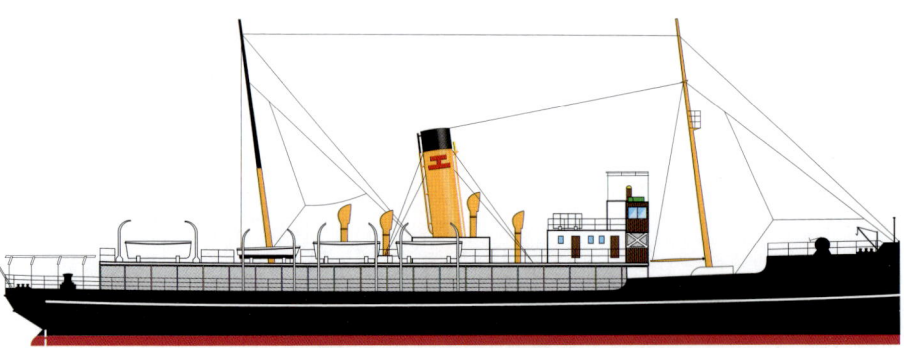

高麗丸／関釜　姉妹船：新羅丸
総トン数：3,028.51　長さ：97.53　速力：16.16　進水日：大正元年(1912)10月11日

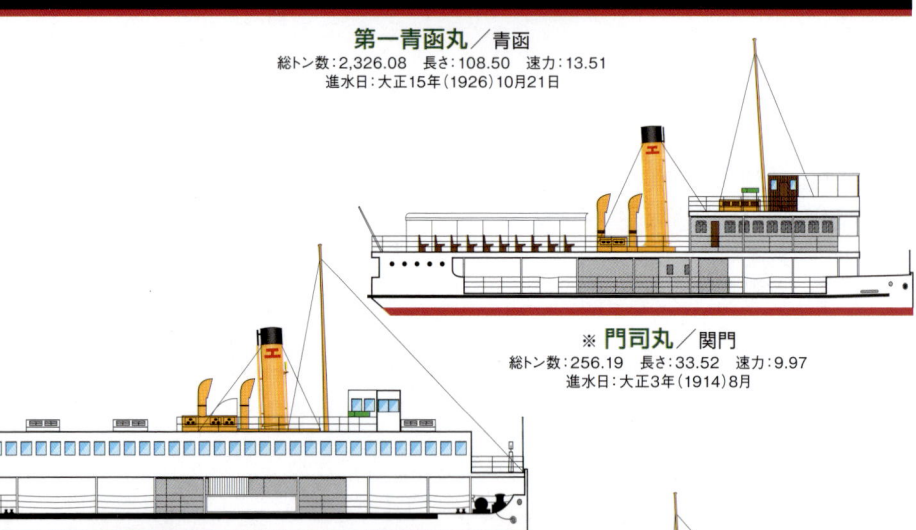

※ 門司丸／関門
総トン数：256.19　長さ：33.52　速力：9.97
進水日：大正3年(1914)8月

※ 長水丸／関門
姉妹船：豊山丸
総トン数：410.00　長さ：35.05　速力：10.13
進水日：大正9年(1920)7月29日

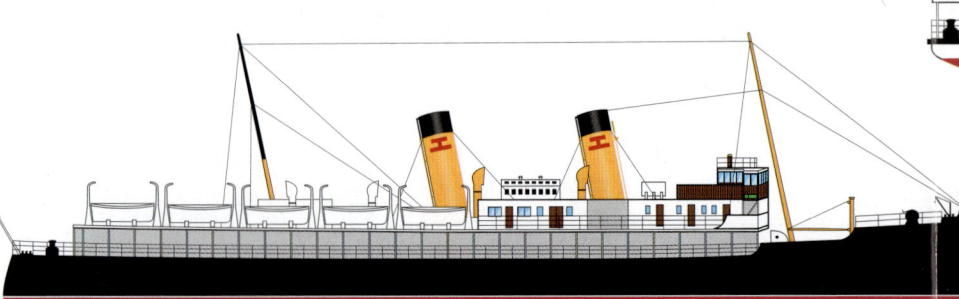

景福丸／関釜　姉妹船：徳寿丸・昌慶丸
総トン数：3,619.66　長さ：109.72　速力：19.78　進水日：大正10年(1921)11月22日

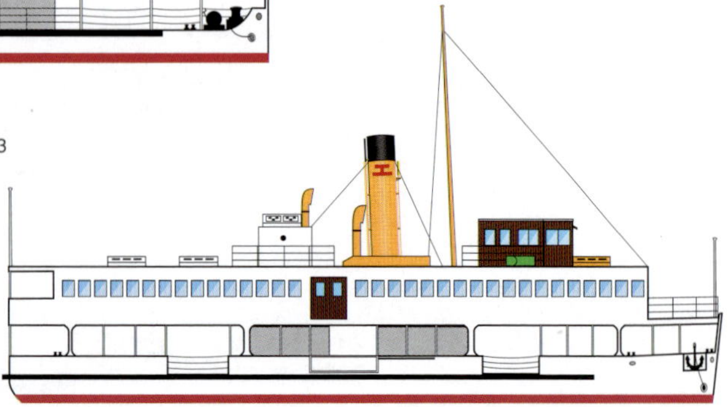

※ 下関丸Ⅱ／関門
総トン数：527.83　長さ：38.10　速力：10.13
進水日：大正14年(1925)5月13日

昭和前期（1927–1946）

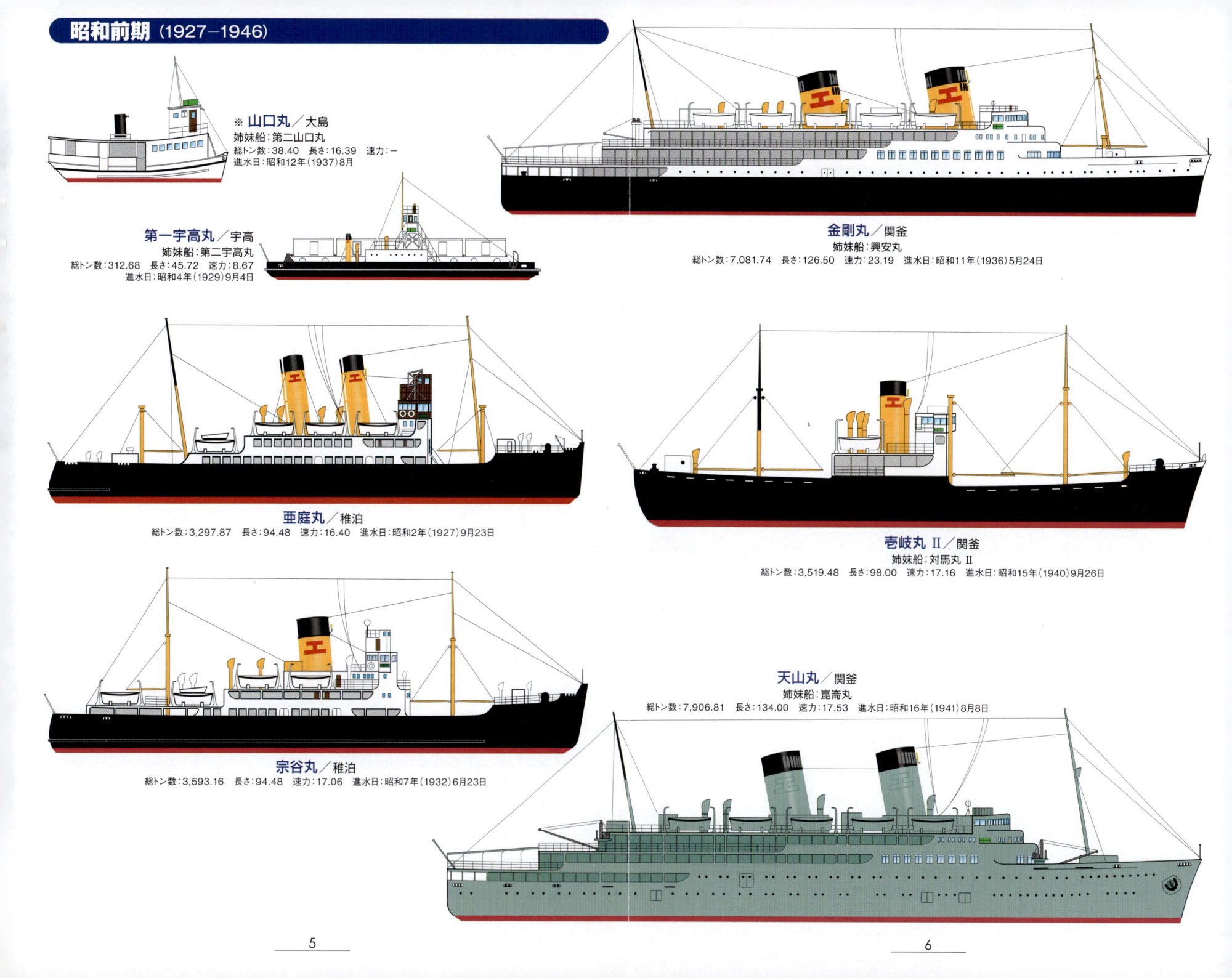

※山口丸／大島
姉妹船：第二山口丸
総トン数：38.40　長さ：16.39　速力：—
進水日：昭和12年（1937）8月

第一宇高丸／宇高
姉妹船：第二宇高丸
総トン数：312.68　長さ：45.72　速力：8.67
進水日：昭和4年（1929）9月4日

金剛丸／関釜
姉妹船：興安丸
総トン数：7,081.74　長さ：126.50　速力：23.19　進水日：昭和11年（1936）5月24日

亜庭丸／稚泊
総トン数：3,297.87　長さ：94.48　速力：16.40　進水日：昭和2年（1927）9月23日

壱岐丸Ⅱ／関釜
姉妹船：対馬丸Ⅱ
総トン数：3,519.48　長さ：98.00　速力：17.16　進水日：昭和15年（1940）9月26日

宗谷丸／稚泊
総トン数：3,593.16　長さ：94.48　速力：17.06　進水日：昭和7年（1932）6月23日

天山丸／関釜
姉妹船：崑崙丸
総トン数：7,906.81　長さ：134.00　速力：17.53　進水日：昭和16年（1941）8月8日

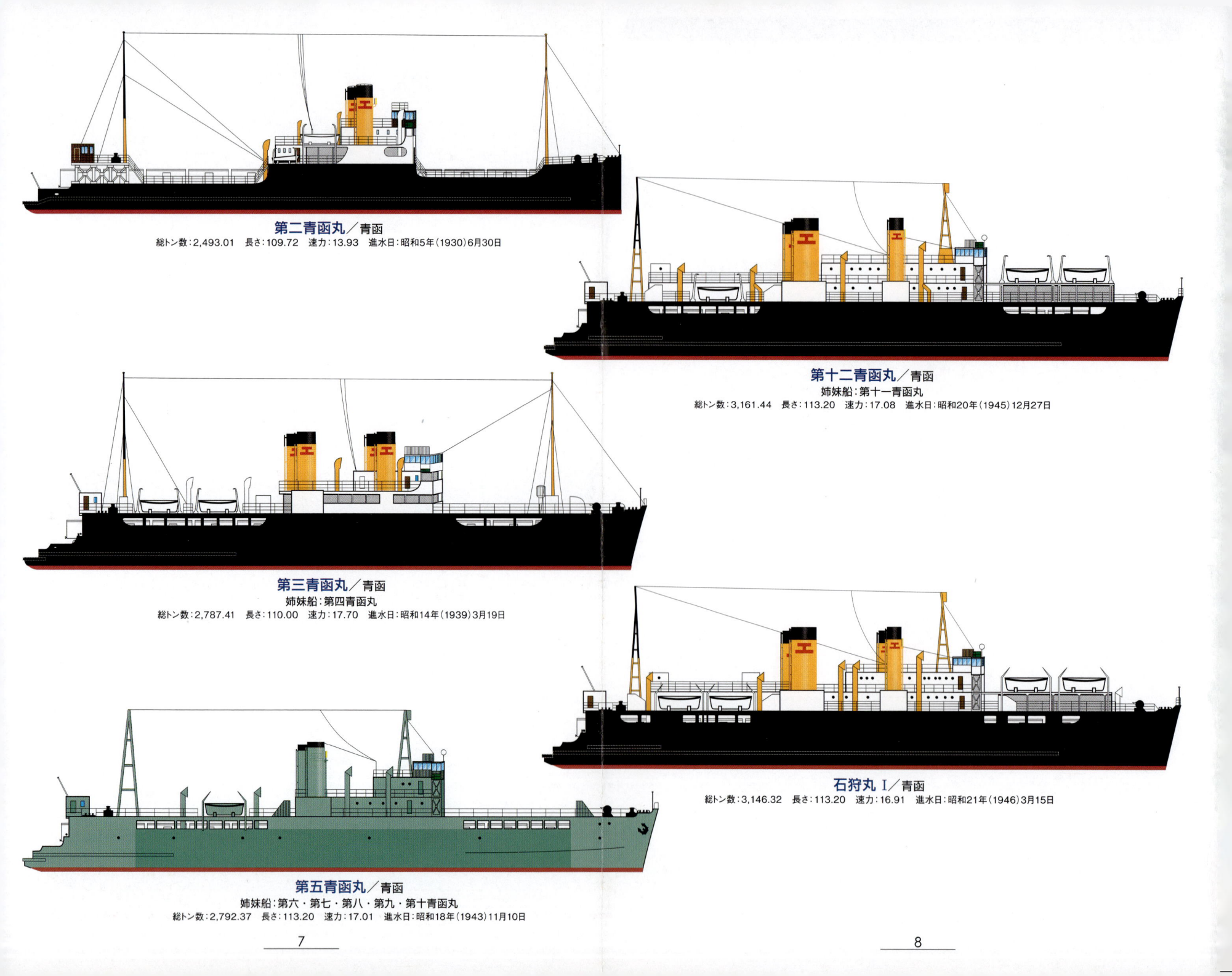

第二青函丸／青函
総トン数：2,493.01　長さ：109.72　速力：13.93　進水日：昭和5年(1930)6月30日

第十二青函丸／青函
姉妹船：第十一青函丸
総トン数：3,161.44　長さ：113.20　速力：17.08　進水日：昭和20年(1945)12月27日

第三青函丸／青函
姉妹船：第四青函丸
総トン数：2,787.41　長さ：110.00　速力：17.70　進水日：昭和14年(1939)3月19日

石狩丸Ⅰ／青函
総トン数：3,146.32　長さ：113.20　速力：16.91　進水日：昭和21年(1946)3月15日

第五青函丸／青函
姉妹船：第六・第七・第八・第九・第十青函丸
総トン数：2,792.37　長さ：113.20　速力：17.01　進水日：昭和18年(1943)11月10日

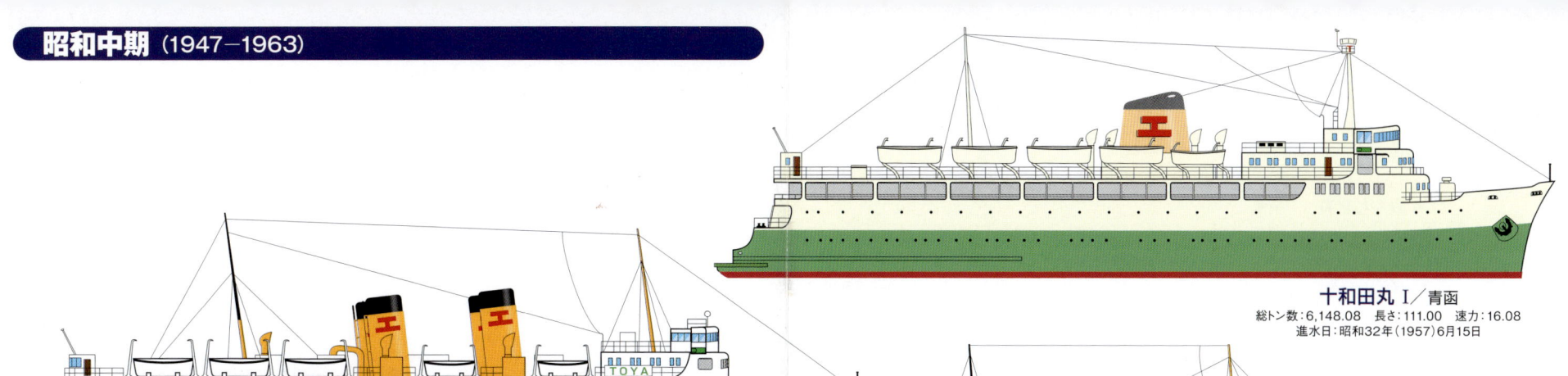

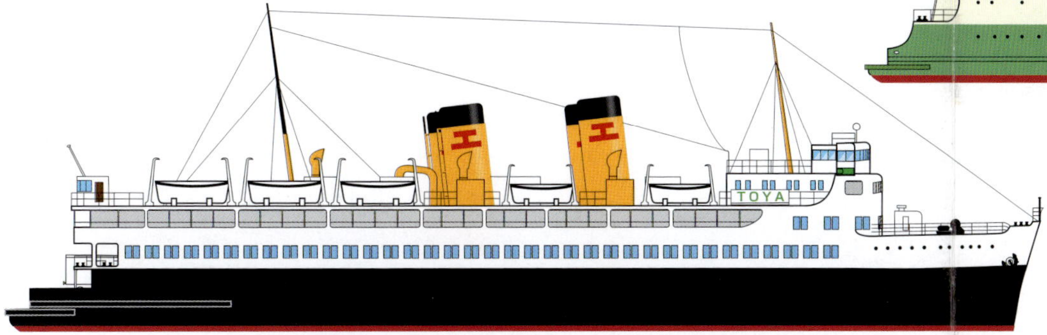

昭和中期 (1947-1963)

洞爺丸／青函　姉妹船：羊蹄丸Ⅰ・摩周丸Ⅰ・大雪丸Ⅰ
総トン数：3,898.03　長さ：113.20　速力：17.45　進水日：昭和22年(1947)3月26日

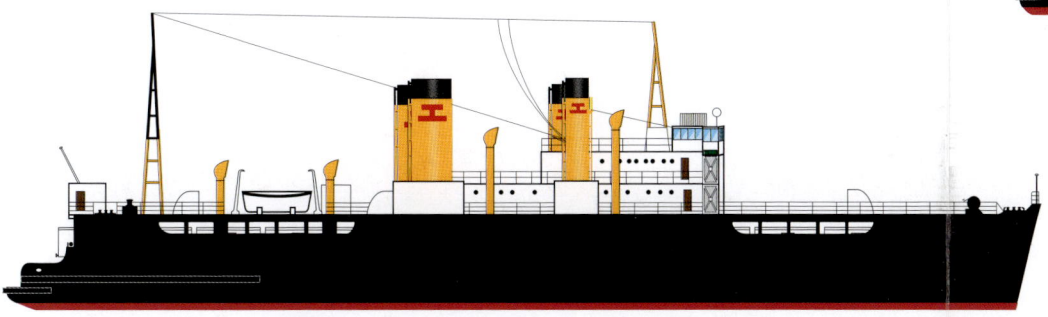

十勝丸Ⅰ／青函　姉妹船：渡島丸Ⅰ　類似船：北見丸・日高丸Ⅰ
総トン数：2,911.77　長さ：113.20　速力：17.09　進水日：昭和22年(1947)3月22日

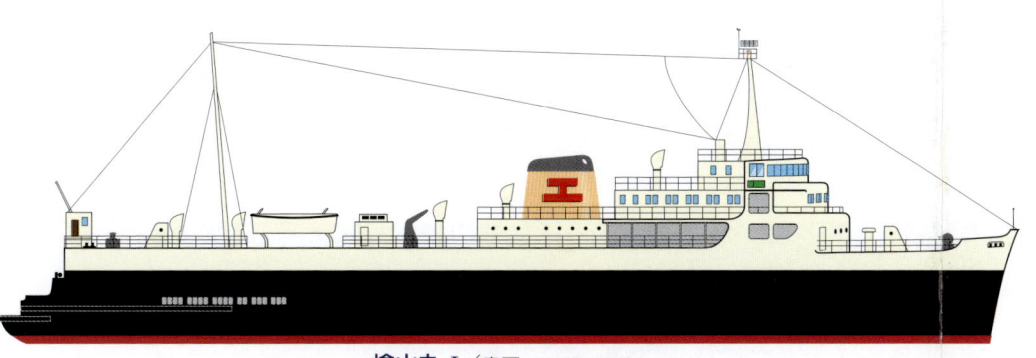

檜山丸Ⅰ／青函　姉妹船：空知丸Ⅰ
総トン数：3,393.09　長さ：111.00　速力：17.11　進水日：昭和30年(1955)7月8日

十和田丸Ⅰ／青函
総トン数：6,148.08　長さ：111.00　速力：16.08　進水日：昭和32年(1957)6月15日

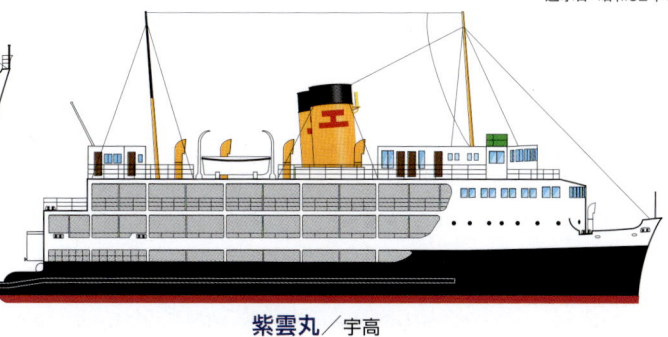

紫雲丸／宇高　姉妹船：眉山丸・鷲羽丸
総トン数：1,449.49　長さ：72.00　速力：14.66　進水日：昭和22年(1947)3月10日

第三宇高丸／宇高
総トン数：1,282.15　長さ：72.00　速力：15.01　進水日：昭和28年(1953)1月30日

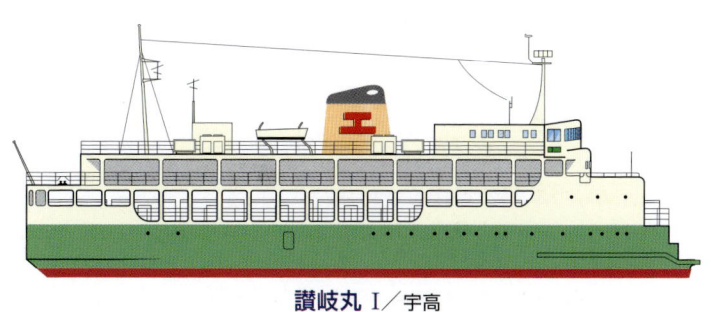

讃岐丸Ⅰ／宇高
総トン数：1,828.89　長さ：73.20　速力：12.88　進水日：昭和35年(1960)11月22日

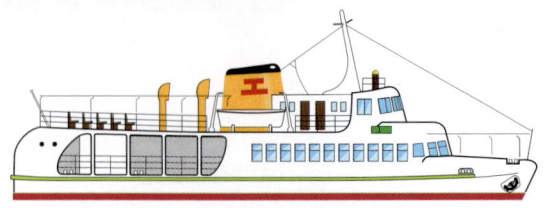

※ **みやじま丸 I**／宮島
総トン数：242.08　長さ：30.00　速力：10.02
進水日：昭和29年（1954）7月20日

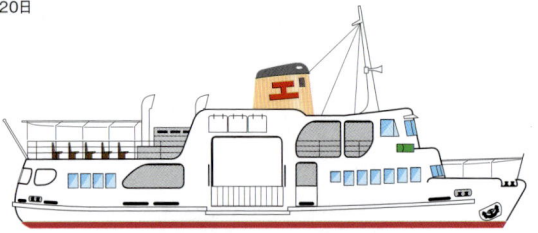

※ **大島丸 I**／大島
総トン数：257.99　長さ：30.80　速力：11.14
進水日：昭和36年（1961）4月7日

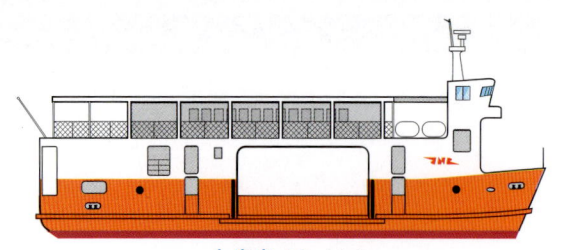

※ **大島丸 III**／大島
総トン数：267.03　長さ：29.70　速力：11.84
進水日：昭和45年（1970）1月13日

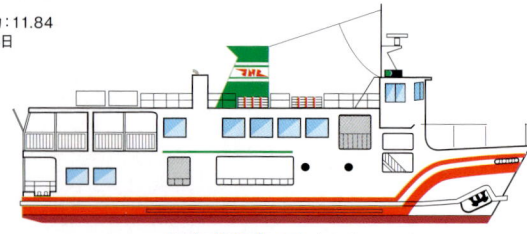

※ **ななうら丸 II**／宮島
総トン数：196.—　長さ：28.50　速力：11.49
進水日：昭和61年（1986）11月21日

昭和後期（1964—1988）

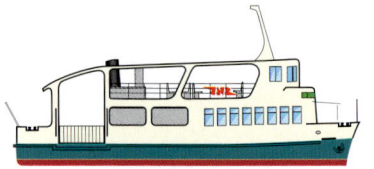

※ **みやじま丸 II**／宮島
姉妹船：みせん丸 II
類似船：山陽丸 II
総トン数：117.16　長さ：21.00　速力：10.05
進水日：昭和40年（1965）8月2日

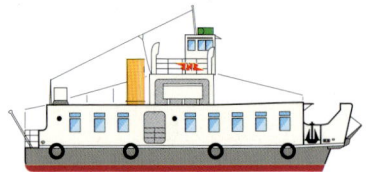

※ **周防丸**／大島
総トン数：89.36　長さ：19.00　速力：9.02
進水日：昭和39年（1964）6月8日

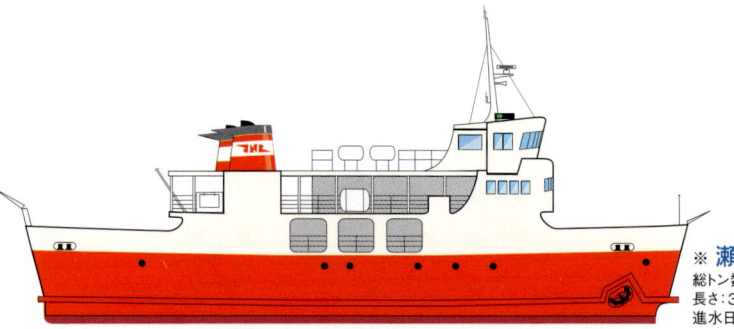

※ **瀬戸丸 II**／仁堀
総トン数：399.23
長さ：39.00　速力：14.33
進水日：昭和49年（1974）9月3日

※ **みやじま丸 III**／宮島
姉妹船：みせん丸 III
総トン数：266.40　長さ：27.00　速力：10.70
進水日：昭和53年（1978）5月26日

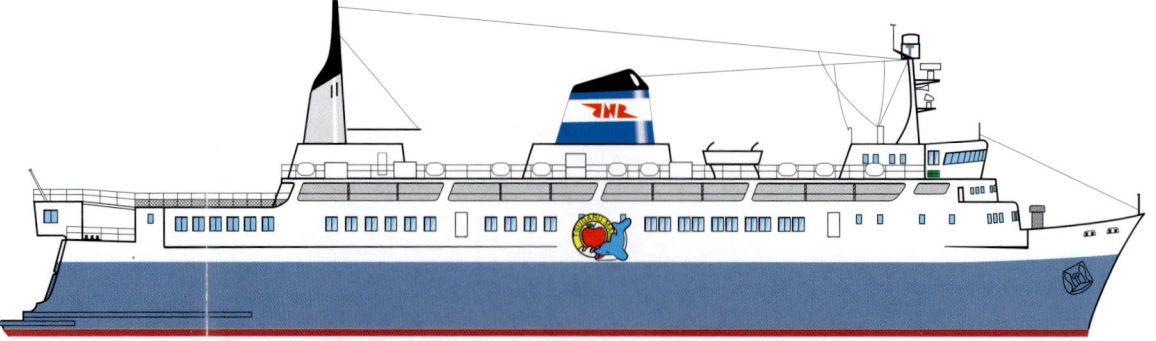

津軽丸 II／青函
姉妹船：八甲田丸・松前丸 II・大雪丸 II・摩周丸 II・羊蹄丸 II・十和田丸 II
総トン数：8,278.66　長さ：123.00　速力：20.64　進水日：昭和38年（1963）11月15日

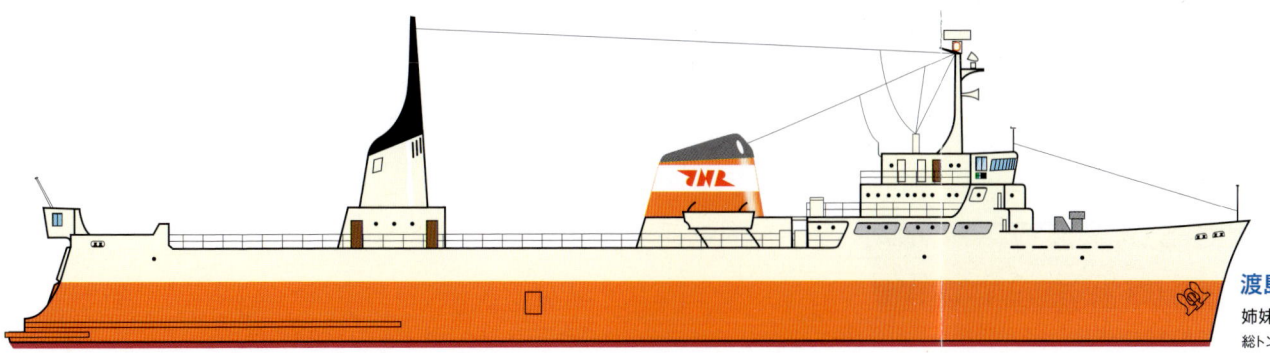

渡島丸 II／青函
姉妹船：日高丸 II・十勝丸 II・空知丸 II・檜山丸 II・石狩丸 III
総トン数：4,075.15　長さ：136.00　速力：20.67　進水日：昭和44年(1969)6月30日

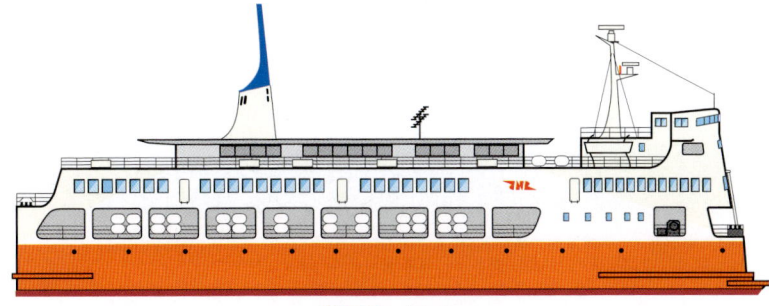

伊予丸／宇高
姉妹船：土佐丸・阿波丸・讃岐丸 II
総トン数：3,083.76　長さ：84.00　速力：16.88　進水日：昭和40年(1965)10月27日

"変身"した連絡船たち

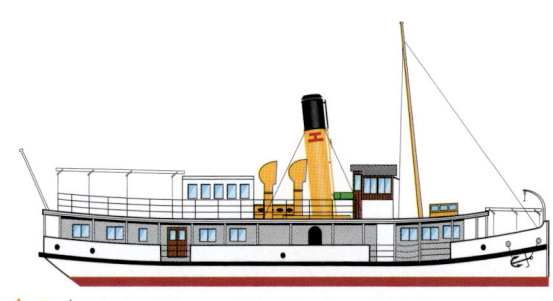

※弥山丸 I／宮島（旧大瀬戸丸・客船、大正11年[1922]改装、14年[1925]改名）
姉妹船：七浦丸 I（旧下関丸 I）
総トン数：177.33　長さ：30.48　速力：—　改装：大正11年(1922)7月

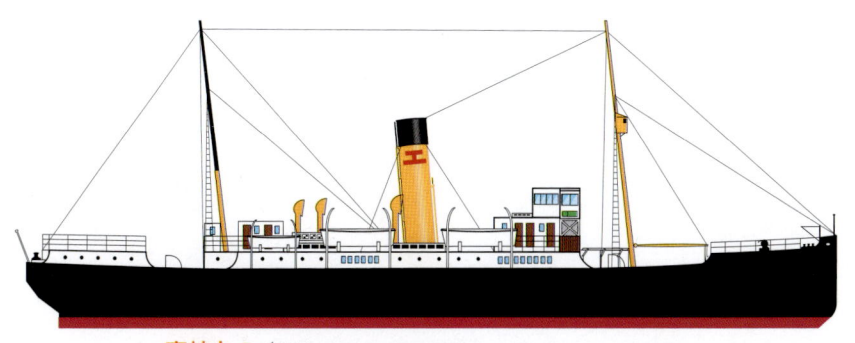

平成期（1989— ）

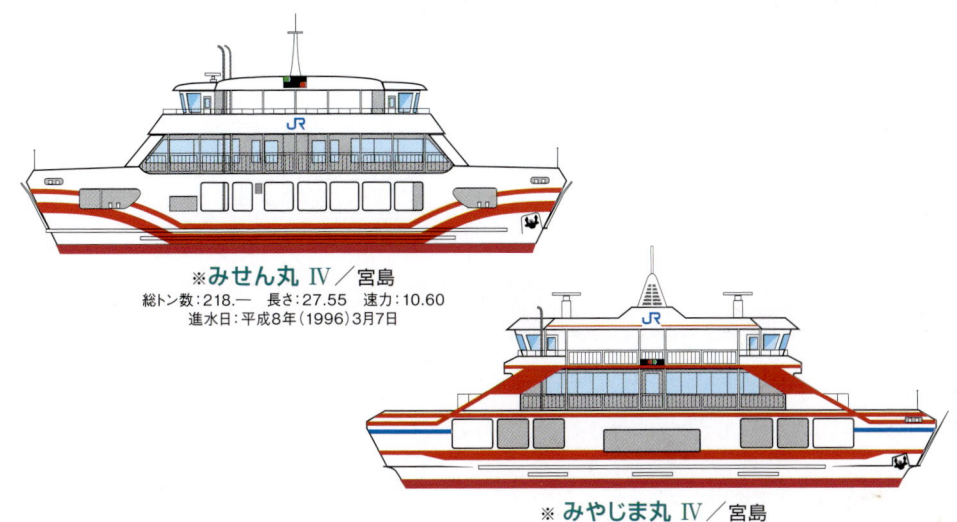

※みせん丸 IV／宮島
総トン数：218.—　長さ：27.55　速力：10.60
進水日：平成8年(1996)3月7日

※みやじま丸 IV／宮島
総トン数：254.—　長さ：30.00　速力：10.47
進水日：平成17年(2005)4月26日

壱岐丸 I／稚泊（客貨船→砕氷客貨船、大正13年[1924]改造）
姉妹船：対馬丸 I
総トン数：1,772.78　長さ：83.21　速力：—　改造：大正13年(1924)7月

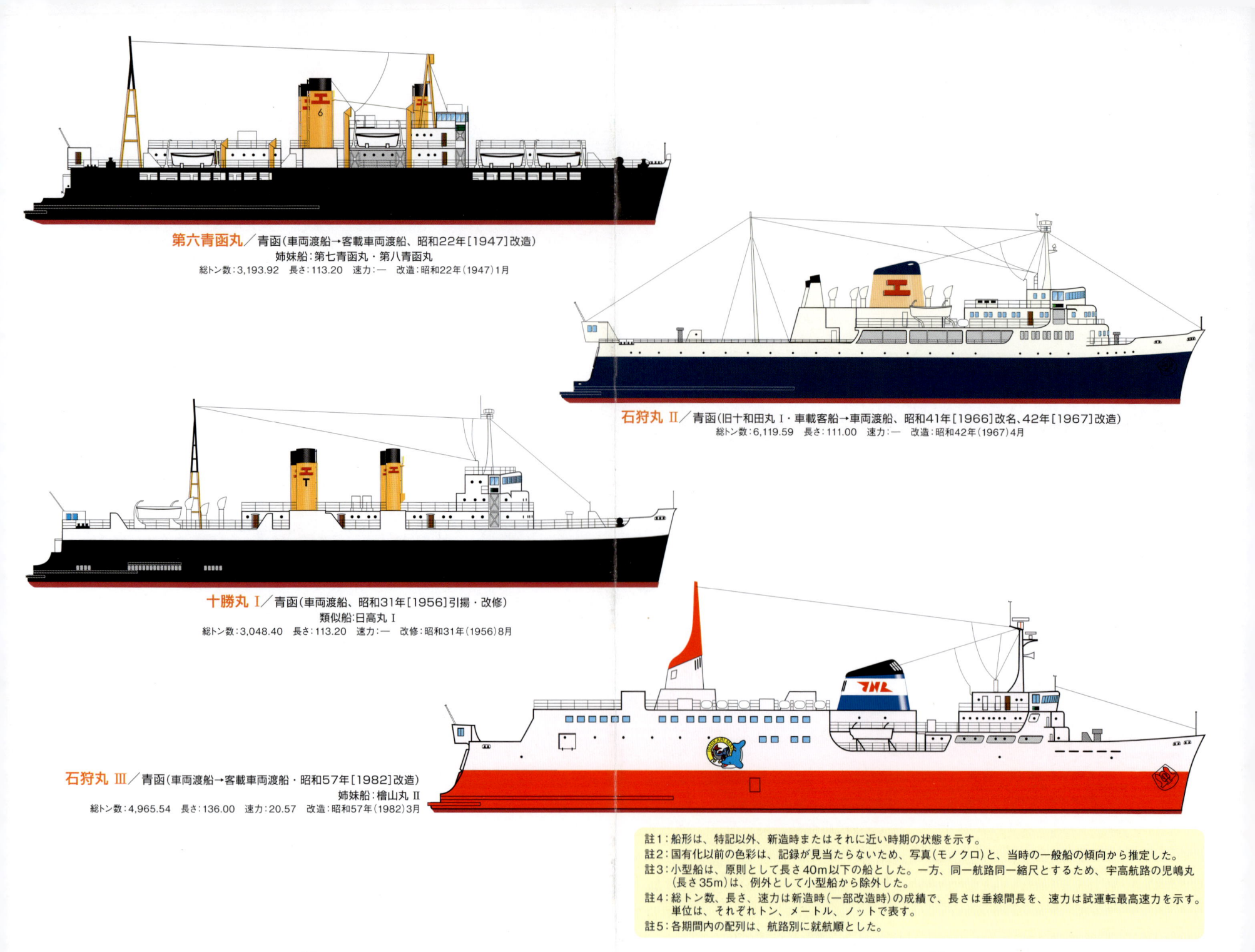

第六青函丸／青函(車両渡船→客載車両渡船、昭和22年[1947]改造)
姉妹船：第七青函丸・第八青函丸
総トン数：3,193.92　長さ：113.20　速力：—　改造：昭和22年(1947)1月

石狩丸 II／青函(旧十和田丸 I・車載客船→車両渡船、昭和41年[1966]改名、42年[1967]改造)
総トン数：6,119.59　長さ：111.00　速力：—　改造：昭和42年(1967)4月

十勝丸 I／青函(車両渡船、昭和31年[1956]引揚・改修)
類似船：日高丸 I
総トン数：3,048.40　長さ：113.20　速力：—　改修：昭和31年(1956)8月

石狩丸 III／青函(車両渡船→客載車両渡船・昭和57年[1982]改造)
姉妹船：檜山丸 II
総トン数：4,965.54　長さ：136.00　速力：20.57　改造：昭和57年(1982)3月

註1：船形は、特記以外、新造時またはそれに近い時期の状態を示す。
註2：国有化以前の色彩は、記録が見当たらないため、写真(モノクロ)と、当時の一般船の傾向から推定した。
註3：小型船は、原則として長さ40m以下の船とした。一方、同一航路同一縮尺とするため、宇高航路の児嶋丸(長さ35m)は、例外として小型船から除外した。
註4：総トン数、長さ、速力は新造時(一部改造時)の成績で、長さは垂線間長を、速力は試運転最高速力を示す。単位は、それぞれトン、メートル、ノットで表す。
註5：各期間内の配列は、航路別に就航順とした。

まえがき

　明治41年(1908)青森・函館間に、また同43年(1910)宇野・高松間に、それぞれ開設された鉄道連絡航路の「青函航路」と「宇高航路」が、ともに昭和63年(1988)、その使命を終えて消滅した。これにより、海峡を隔てた両岸の鉄道をダイヤで結ぶ「鉄道連絡船」は、すべて日本から姿を消したのである。

　「鉄道連絡船」はもともと、今すぐ橋を架けたり、トンネルを掘ることの出来ない川や海などに"動く橋"として両岸の鉄道を連絡する船であるから、橋などが出来てしまえば、消え去るのが運命である。それにしても、「青函航路」の80年、「宇高航路」の78年は、"代役"としては異例の長さであった。

　日本の「鉄道連絡船」の登場期間は、第一・第二太湖丸が、初めて琵琶湖上に就航した明治17年(1884)以来104年間。わが国鉄道136年の歴史の中にあって、その比率は決して小さいものではなかった。その間、船の形態や航路は違っても、単にロマンと哀愁だけではなく、それぞれの使命感に燃え、懸命に走り続けたのであった。それゆえに、これまで多くの学術書から文芸書に至るまで幅広く取り上げられ、紹介されてきたのである。本書は、あえて、これらの記録の隙間を補うよう、これまで、連絡航路の運営に重要な役割を担いながら、連絡船の影に隠れ、まとまっては取り上げられなかった「水陸連絡設備」の変遷や、生まれた「建造所」とのかかわり、また、日頃何気なく使われていた連絡船の「呼称」の推移等、片隅に押しやられ、やがては人々の記憶から消え去っていくような事柄を拾い集めてみた。これらにスポットを当てることにより、「鉄道連絡船」像がより明確になる、との思いからである。なお、これまで開設された「鉄道連絡航路」と、そこに就航した「鉄道連絡船」については、とくに項目は設けなかったが、通読していただければ、その概要が分かるように構成したつもりである。付表に、「鉄道連絡船主要目一覧表」「鉄道連絡航路年表」「船名索引」などを添付した。

　本書が、「鉄道連絡船」に興味をお持ちの方や研究されている方に、少しでもお役にたてば幸いである。

鉄道連絡船細見　　　　目　次

イラストでたどる　鉄道連絡船の変遷 ……………………………………………………… 1
　明治期／大正期／昭和前期／昭和中期／昭和後期／平成期／"変身"した連絡船たち
　　まえがき ……………………………………………………………………………………… 17
　　文中用語の説明 ……………………………………………………………………………… 19

❶ "呼び名"いろいろ ……………………………………………………………………… 21
　　鉄道連絡船の呼び名…21／車両航送船の呼称…28／甲板の名称…33

❷ 鉄道連絡船の位置付け ── 鉄道連絡船は特殊船か ── …………………………… 43

❸ 旅客用　水陸連絡施設の変遷 ………………………………………………………… 50
　　①稚泊航路…52／②青函航路…57／③琵琶湖航路…69／④山陰航路…71／⑤宇高航
　　路…74／⑥多尾航路…80／⑦仁堀航路…81／⑧宮島航路…84／⑨大島航路…87／⑩
　　門徳航路…88／⑪関門航路…90／⑫関釜航路…94／⑬大村湾航路…102

　　コラム　「浮桟橋」…73／シャラン船と「貨車はしけ」…83／航路開設当時の運航回数・
　　　　　　馬関と赤間関…92／航路開設と機雷封鎖…101／連絡船の水取場…103

❹ 鉄道連絡船の主な建造所 ……………………………………………………………… 105
　　①キルビー・小野浜鉄工所…106／②三菱・長崎造船所…106／③三菱・神戸造船所…
　　108／④横浜船渠と三菱・横浜造船所…110／⑤三菱・下関造船所…113／⑥大阪鉄工
　　所と日立・桜島工場…115／⑦浦賀船渠・浦賀造船所…117／⑧川崎造船・神戸工場…
　　121／⑨播磨造船・相生工場…121／⑩函館ドック・函館造船所…126

鉄道連絡船華やかなりし頃の情景 ………………………………………………………… 129

❺ 船舶塗装規程 ── 国鉄連絡船の制服 ── …………………………………………… 138

❻ 青函航路の寝台車航送 ………………………………………………………………… 145
　　コラム　宇高航路の客車航送 ……………………………………………………………… 149
　　コラム　JR宮島航路の新造船　みやじま丸Ⅳ …………………………………………… 150

❼ 十勝丸Ⅱの進水 ………………………………………………………………………… 152

❽ 進水記念絵ハガキ ……………………………………………………………………… 159
　　連絡船色変化…160
　　青函航路 ………………………………………………………………………………… 161
　　宇高航路 ………………………………………………………………………………… 174

鉄道連絡船主要目一覧表 ……………………………………………………………………… 176
鉄道連絡航路年表 ……………………………………………………………………………… 188
船名索引 ………………………………………………………………………………………… 190
あとがき ………………………………………………………………………………………… 191

文中用語の説明

1．用 語

ア．「連絡船」とは、2港間(2港以上の場合もある)を頻繁に、かつ定期的に運航し、旅客・荷物の輸送に従事する船舶をいうが、本書では鉄道連絡船に限定する。

イ．「鉄道連絡船」とは、本来鉄道線路の不連続点を結び、海陸一貫した鉄道路線体系上重要な機能を果たす連絡船をいうが、本書では鉄道会社が運営する前記以外の航路に就航する船も一部含む(例：宮島航路船)。

ウ．「車両渡船」とは、鉄道車両のみ航送する鉄道連絡船をいう。

エ．「客載車両渡船」とは、車両渡船とほぼ同数の鉄道車両を搭載し、かつ旅客設備を有する鉄道連絡船をいう。

オ．「車載客船」とは、旅客輸送を主とした鉄道連絡船で、車両積載数を客載車両渡船より減らし、その分旅客設備を増やした鉄道連絡船をいう。

カ．「車両航送」とは、車両を積荷のまま船に積み込んで、海や湖水、港湾などを渡す方法をいう。本書では鉄道車両に限定する。※「手押車航送」については、45ページを参照されたい。

キ．「ダイヤ」とは、列車の運転状態を1枚の図に表したもので、日常の列車運転や新たに列車の運転計画をする場合に欠かせないものである。

2．記号・単位

ア．搭載車両数は、特記以外、ワム型15t積有蓋貨車に換算したもので表す。「ワム」型は、国鉄車両の呼び名で、1字目のワは有蓋車、2字目のムは14〜16t積みを表す。

イ．連絡船名の後ろのⅠ、Ⅱ、Ⅲ、Ⅳは、初代、二代目、三代目、四代目を表す(例：羊蹄丸Ⅱは二代目羊蹄丸)。

ウ．「明、大、昭、平」は、明治、大正、昭和、平成を表す。(例：昭63.3.13は昭和63年3月13日)

エ．邦暦年に続くカッコ内数字は、西暦年を示す。

オ．「ノット」は、船の速力を表す単位。1ノットは1時間に1海里(1,852m)を走る速力をいう。

カ．「フィート(')」「インチ(")」は、長さを表す単位。1フィートは0.3048m。1インチは2.54cm。

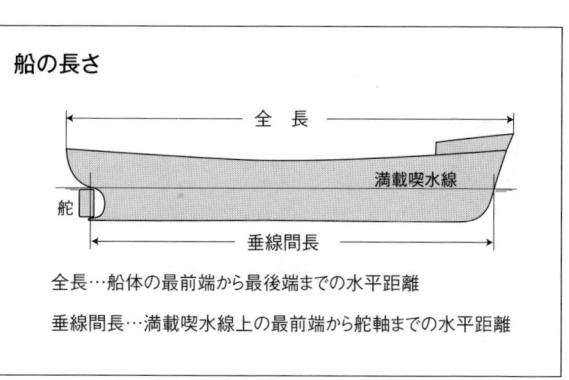

船の長さ

全長…船体の最前端から最後端までの水平距離
垂線間長…満載喫水線上の最前端から舵軸までの水平距離

3. 略称航路名（五十音順）

航路名	読み方	※接続駅（所在道府県）
宇高航路	うこう・こうろ	宇野ー高松（岡山県ー香川県）
大島航路	おおしま・こうろ	大畠ー小松港（山口県）
大村湾航路	おおむらわん・こうろ	早岐ー長与（長崎県）
関森航路	かんしん・こうろ	下関ー小森江（山口県ー福岡県）
関釜航路	かんぷ・こうろ	下関ー釜山（山口県ー韓国）
関門航路	かんもん・こうろ	下関ー門司港（山口県ー福岡県）
山陰航路	さんいん・こうろ	海舞鶴ー境港（京都府ー鳥取県）
四国航路	しこく・こうろ	岡山ー高松（岡山県ー香川県）および多度津ー尾道（香川県ー広島県）航路の総称
青函航路	せいかん・こうろ	青森ー函館（青森県ー北海道）
多尾航路	たお・こうろ	多度津ー尾道（香川県ー広島県）
稚泊航路	ちはく・こうろ	稚内ー大泊／現・コルサコフ（北海道ー樺太／現・サハリン）
仁堀航路	にほり・こうろ	仁方ー堀江（広島県ー愛媛県）
博釜航路	はくふ・こうろ	博多港ー釜山（福岡県ー韓国）
琵琶湖航路	びわこ・こうろ	長浜ー浜大津（滋賀県）
宮島航路	みやじま・こうろ	宮島口ー宮島（広島県）
門徳航路	もんとく・こうろ	門司港ー徳山（福岡県ー山口県）
由良川航路	ゆらがわ・こうろ	福知山ー由良（京都府）

註：駅名は、一部を除き現在名で表示。詳細は『❸旅客用 水陸連絡施設の変遷』(50ページ)を参照されたい。

4. 同型船（五十音順）

名称	航路	同型船
壱岐丸Ⅰ型	関釜	壱岐丸Ⅰ・対馬丸Ⅰ
壱岐丸Ⅱ型	関釜	壱岐丸Ⅱ・対馬丸Ⅱ
伊予丸型	宇高	伊予丸・土佐丸・阿波丸、讃岐丸Ⅱ
大瀬戸丸型	関門	大瀬戸丸・下関丸Ⅰ
渡島丸Ⅱ型	青函	渡島丸Ⅱ・日高丸Ⅱ・十勝丸Ⅱ・空知丸Ⅱ・檜山丸Ⅱ・石狩丸Ⅲ
北見丸型	青函	北見丸・日高丸Ⅰ
景福丸型	関釜	景福丸・徳寿丸・昌慶丸
児嶋丸型	四国	児嶋丸・玉藻丸
高麗丸型	関釜	高麗丸・新羅丸
金剛丸型	関釜	金剛丸・興安丸
山陽丸Ⅰ型	宇高	山陽丸Ⅰ・南海丸
紫雲丸型	宇高	紫雲丸・眉山丸・鷲羽丸
翔鳳丸型	青函	翔鳳丸・飛鸞丸・津軽丸Ⅰ・松前丸Ⅰ
第一宇高丸型	宇高	第一宇高丸・第二宇高丸
第一関門丸型	関森	第一関門丸・第二関門丸
第三関門丸型	関森	第三関門丸・第四関門丸・第五関門丸
第一青函丸型	青函	第一青函丸・第二青函丸
第三青函丸型	青函	第三青函丸・第四青函丸、
第五青函丸型	青函	第五～第十青函丸
第一太湖丸型	琵琶湖	第一太湖丸・第二太湖丸
津軽丸Ⅱ型	青函	津軽丸Ⅱ・八甲田丸・松前丸Ⅱ・大雪丸Ⅱ・摩周丸Ⅱ・羊蹄丸Ⅱ・十和田丸Ⅱ
天山丸型	関釜	天山丸・崑崙丸
洞爺丸型	青函	洞爺丸・羊蹄丸Ⅰ・摩周丸Ⅰ・大雪丸Ⅰ
十勝丸Ⅰ型	青函	十勝丸Ⅰ・渡島丸Ⅰ
豊浦丸型	門徳	豊浦丸・馬関丸
檜山丸Ⅰ型	青函	檜山丸Ⅰ・空知丸Ⅰ
比羅夫丸型	青函	比羅夫丸・田村丸
豊山丸型	関門	豊山丸・長水丸
門司丸型	関門	門司丸・豊山丸型・下関丸Ⅱ
山口丸型	大島	山口丸・第二山口丸

註①：外観あるいは寸法に多少の差異はあっても、文脈上、同系列の船は同型船として表示している。

註②：航路名は、建造後最初に就航した航路を示す。

① "呼び名"いろいろ

鉄道連絡船の呼び名

　昭和63年(1988)、鉄道連絡船の走っていた『青函航路』が80年の、つづいて『宇高航路』が78年の歴史に幕を下ろした。当時運営していたのは『JR』であるが、前年『国鉄』から引き継いだばかりであった。
　この『青函航路（せいかんこうろ）』『宇高航路（うこうこうろ）』『ＪＲ（じぇいあーる）』『国鉄（こくてつ）』等の呼び名は、走っていた連絡船がその航路にちなんで呼ばれていた『青函連絡船』『宇高連絡船』などとともに、世間にすっかり定着していた。
　これらの呼び名は、それぞれ「青森・函館間航路」「宇野・高松間航路」「(分割・民営化した)鉄道会社7社グループ」「国有鉄道」の短縮形(以下略称という)であるが、知名度はオーソドックスな呼び名(以下公称という)より略称の方が圧倒的に高い。なんでも端折（はしょ）りたがる現代では、当然の結果なのであろう。
　それではこれら公称や略称は、いつ頃から使われるようになったのであろうか。そしていつの時点で国鉄に認知されたのであろうか。
　この件に関する明文化した規程や通達など、公式の記録は見当たらない。自然発生的なものもあるが、昔呼ばれていた航路や連絡船の呼び名については、史書でも、後年編纂されたものの中には、必ずしも昔使われていた呼称で述べられているとは限らない。どうしても、その当時発行された通達、広報の類、新聞、もしくは年代の近い史書などに頼るほかなさそうである。したがって、断定するには十分な資料が整っているとはいえないが、あえて推理を働かせながら考察してみたい。

青函連絡船・摩周丸Ⅰの函館港での見送り光景。昭和28年4月／所蔵：JTBパブリッシング

『国鉄』と『JR』

　明治39年(1906)3月鉄道国有法が成立し、全国17の私設鉄道会社が政府に買収された。それとともに、それまであった官設鉄道の呼称は「国有鉄道」(Imperial Government Railways)(註①)になった。『国鉄』はその略称である(英文ではIGR)。
　しかしこの略称はあまり馴染まれず、国営とか省営などと呼ばれ、公式には所

21

[表1-1] 鉄道国有化以降の連絡船所属官庁

官庁名	発足日
逓信省・帝国鉄道庁	明40(1907).4
内閣・鉄道院	明41(1908).12
鉄道省	大 9 (1920).5
運輸通信省・鉄道総局	昭18(1943).11
運輸省・鉄道総局	昭20(1945).5
＊日本国有鉄道	昭24(1949).6

註 ＊印は公共企業体としての発足日

[表1-2] 駅名変更に伴う航路名の変更

開設時の航路名	変更後の航路名[変更年月]	
馬関・門司間航路 [明34(1901).5]	下関・門司間航路 [明35(1902).6]	下関・門司港間航路 [昭17(1942).4]
宮島・厳島間航路 [明36(1903).3]	宮島口・宮島間航路 [昭17(1942).4]	
稚内・大泊間航路 [大12(1923).5]	稚内港・大泊間航路 [昭3(1928).12]	稚内・大泊港間航路 [昭14(1939).2]

属官庁である鉄道庁や鉄道省名などが使用された(表1-1参照)。『国鉄』が広く使用されるようになったのは、昭和24年(1949)6月、公共企業体としての「日本国有鉄道」(Japanese National Railways)が発足してからである(英文ではJNR)。

また、『JR』は、昭和62年(1987)4月、日本国有鉄道が民営化し、6旅客鉄道会社と1貨物鉄道会社に分割・発足した際、これら7社グループが選んだ統一略称である。青函、宇高の連絡航路を、それぞれ引き継いだ「北海道旅客鉄道会社」(Hokkaido Railway Company)は『JR北海道』、「四国旅客鉄道会社」(Shikoku Railway Company)は『JR四国』となる。この『JR』は、日本国有鉄道のJNRから国有を意味するNationalのNを省いたものである。

連絡航路／連絡船の呼び名

明治15年(1882)5月、一方は神戸から東へ、他方関ケ原から西へ延びた両官設鉄道線が琵琶湖上で太湖汽船会社の船によって結ばれ、初めて連絡運輸(当時、連帯運輸といった)が開始された。日本の鉄道連絡航路の誕生である。当時は「大津長浜間の航路」とか、「大津長浜間の湖線通航」などと呼ばれた。この航路両端の地名で表す呼称は、普遍的なものであるが、鉄道の場合、原則として両端の接続駅名をとっている。駅名が変われば航路名も変わった(表1-2参照)。この方式は公称として国有化後の『国鉄』にも踏襲され、昭和63年(1988)の終航まで変わることはなかった。定着するには少なからず時間を要したが。

大津・長浜間航路以来、国有化までに多くの鉄道連絡航路が開設されている(表1-3参照)。しかし、その頃一般の住

[表1-3] 国有化以前に開設された鉄道連絡航路

航路	開設会社	開設年月 下段は終航年月
大津―長浜 (滋賀)	太湖汽船会社	明15(1882).5 明22(1889).7
栗橋―中田 (埼玉―茨城)	日本鉄道会社	明18(1885).7 明19(1886).6
早岐―長与 (長崎)	九州鉄道会社	明30(1897).7 明31(1898).11
徳山―門司―赤間関 (山口―福岡―山口)	山陽鉄道会社	明31(1898).9 明34(1901).5
馬関―門司 (山口―福岡)	山陽鉄道会社	明34(1901).5 ＊明39(1906).12
福知山―由良 (京都)	阪鶴鉄道会社	明34(1901).12 明37(1904).11
岡山―高松 (岡山―香川)	山陽鉄道会社	明36(1903).3 ＊明39(1906).12
尾道―多度津 (広島―香川)	山陽鉄道会社	明36(1903).3 ＊明39(1906).12
宮島―厳島 (広島)	山陽鉄道会社	明36(1903).3 ＊明39(1906).12
舞鶴-宮津 (京都)	阪鶴鉄道会社	明37(1904).11 ＊明40(1907).8
舞鶴―境 (京都―鳥取)	阪鶴鉄道会社	明38(1905).4 ＊明40(1907).8
下関―釜山 (山口―韓国)	山陽鉄道会社	明38(1905).9 ＊明39(1906).12
舞鶴―小浜 (京都―福井)	阪鶴鉄道会社	明39(1906).7 ＊明40(1907).8

註①： 航 路 欄 … ( )内は所在府県名を示す
註②： 開設年月欄 … 終航年月は、私鉄として就航した期間の最終日を示す。＊印は国鉄に売却した日を示す

① "呼び名"いろいろ

民や旅行者にとっては航路名など無関心に等しく、就航している連絡船についても、『連絡船』や『連絡汽船』などは良い方で、航路で差はあるものの『渡し船』『巡航船』『蒸気船』などとも呼ばれた。

もっとも、新聞紙上ではいろいろな表現が試みられている。例えば、青森・函館間航路開設前の東奥日報(青森)には『函青航路』/『青函間聯絡船』『青函間連絡船』『日鉄青函連絡船』『日鉄の本土・北海道連絡船』等々、また航路開設に伴っては『青函航路』/『鉄道庁の津軽海峡聯絡船』『青函連絡船』などと、同じ新聞でも、その時々によって表現が変わり定まっていない。前記の/線左は航路の呼称、右は連絡船の呼称を示す。

『門司新報』明治34年5月31日付時刻表広告。「門関連絡汽船時刻」と称している(左)

これより早く、明治34年(1901)5月に現在の山陽本線を完成させるとともに、馬関(ばかん)(のちの下関)・門司間航路を開設した山陽鉄道会社は、同月末から連日のように門司新報(門司)に馬関駅発車時刻を

[表1-4] 「国有化～昭和初期」頃の連絡航路/連絡船の呼称

航路	航路開設日	連絡航路 / 連絡船呼称(出典)
下関－門司(山口－福岡)	※明39(1906).12	下関門司間航路(日本鉄道史・下篇 大10) / 関門連絡船(鉄道時報 明39)
下関－釜山(山口－韓国)	※明39(1906).12	下関釜山間航路(日本鉄道史・下篇 大10) / 関釜連絡船(鉄道時報 明39)、関釜連絡汽船(鉄道庁広告 明41)、下関・釜山間渡峡船(近世造船史・明治時代 明44)
宮島－厳島(広島)	※明39(1906).12	
舞鶴－宮津(京都)	※明40(1907).8	舞鶴宮津間の航路(日本鉄道史・中編 明39) /
舞鶴－境(京都－鳥取)	※明40(1907).8	舞鶴境間の航路(日本鉄道史・中編 明39) / 山陰連絡船(鉄道庁広告 明40)
舞鶴－小浜(京都－福井)	※明40(1907).8	舞鶴小浜間の航路(日本鉄道史・中編 明39) /
青森－函館(青森－北海道)	明41(1908).3	青函航路(東奥日報 明39) / 青函間連絡船、鉄道庁の津軽海峡聯絡船、青函連絡船(いずれも東奥日報 明39,明41,明41・文中再掲)、青森函館間連絡船(鉄道庁広告 明41)、青函連絡船(鉄道時報 大2)
宮津－岩滝(京都)	明42(1909).8	宮津湾内航路(日本国有鉄道百年史・年表)
宇野－高松(岡山－香川)	明43(1910).6	四国連絡航路(鉄道院広告 明43)、本土四国連絡(香川新報 明43) / 四国連絡船(山陽新報 明43)、四国航路船(近世造船史・大正時代 昭10)、貨車連絡機船(第二宇高丸建造完成図・表題 昭9)、宇高連絡客船、宇高連絡貨車渡船(いずれも局長通達 昭11)
下関－小森江(山口－福岡)	明44(1911).10	下関門司間貨車航送(鉄道時報 明44) / 貨車渡し船(鉄道時報 明44)、貨車渡艀(海事史研究・13号 明44)、貨車航送船(鉄道時報、門司新報 大3)、関門自航貨車渡船(第三関門丸建造仕様書 大10)、関森連絡船(近世造船史・大正時代 昭10)
稚内－大泊(北海道－現・サハリン)	大12(1923).5	稚内・大泊鉄道直営定期連絡船航路(北海道長官・請願書 大10)、稚大泊間鉄道省直営航路省航路に関する協定書 大12) / 連絡汽船(鉄道公報 大12)、聯絡船、稚泊聯絡船(いずれも新聞記事 昭4、昭6)、稚泊連絡船(宗谷丸建造工事概況 昭7)
阿波中原－新町橋(徳島)	※昭8(1933).7	/巡航船(徳山市史・3巻 昭58)

註①:航路 欄 … ( )内は所在府県名を示す
註②:開設日欄 … ※印は国鉄が取得した日を示す
註③:出典 欄 … /線の左側は連絡航路の呼称、右側は連絡船の呼称を示す

掲載しているが、文中に『門関連絡汽船』との略称が読み取れる。この山陽鉄道会社は、他の私設、官設鉄道とは異なり、国の保護を受けず、進取の気風に富み、とくにサービスをモットーとした経営で知られた会社で、掲載した新聞広告に見られるように九州地方の読者のため『門関』とするところなど心憎い(註②参照)。

国有化以降昭和の初期にかけて現れた、各連絡航路／連絡船の呼称を表1-4(23ページ参照)に拾ってみた。なかには、『青函航路』とか『関門連絡船』といった馴染みの呼称がみられるが、前述の新聞と同様、いろいろな呼び方のひとつに過ぎず、国鉄内でも全航路的に統一されたものではなかった。

大正末期から昭和の初期にかけて、わが国は深刻な不況時代であったが、鉄道連絡船にとっては、北海道-樺太(現・ロシア領サハリン)間の新連絡航路の開設をはじめ、本州-北海道間、および本州-四国間の自航式車両渡船による本格的な貨車航送の開始、傭船に頼らない自

『汽船現在表』左・昭和21年12月末現在、右・昭和19年3月末現在

① "呼び名"いろいろ

関釜連絡汽船
景福丸・徳壽丸・昌慶丸

関釜航路新造客船・景福丸

汽船現[在]

昭和十九年三月末現在

鐵道總局業務局

推進器数筒	進水月日	製造者	局別	所属航路又ハ定繋港	營業粁	實粁	一日ノ運航回数	運航時間	船名	種類	總噸數	純噸數	旅客定員 一等	二等	三等	計	乗組
			大阪	大阪港内					よど	補助汽船	6.93	2.75			10	10	
2 2	昭和11— 5 〃 11—10	三菱重工業株式会社長崎造船所 神戸三菱造船株式会社					客 22	1.00	山陽丸 青海丸	旅客船 〃	545.15 544.14	214.40 205.68		157 157	746 746	903 903	
2	大正11— 9	神戸三菱造船株式会社					貨 24	1.40	水島丸 第一宇高丸	〃 貨車渡船	341.52 312.68	184.17 95.69		71	799 12	870 12	
2 2	大正 3— 8 〃 9—12	株式会社大阪鐵工所 浦賀船渠株式会社		宇野—高松間	18 (50)	10			第二宇高丸 第一關門丸	〃 〃	322.87 463.10	73.66 141.56			12 10	12 10	
	明治34— 2	長崎三菱造船株式会社					貨 48	1.45	第二關門丸 第三關門丸	〃 〃	463.10 493.14	141.56 177.79			10 10	10 10	
2 1 1	明治34— 9 昭和12— 6 〃 12— 8	長崎三菱造船株式会社 〃 原 直吉		宮島口—宮島間	1 (10)	1	客 44	.12	第四關門丸 第五關門丸 計 關山丸 七浦丸	〃 〃 (10隻) 旅客船 〃	493.14 502.90 4,481.74 176.71 180.64	177.79 179.90 1,592.20 80.31 82.73		385	10 10 2,365 726 722	10 10 2,750 726 722	
2 2 2	大正 6— 3 〃 12— 3 昭和 6— 4	株式会社大阪鐵工所 神戸三菱造船株式会社 川崎造船所		下關—釜山間	226 (900)	122	客貨 4 貨隔日2	8.40 10.30	計 天山丸 金剛丸 興安丸 昌慶丸 景福丸 徳壽丸	(2隻) 客貨船 〃 〃 〃 〃 〃	357.35 7,906.81 7,081.74 7,079.76 3,628.91 3,519.48 3,516.33	163.04 3,419.33 3,211.84 3,227.31 1,380.48 1,794.02 1,816.48	60 46 46	443 316 316 61	1,448 1,646 1,355 1,388 3,428 10 10	1,448 2,149 1,746 1,754 3,504 10 10	
2 2 2 2	大正 3— 9 〃 5— 9 〃 10—11 〃 15— 6	株式会社日本汽業大阪鐵工所 横濱船渠株式会社 株式会社大阪鐵工所 函館船渠株式会社		下關—門司徳間	0.8	2	客 58	.15	計 壹岐丸 對馬丸 下關丸 門司丸	(6隻) 旅客船 〃 〃 〃	32,732.23 405.33 393.22 527.63 388.92	14,850.03 180.04 168.47 243.12 157.43	192	1,136	5,739 930 910 996 928	7,067 950 910 996 928	
2	大正 9— 8	浦賀船渠株式会社		博多港—釜山間	212 (900)	115	客貨 2	8.30	計 德壽丸 昌慶丸	(4隻) 客貨船 〃	1,715.30 3,637.61 3,620.60	749.06 1,403.58 1,380.72	45 45	210 —	3,784 754 1,295	3,784 1,009 1,296	
2 2 2 2 2	大正10—11 昭和15— 9 〃 17— 1 〃 19— 5 〃 20—12 〃 21— 3	神戸三菱造船株式会社 株式会社播磨造船所 浦賀船渠株式会社 〃 三菱橫濱船渠株式会社		宇野港内	—	—			計 青森丸 せなみ	(2隻) 補助汽船 〃	7,258.21 17.96 4.20	2,784.30 8.08	90	252	2,049 42 10	2,391 42 10	
2	昭和 7— 6	橫濱船渠株式会社		高松港内 宇品港内	—	—			計 やよひ みさき 第一錦榮丸 第三錦榮丸	(2隻) 補助汽船 補助汽船 補助汽船 〃	22.16 4.09 8.71 143.64 159.70	8.08 4.76 48.90 56.63			52 8 13 51 82	52 8 13 51 82	

25

出港間近の洞爺丸に寄り添う補助汽船・第六鉄栄丸。昭和28年8月撮影

船自営を目指した近代的新造船の配備など、航路、連絡船ともに整備、強化は目覚ましく、まさに黄金時代であった。

この時期に当たり、鉄道省は『汽船現在数竝航路現況表』（のちの『汽船現在表』）を作成し毎年公表するようになった。前頁の『汽船現在表』（24～25ページ）に見られるように、各航路別に当時所属していた全「連絡船」と「補助汽船」（註③）の主要目一覧表である。これによって、連絡航路の名称に「青森－函館間」のような両端駅を表示する方法が、全航路的に統一されたものと思われる。そして、この航路欄の表示法は、昭和19年（1944）3月末号までそのままの形式で引き継がれてきたが、昭和21年（1946）12月末号から略称が併記されるようになった（表1-5参照）。この時点で国鉄内において、略称が認知されたものと考える。なお、昭和20年（1945）には発行されなかった。

これ以後、国鉄内の文書に、オーソドックスな「青森・函館間航路」のような公称に混じり、短縮形である『青函航路』などの略称が次第に増えていった。一般には、同じ短縮形でも、航路名より『青函連絡船』や『宇高連絡船』のような連絡船名の方が、身近に感じられるのか、より受け入れられたようである。

[表1-5]
昭和21年12月末現在の『汽船現在表』からの抜粋

局別	航　　路
広島	下関　釜山間（関釜）
	博多　釜山間（博釜）
	下関　門司港間（関門）
	宮島　宮島口間（宮島）
	小松港　大畠間（大島）
四国	宇野　高松間（宇高）
	仁方　堀江間（仁堀）
札幌	青森　函館間（青函）
	稚内　大泊間（稚泊）

註①：（　）内は本号から新たに追記された略称
註②：大泊は大泊港の誤り

註①：太平洋戦争（1941～45）敗戦後はImperialを外し、Japanese Goverment Railways（JGR）とした。

註②：表1-3で示すように、下関・釜山間、下関・門司間、宇野・高松間など著名な連絡航路は「山陽鉄道会社」が開設、または計画したものであ

摩周丸Ⅱの着岸作業（函館第２岸壁）

①補助汽船・第三鉄栄丸に押されて船尾を岸壁に

③左舷の繋船索を岸壁にとる

②後進して船尾を岸壁のポケットへ

④着岸。可動橋を架ける

る。同社は航路を開設する際「山陽汽船会社」、あるいは「山陽汽船商社」といった傍系会社を設立して、その運営にあたらせたが、本書では煩雑さを避けるため、すべて親会社である「山陽鉄道会社」として記述している。

註③：前述の「補助汽船」は、一般でいうタグボート（曳船）のことである。救難、通船から港内清掃にいたるまで、港の中のあらゆる雑用をこなすが、最大の仕事は離着岸する連絡船の操船を補助するところから名づけられた。昭和10年（1935）3月までは「小蒸気船（こじょうきせん）」と呼ばれていた。

【主な参考文献】
『日本国有鉄道百年史・年表』日本国有鉄道（昭47）
『日本国有鉄道百年史・第１，５，８，９，11，13巻』日本国有鉄道（昭44～49）
『日本鉄道史・中編、下編』鉄道省（大10）
『下関駅物語』斉藤哲雄／近代文藝社（平7）
『九州鉄道株式会社株主総会報告・第18回』（明30）
『長与町誌』長崎県西彼杵郡長与町役場（昭40）
『周防大島町誌』山口県大島町役場（昭34）

『徳島市史・第３巻』徳島市史編さん室（昭58）
『列車渡船の起源』山本 凞／海事史研究・13号（昭44）
『日本近世造船史・明治時代』造船協会［原書房・復刻版］（昭48）
『日本近世造船史・大正時代』造船協会［原書房・復刻版］（昭48）
『宇高航路50年史』国鉄宇高船舶管理部（昭36）
『関釜連絡船史』国鉄広島鉄道管理局（昭54）
『稚泊連絡船史』国鉄青函船舶鉄道管理局（昭49）
『汽船在数並航路現況表』鉄道省・運輸局（昭6）
『汽船現在表』運輸通信省・鉄道総局業務課（昭19、21）
『汽船現在表』日本国有鉄道・運輸総局運輸課（昭26）
『国鉄船路輸送年報』国鉄船舶局（昭35、39）
『日本国有鉄道停車場一覧』日本国有鉄道（昭60）
『東奥日報』（明38～41）、『山陽新報』（明43）、『香川新報』（明36、43）、『江越日報』（明15）

【資料提供者】（五十音順）
岡山県立図書館郷土資料室、香川県立図書館、滋賀県立図書館調査協力課

青函航路・羊蹄丸Ⅰの青森港での貨車積み込み光景。昭和28年／所蔵：JTBパブリッシング

青函連絡船・摩周丸Ⅰの出港。昭和28年／所蔵：JTBパブリッシング

車両航送船の呼称

『客貨船』、『客載車両渡船』、『津軽丸型／伊予丸型』…等々。

上記は、いずれも昭和63年（1988）青函航路／宇高航路で最後の鉄道連絡船となった羊蹄丸Ⅱ／阿波丸の「船の種類（船種）」の一表示法である。

昔は、一般商船の用途別種類は『客船』と『貨物船』に『客貨船』を加えた3種類しかなかった。この"古典的"な呼称は広い意味で今日でも立派に通用している。その意味から羊蹄丸Ⅱも阿波丸も、旅客とともに列車という貨物を搭載していたから『客貨船』である。しかしながら、今日のように船の種類が多種多様になり、次々と積荷によって専用船化している時代に、『客貨船』の呼称で羊蹄丸Ⅱ、阿波丸など車両航送船の形態をイメージすることができるのだろうか。

また、『津軽丸型／伊予丸型』は的確な表示であるが、津軽丸Ⅱ型なり伊予丸型の形態を、あらかじめ知っていなければ、一般には通用しそうもない。

『客載車両渡船』はすべての車両航送船（この場合客載）に適合するものと考え、国鉄で使用していた呼称であるが、その経緯については後述する。

連絡船3タイプ

鉄道連絡船の役割は、隔てられた双方の鉄道を、水上を利用して、鉄橋代わり、トンネル代わりをすることにあるが、それぞれの航路の実情に合わせ、様々な形態の船が就航していた。それらを大別すると次の3タイプになる。

註：カッコ内は船種と代表的な連絡船の例を示す。

普通船舶タイプ…狭義の『客船』景福丸型、同『客貨船』金剛丸型、同『貨物船』壱岐丸

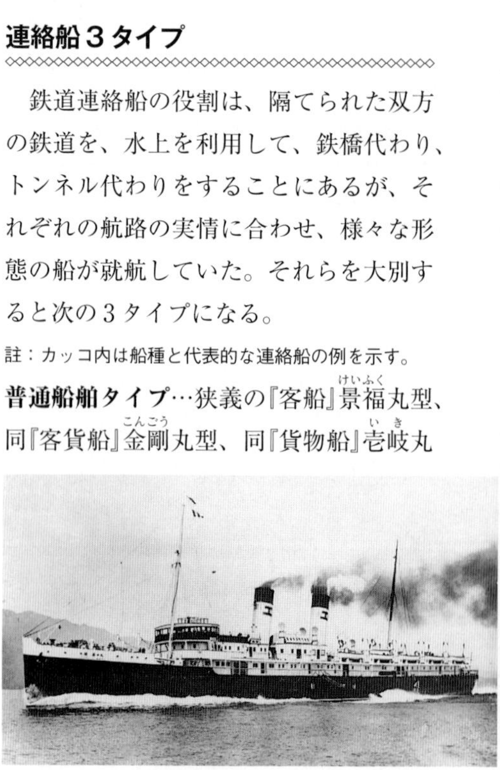

普通船舶タイプ・客船の景福丸型・徳寿丸。関釜航路

① "呼び名"いろいろ

普通船舶タイプ・客貨船の金剛丸。関釜航路。昭和11年10月

車両航送船タイプ・車載客船の洞爺丸型・大雪丸Ⅰ。青函航路。昭和23年

普通船舶タイプ・貨物船の壱岐丸Ⅱ型・対馬丸Ⅱ。関釜航路。昭和16年／提供：播磨造船

車両航送船タイプ・客載車両渡船の津軽丸Ⅱ。青函航路。昭和53年以降

車両航送船タイプ・車両渡船の渡島丸Ⅱ型・石狩丸Ⅲ。青函航路。昭和52年3月／提供：日立造船

諸車航送船タイプ、旅客フェリーの安芸丸Ⅱ（旧大島丸Ⅲ）。宮島航路。昭和53年6月／提供：大月四郎

Ⅱ型など。
車両航送船タイプ…『車両渡船』渡島丸Ⅱ型、『車載客船』洞爺丸型、『客載車両渡船』津軽丸Ⅱ型など。
諸車航送船タイプ…『旅客フェリー』大島丸Ⅲ、みせん丸Ⅳなど。

ここでいう「車両航送船」とは貨車等レール上を走る車両を専用に航送する船をいい、「諸車航送船」とはそれ以外の車両を航送する船をいう（註①）。なお、「航送」は、車両を積荷のまま船に積み込んで、海や湖水、港湾などを渡すことをいい、

29

[表1-6] **車両航送船の呼称-Ⅰ** (国鉄本庁／本社作成資料から)

航路	表題 発行年		汽船現在表			航路輸送年報	汽船要覧
			昭18	昭21	昭26	昭35～57	昭43
青函航路	翔鳳丸型(4隻) 第一～四青函丸		客載貨車渡船 貨車渡船				
	第六・七・十一青函丸 第八青函丸 第十二青函丸、石狩丸Ⅰ		— — —	貨車渡船 客載貨車渡船 客載貨車渡船	客載車両渡船 客載車両渡船 客載車両渡船	客貨船(昭35) 客貨船(昭35) 貨物船(昭35)	
	洞爺丸型(4隻) 北見丸型(2隻) 十勝丸Ⅰ型(2隻)		— — —	— — —	客載車両渡船 車両渡船 車両渡船	客　船(昭35) 貨物船(昭35) 貨物船(昭35)	貨物船 貨物船
	檜山丸Ⅰ型(2隻) 十和田丸Ⅰ 改名・石狩丸Ⅱ		— — —	— — —	— — —	貨物船(昭35) 客　船(昭35) 貨物船(昭41)	貨物船 貨物船
	津軽丸Ⅱ型(7隻) 渡島丸Ⅱ前期型(3隻) 空知丸Ⅱ 檜山丸Ⅱ 石狩丸Ⅲ		— — — — —	— — — — —	— — — — —	客貨船(昭39) 貨物船(昭44) 貨物船(昭51) 客貨船(昭57) 客貨船(昭57)	客貨船 — — — —
宇高航路	第一・二宇高丸 第一～五関門丸		貨車渡船 貨車渡船	貨車渡船 貨車渡船	車両渡船 —		
	紫雲丸型(3隻) 第三宇高丸		— —	— —	客載車両渡船 —	客　船(昭35) 貨物船(昭35)	客　船 貨物船
	讃岐丸Ⅰ 伊予丸型(4隻)		— —	— —	— —	客貨船(昭35) 客貨船(昭40)	客貨船 客貨船

[表1-7] **車両航送船の呼称-Ⅱ** (青函局、宇高船舶管理部作成資料から)

航路	表題 発行年	青函連絡船要目一覧表 海技付録／昭24	青函航路船舶一覧表 昭37・43	青函連絡船史 付表／昭45
青函航路	翔鳳丸型(4隻)	—	—	旅客兼車両運搬船
	第六～八青函丸 第十一青函丸 第十二青函丸、石狩丸Ⅰ	客載貨車渡船 客載貨車渡船 客載貨車渡船	客貨船(昭37) — 貨物船(昭37)	旅客兼車両運搬船 旅客兼車両運搬船 車両運搬船
	洞爺丸型(4隻) 北見丸型(2隻) 十勝丸Ⅰ型(2隻)	客載貨車渡船 貨車渡船 貨車渡船	客　船(昭37) 貨物船(昭37・43) 貨物船(昭37・43)	旅客兼車両運搬船 車両運搬船 車両運搬船
	檜山丸Ⅰ型(2隻) 十和田丸Ⅰ 改名・石狩丸Ⅱ	— — —	貨物船(昭37・43) 客　船(昭37) 貨物船(昭43)	車両運搬船 旅客兼車両運搬船 車両運搬船
	津軽丸Ⅱ型(7隻) 石狩丸Ⅲ	— —	客貨船(昭43) 貨物船(昭43)	旅客兼車両運搬船 —
航路	表題 発行年	宇高航路50年史 折込み／昭36	宇高船舶一覧表 昭37・43	
宇高航路	紫雲丸型(3隻) 第三宇高丸	客載車両渡船 車両渡船	車載客(昭37) 貨　物　船(昭43)	
	讃岐丸Ⅰ 伊予丸型(4隻)	— —	車載客船(昭37・43) 車載客船	

車両航送船タイプの車両渡船・第一宇高丸。宇高航路／提供：国鉄船舶局

単なる「運搬」とは趣を異にする。

これらの分類あるいは呼称については、国鉄に明確な規程や通達類はない。部内でもその時々によって微妙に異なっている。このうち、普通船舶タイプと、諸車航送船タイプについては大きな異論はないと思われるので、車両航送船タイプについて、これまで国鉄の部内資料で使われてきた呼称を表1-6、表1-7にまとめてみた。

かつて国鉄では、車両航送船を『貨車渡船(かしゃとせん)』と呼んでいた。明治44年(1911)10月、下関・小森江(現・北九州市門司区)間の「はしけ」航送に始まったわが国の車両航

①"呼び名"いろいろ

「貨車はしけ」を曳く光喜丸。宇高航路。大正11年頃／提供：国鉄船舶局

送は、搭載車両が貨車に限られた状態が長くつづいた。『貨車渡船』の名称はそこから生じたものと考えられる。その後、大正14年(1925)8月から就航した青函航路の翔鳳丸(3,460総t)型は、貨車25両とともに旅客895人を搭載するため『客載貨車渡船』と呼ばれた。

その1年後の大正15年(1926)8月から、同航路で手荷物車と郵便車の航送をはじめたが、呼称はそのままであった。

昭和24年(1949)頃『車両渡船』、『客載車両渡船』に変わった。太平洋戦争直後の昭和21年(1946)4月、青函航路で進駐軍専用の一等寝台車を航送するように

下関・竹崎航送場の「貨車はしけ」。関森航路。左側・低潮用レールは水没している／提供：交通博物館

なったこと。さらにGHQ(連合軍最高司令部)に建造を許可された洞爺丸(3,898総t)など11隻の連絡船が、昭和23年(1948)末までにすべて就航したこと。それに伴い洞爺丸型による日本人も乗車可能な一等寝台車の航送がはじまったこと、などを契機に改正されたものである。

31

ところが、前記の表でみられるように、昭和34年(1959)頃突然"古典的"な『客船』、『貨物船』、『客貨船』が出現したのである。これは国鉄内部で"言いやすい"ため便宜的に使われたもので、これが是認されたのは、当時幹線航路である青函航路、宇高航路に就航している連絡船のすべてが、車両航送船タイプになっていたことと、関係者の間で、それら各船のイメージを共有していたからである。しかし、部内にとどまっている限り問題はないが、後々まで残る印刷物には、少なくとも、『車両渡船』ならびに『客載車両渡船』を踏襲する配慮がほしかった。例えそれが最適の呼称でなかったとしても。

揺籃期のカーフェリー

国鉄が『貨車渡船』を『車両渡船』に改称した頃のわが国の『自動車渡船』は、昭和7年(1932)に現・北九州市の洞海湾口を横断する若松・戸畑間航路に登場したのを皮切りに、その他数か所で運航されていたが、全国的にみて、その規模はまだ小さかった(註②)。自動車航送が急速に、かつ本格的に発展したのは昭和30年代にはいってからである。日本では、現在「カーフェリー」と呼ばれているが、若戸航路に就航した第八・第九わかと丸(43総t)は、当時『貨物及諸車渡船』と呼ばれていた。

結果論になるが、国鉄が『車両渡船』と改称した時点で、英国のように『列車渡船』とでもすれば、『諸車渡船』との区別がより明確になったものと惜しまれる。

註①：欧米では、鉄道車両を航送する船を『列車渡船』(Train Ferry英、Car Ferry米)、あるいは『鉄道渡船』(Eisenbahnfähr, Trajektschiff独)といい、その他のレールに頼らない車両を航送する船を『諸車渡船』(Vehicular Ferry)、または主として自動車を航送する船を『自動車渡船』(Auto Ferry)と呼んでいる。

註②：揺籃期の日本のカーフェリー航路

航送開始	区間	距離
1. 昭和 9年(1934)	若松・戸畑間(福岡県)	0.4km
2. 昭和19年(1944)	袴腰港(現・桜島港)・鹿児島港間(鹿児島県)	4.8km
3. 昭和26年(1951)	下関・門司間(山口県・福岡県)	3.8km

これらの航路に就航した『諸車渡船』は、国鉄の『車両渡船』との関係が深い。若松・戸畑間航路では開設に先立ち、同航路を運営する若戸共同渡船は、国鉄・関森(かんしん)航路の貨車航送施設を研究し、渡船をはじめ接続岸壁、可動橋など、これにならうことが多かったという。袴腰・鹿児島間航路に就航していた旅客フェリー・第二桜島丸は、宇高航路に就航していた車両渡船・第二宇高丸(322総t)の後身である。また、下関・門司間航路は、昭和17年(1942)に廃止になった国鉄の関森航路跡で、就航していたのは、国鉄から購入し、『車両渡船』を『諸車渡船』に改造した第三・第四・第五関門丸(500総t級)の3隻であった。この他、あまり知られていないが、国鉄は、昭和22年(1947)3月1日から関門航路で『自動車航送』を開始している。使用船舶は本航路に就航中の下関丸Ⅱ(527総t) などで、手押車に代え、小型トラックを含め普通乗用車までを航送した。運賃は当初1台100円であったが、戦後のインフレで、7月には350円に跳ね上がっている。航送は昭和36年(1961) 6月15日まで続いた。

【主な参考文献】

『汽船現在表』運輸通信省・鉄道総局運輸課(昭18.21)
『汽船現在表』日本国有鉄道・運輸総局業務課(昭26)
『鉄道技術発達史・第6編(船舶)』日本国有鉄道(昭33)
『国鉄航路輸送年報』日本国有鉄道・船舶局(昭35〜57)
『汽船要覧』日本国有鉄道・船舶局(昭43)
『青函連絡船要目一覧表』国鉄青函航路船舶技術研究会(昭24)
『青函連絡船史』国鉄青函船舶鉄道管理局(昭45)
『宇高航路50年史』国鉄宇高船舶管理部(昭36)
『宇高船舶一覧表』国鉄宇高船舶管理部(昭37、43)
『日本国有鉄道百年史・年表』日本国有鉄道(昭47)
『鉄道終戦処理史』日本国有鉄道・外務部(昭32)
『車両航送』山本 凞／日本鉄道技術協会(昭35)
『列車渡船の起源』山本 凞／日本海事学会、海事史研究第13号(昭44)
『若松戸畑両市間貨物及諸車渡船船体部建造仕様書』大阪鉄工所(昭6)
『日本のカーフェリー・その発祥と今日までの推移』山田廸生／海人社、世界の艦船No.258(昭53)
『角川日本地名大辞典・40.福岡県』角川書店(昭63)
『角川日本地名大辞典・46.鹿児島県』角川書店(昭58)
『鉄道連絡航路年表』国鉄営業局船舶課(昭24)

青函航路・十和田丸Ⅰの端艇甲板。甲板上に並んだ救命艇はアルミ製で最前部はエンジン付き。他の大型8隻は102人乗りだった。昭和32年9月／提供：読売新聞社

青函航路・檜山丸Ⅰの航海船橋(甲板)。昭和31年／所蔵：JTBパブリッシング

青函航路・檜山丸Ⅰの船楼甲板。昭和31年／所蔵：JTBパブリッシング

甲板の名称

　船には、その規模や目的に応じて、幾層もの階が設けられている。この階は甲板（デッキ、Deck）と呼ばれている。図1-1は、国鉄連絡船のなかで、唯一鋼製の普通形貨物船であった関釜航路の壱岐丸Ⅱ（6ページ参照）の甲板名である。船の用語は英文からの直訳が多いが、これらも標準的な直訳である。もっとも前述の甲板は、その形状が、打ち込んだ海水を急速に排水させるため、中心部が盛り上がっているところから、亀の甲羅を連想した意訳と思われる。

　甲板の名称は、時代や建造所、あるいは船形により多少の差異が生じるのはやむを得ないが、なかには、同じような場所が全く異なった名称になっていたりして、こんがらがるケースも少なくない。これ

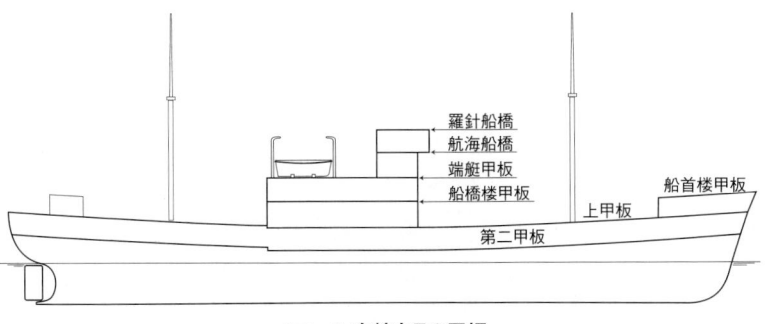

[図1-1] 壱岐丸Ⅱの甲板

33

らを鉄道連絡船を通して検証してみたい。

なお、文中の甲板名称は、船の建造当時に作成された一般配置図によるものである。太平洋戦争(1941〜45)初期までは、ほとんどが英文であった。

上甲板(Upper deck)

船は断面が四角の細長い箱のようなものである。水に浮かんだこの箱が「船体」、下面が「船底」、上面が「上甲板」と呼ばれている。『規則』(『鋼船構造規則』、平10.運輸省令第16号)では、上甲板を「船体の主要部を構成する最上層の全通甲板をいう」(第1条2)と定義づけている。

船は、海洋にあって荒天に遭遇すると、襲いかかるすさまじい強風と大波により、どんなに大きな船でも木の葉のように翻弄される。図1-2は船体にかかる外圧のなかで、縦方向に曲げようとする圧力、とくに船と同じ長さの波に向かった時の状態である。船が静水に浮かんでいる時は、船の重量と浮力が釣り合っている(図1-2A)が、波頭に乗った時は中央部が下から巨大な力で突き上げられるため、浮力が勝って、船体を上反りに曲げようとする。この状態をホッギング(Hogging)という(図1-2B)。この時、上甲板は前後に引っ張られ、船底は圧縮される。反対に波の谷にはいった時には、中央部が引き下げられるため、重量が勝って、船体中央部が垂れ下がりの状態になる。この状態をサッギング(Sagging)という(図1-2C)。この時は上甲板に圧縮、船底に引っ張りの力がかかる。荒天下では、この船をへし折ってやろうとする意志さえ感じられるような強烈なホッギングとサッギングが際限なく繰り返される。上甲板は、船底とともに、この強大な自然の力に船体が耐えるための、重要な役割を担っているのである。したがって、この甲板は「強力甲板」(Strength deck)とも呼ばれる。車両航送船は「車両甲板」が上甲板であり、かつ強力甲板であった(37ページ参照)。

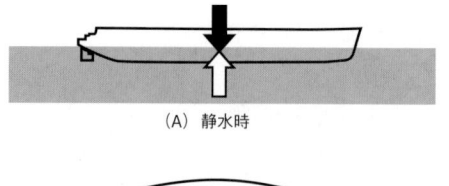

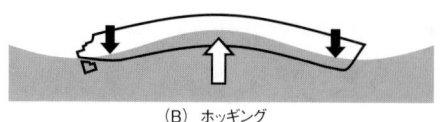

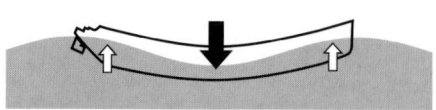

(A) 静水時
(B) ホッギング
(C) サッギング

[図1-2] 船体の受ける波の圧力

青函航路・第一青函丸の車両甲板。4線式船内線路を船尾分岐付近から船首方向に望む。大正15年11月／提供：国鉄船舶局

①"呼び名"いろいろ

なお、関釜航路の壱岐丸Ⅰ型客船(2ページ)、高麗丸型客貨船と景福丸型客船(3ページ)、青函航路の比羅夫丸型客船(2ページ)、稚泊航路の砕氷客貨船・宗谷丸(5ページ)などは、上甲板を、別名である「Main deck」(主甲板また正甲板)と称している。

覆甲板（Awning deck）

明治38年(1905)9月、初めて関釜航路に登場した客船・壱岐丸Ⅰ(2ページ)は、船体の最上甲板が「上甲板」のように見える。ところが「Awning deck」(覆甲板)となっている。上甲板はその下の2層目である(図1-3)。

「Awning」は甲板上の天幕の意味である。西暦1800年代、大西洋における家畜の運搬、あるいは東インド方面における甲板旅客の輸送の際、軽装な覆いを造って、日光や雨露を防いだのがはじまりといわれている。これが発展して、後述の三つの船楼(船首楼、船橋楼、船尾楼)をつなげたような、全通甲板となったのである。

3ページの高麗丸型客貨船と景福丸型客船、比羅夫丸型客船、砕氷客貨船・亜庭丸と宗谷丸などの最上甲板は、壱岐丸Ⅰ同様「Awning deck」としている。

そのほか、関門航路の客船・門司丸、豊山丸型、下関丸Ⅱ(4ページ)は客室頂部を、また、宇高航路の紫雲丸型車載客船(10ページ)は航海船橋頂部を、いずれも全通甲板ではないが、覆甲板と同じような意味合いを持つ「Shade deck」(遮陽甲板)としている。

船首楼甲板（Forecastle deck）

上甲板などの船体最上甲板上には、船首、中央部、船尾に「船楼」と呼ばれる建物がある(36ページ図1-4)。前記の『規則』では、「船楼とは、上部に甲板を有する上甲板上の構造物であって、船側から船側まで達するもの」(第1条4)とし、さらに船首部にある船楼を「船首楼」、船尾部にある船楼を「船尾楼」(同条5)と定めている。

これらの上部(頂部)の甲板が「船首楼甲板」であり、「船尾楼甲板」である。も

[図1-3] 覆甲板

関釜航路・壱岐丸Ⅰ。覆甲板が上甲板のように見える。明治38年／提供：国鉄船舶局

35

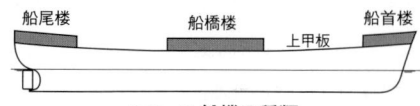

[図1-4] 船楼の種類

ともと「楼」は「たかどの」「やぐら」「ものみ」などの高い建物のことであるが、前記の構造物になぜこの文字が用いられたのだろうか。16世紀頃出現した西欧の大型航洋帆船をみると、前部には砦状の、後部には城主(船長)の住む城のような建造物がそそり立つ。まさに海上に浮かぶ城(Castle)であった。訳者はこれを「船の楼」と見立てたものと思われる。そして前部の「Forecastle」が「船首楼」、後部の「Aftercastle」が「船尾楼」となったのである。船首の「Forecastle」は、今に残ったが、船尾の方は、現在では「Poop」と呼ばれている。いつ頃から、そのようになったのか、またこの名称になった背景など、ともに不明である。

船首楼の役目は、前方からの波を防ぐことにある。青函航路の車両渡船・第一青函丸(4ページ)は、車両甲板前部に高さ2.5m、長さ9.8mの船首楼を設けた。しかしこの程度では、シケてくると波しぶきが打ち上がって貨車にかかり、時には青波が船首楼を飛び越して貨車を壊すことさえあった。そこで、第二青函丸(7ページ)は船体を1.2m延ばして凌波性(波切り)をよくするとともに、船首楼を高さ5.2m、長さ17.4mにして先頭の貨車を覆うようになった。

なお、鉄道連絡船には船尾楼に該当するものは見当たらない。

船橋楼甲板(Bridge deck)

「船橋」は「船の橋」(Bridge)である。といっても、浮舟を横に並べて、上に板を渡した仮橋のことではない。19世紀にはいり、蒸気機関の発明は船の形状を一変させた。これまでの大型航洋帆船にみられた、大掛かりな船首尾楼は影をひそめ、代わって船体中央部の両舷側に巨大な水車が取り付けられた。外輪船の登場である。国鉄連絡船にも外輪船があった。昭和17年(1942)7月に関門海底トンネルが開通するまで、

青函航路・第二青函丸の船首楼甲板。車両甲板には屋根がない／提供：国鉄船舶局

① "呼び名"いろいろ

関森航路に就航していた5隻の関門丸型車両渡船（3ページ）である。横から見ると、水車を保護するカバーが、太鼓橋のように、上甲板から大きく盛り上がっている。この船の上甲板は車両甲板であるから、船首尾の見通しに障害になるようなものはない。航洋帆船の船尾楼甲板は、周囲の海面はもちろん、すべての帆の状況が把握できる絶好の操船場所であった。ところが、初期の外輪船は蒸気機関が大きく、上甲板上にまで頭を出した。これが、低くなった船尾楼甲板の操船位置からの視界をさえぎり、前方海面を見えなくしてしまったのである。そこで水車の保護カバー上が見張り台として使われるようになった。そして、即座に反対舷にも行けるように、両舷の保護カバーの間に「橋」を架けたのである。これが「船の橋」である。やがて、ここに舵輪やコンパスを移して、船長や士官たちが操船命令を下す指揮・運用の場となった。今日呼ばれている「航海船橋」や「ブリッジ」の原形である。

船体中央部の「船楼」を「船橋楼」、その頂部を「船橋楼甲板」と呼ぶのは、これにちなんだものと思われる。

前述の青函航路の第一青函丸と第二青函丸の車両甲板には、屋根がなかった。冬になると北海道特有の雪が降る。車両甲板に雪が積もると車両の積みおろし作業がやりにくくなる。その対策として、第三青函丸（7ページ）では屋根を張りつめることにした。ちょうど、船橋楼に船首楼と船尾楼をつなぎ合わせた格好で、これによって雪に対する心配はなくなった。さらに、これまでの車両航送船は、車両甲板が強力甲板であったが、「Bridge deck」（船橋楼甲板）と名づけられたこの新しい甲板が、船体の縦強力に対して有効であることが実証され、その後に建造された同航路のすべての車両航送船は、車両甲板に代わりこの甲板が強力甲板として建造されるようになった（34ページ参照）。

青函航路における、車両渡船の「船橋楼甲板または船楼甲板」、洞爺丸型車載客船（9ページ）の「上部遊歩甲板」、同・十和田丸Ⅰ（10ページ）の「遊歩甲板」、津軽丸Ⅱ型客載車両渡船（12ページ）の「船楼甲板」等がこれである。

遊歩甲板（Promenade deck）

「遊歩甲板」の名称は、1等船客室のある甲板に用いられていた。鉄道連絡船では、稚泊航路の亜庭丸、関釜航路の客貨船・金剛丸型（6ページ）と天山丸型（6ページ）、青函航路の津軽丸Ⅱ型などがこれに相当するが、そのほかの客載船では、必ずしも等

関釜航路の金剛丸型興安丸。昭和11年10月／提供：三菱・長崎造船所

級にこだわらず、また客載船以外の船でも、高級船員室のある甲板に使用された。

また、青函航路の翔鳳丸型と宇高航路の紫雲丸は「Upper promenade deck」、青函航路の洞爺丸型はこの訳語である「上部遊歩甲板」としている。

逆に、客船であっても、この名称を使用しない船もあった。関釜航路の壱岐丸Ⅰ型と高麗丸型、青函航路の比羅夫丸型である。いずれも使用されていた甲板名は「Awning deck」(覆甲板)で、この甲板

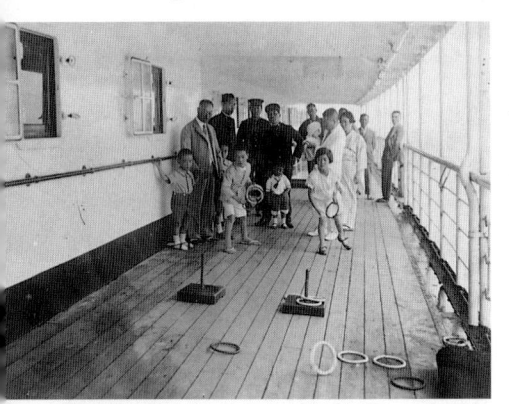

青函航路翔鳳丸型の上部遊歩甲板／提供：国鉄船舶局

稚泊航路亜庭丸のAwning deck（3等）／提供：国鉄船舶局

上の客室の等級は1・2等であった（35ページ参照）。

端艇甲板（Boat deck）

「端艇甲板」は、文字通り「端艇」(Boat)の配置された甲板の呼び名である。ここでいう端艇には、救命艇のほかに、容積が1.4立方m以上の普通艇や、伝馬船が含まれている（『船舶設備規程』、昭9.逓信省令第6号、第3条）(註①)。

この甲板は、通常「甲板室」(Deck house) (註②)の最上層にあり、前部に高級船員室あるいは航海船橋、無線通信室などが、また中央部には煙突や機関室の天窓などがあるものの、比較的広々として、緊急時、ボートの吊りおろし作業をするには最適の場所といえる。

もっとも、ボートの積まれている甲板が、かならずしも「端艇甲板」と呼ばれていたわけではない。客船では、関釜航路の壱岐丸Ⅰ型と景福丸型は、それぞれ「Navigation bridge」(航海船橋)、「Promenade deck」(遊歩甲板)としていた。

中甲板

車両航送船の車両格納所は2層分の高さがある。そのため、車両甲板と上部の甲板間の、車両搭載に支障のないスペースに、甲板を1層設けた。

初期の客載船では、車両格納所を、両舷と前部の三

①"呼び名"いろいろ

方から取り巻くようにして設け、名称を、青函航路の翔鳳丸型と宇高航路の紫雲丸は、上部甲板の「Upper promenade deck」に対し、「Lower promenade deck」、青函航路の洞爺丸型はその訳語の「下部遊歩甲板」となった（図1-5）。また、車両渡船では、格納所の最前部に設け、名称を、青函航路の第二青函丸は「低船首楼甲板」、第三青函丸型は「Partial deck」、第五青函丸以降はその訳語である「部分甲板」、檜山丸Ⅰ型（9ページ）は「船首中甲板」、宇高航路の第三宇高丸（10ページ）は「舷墻頂部甲板」とするなど、まちまちであった。

しかし、昭和32年（1957）に就航した青函航路の十和田丸Ⅰで「中甲板」としたことから、それ以後建造された、宇高航路の客載車両渡船・讃岐丸Ⅰ（10ページ）と同・伊予丸型（13ページ）、青函航路の津軽丸Ⅱ型と渡島丸Ⅱ型車両渡船（14ページ）、仁堀航路の旅客フェリー・瀬戸丸Ⅱ（12ページ）はこの名称を継承し、「中甲板」が定着した。

航海船橋甲板（Navigation bridge deck）

操船の指揮をする「航海船橋」や「ブリッジ」のある甲板は、「航海船橋甲板」（Navigation bridge deck）と呼ばれている。甲板を略して「航海船橋」とすることもある。

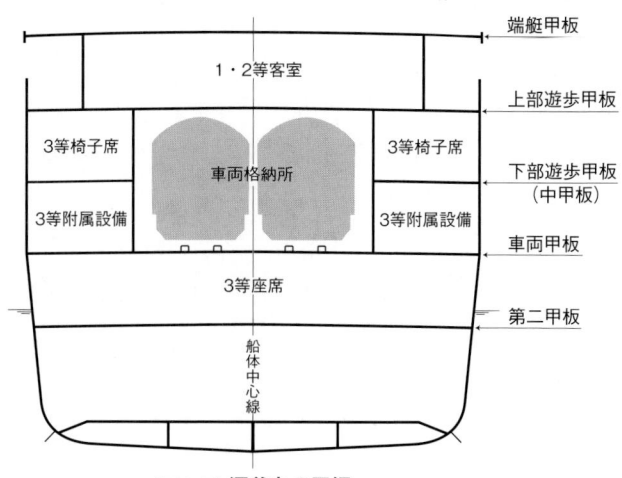

［図1-5］洞爺丸の甲板

・端艇甲板
・上部遊歩甲板
・下部遊歩甲板（中甲板）
・車両甲板
・第二甲板

1・2等客室
3等椅子席　車両格納所　3等椅子席
3等附属設備　　　　　3等附属設備
3等座席
船体中心線

「航海船橋」の起源については、37ページで述べたが、この場所が、"見張所"として、常に船の最も高い所にあり、かつ、船には絶対不可欠な重要施設のあることから、名称がそのまま甲板名となっても不思議ではない。

国鉄連絡船で使用されていた名称は、船によって多少の差異はあるが、年代順に列記すると次のようになる。

註：《　》内は初出の年と船名を示す。

①「Navigation bridge」《明38.壱岐丸Ⅰ》、②「Flying bridge」（最上船橋）《明41.比羅夫丸》、③「航海船橋」《大8.第二関門丸》、④「航海船橋甲板」《昭5.第二青函丸》、⑤「航海甲板」《昭30.檜山丸Ⅰ》で、「航海船橋」が22隻と最も多く、次いで「航海甲板」の20隻であった。

なお、関釜航路の金剛丸型と天山丸型は、航海船橋のある甲板をそれぞれ「Boat deck」、「端艇甲板」としている。航海船橋はもちろん重要施設であるが、一方、緊急時のことを想定すれば、10隻もの救

39

青函航路・比羅夫丸の航海船橋は吹きさらしだった。明治41年／提供：国鉄船舶局

命ボートが配置されているこの甲板を、日頃から衆知しておくためには、この方が良策であった、と考える。

余談になるが、明治41年(1908)、青函航路に就航した、英国生まれの比羅夫丸型の航海船橋は、ドーバー海峡の連絡船にならったらしく、わずかに天井と、周囲の手摺の腰張りに、キャンバスの幕を張るだけで、操舵コンパスの周囲にはなにもなかった。これでは津軽海峡の寒気と降雪に耐えられず、翌年天井を板張りにし、前面中央部をガラス窓にした。その後、さらに舵輪付近を囲っている。鉄道連絡船が船橋全体を、ガラス窓付きで覆って建造されたのは、大正11年(1922)、関釜航路に就航した景福丸からである。

国鉄連絡船では、この舵輪などを中心に囲った部屋を「操舵室」(Wheel house)と呼んでいた。

羅針儀甲板(Compass deck)

航海船橋の屋上、しかも船体中心線上に"船の主"のように突っ立っているのがいる。原基羅針儀、今日でいう標準磁気コンパスである。

磁気コンパスは、裏面に磁針を貼り付けた方位盤(コンパスカード)を、アルコールを満たした、羅盆と呼ばれるボウル状の容器にいれたもので、船が動揺しても、常に水平を保つようになっている。簡単な構造だけに信頼性が高く、次々と開発、導入される新型計器を尻目に、帆船の時代から現代に至るまで、広く使いつづけられてきた。このコンパスの立つ甲板が「羅針儀甲板」(Compass deck)である。

国鉄連絡船で使用されていた名称は、年代順に列記すると次にようになる。

註：《 》内は初出の年と船名を示す。

①「Compass platform」《大2.高麗丸》、②「Compass deck」《大11.景福丸》、③「羅針船橋甲板」、《昭5.第二青函丸》、④「羅針船橋」《昭15.壱岐丸Ⅱ》、⑤「羅針甲板」《昭28.第三宇高丸》、⑥「羅針儀甲板」《昭30.檜山丸Ⅰ》、⑦「コンパス甲板」《昭39.津軽丸Ⅱ》等と多彩である。

この内、宇高航路の伊予丸型、青函航路の津軽丸Ⅱ型と渡島丸Ⅱ型などの「コンパス甲板」が17隻と最も多く、「羅針船橋」の13隻と「Compass platform」の12隻がこれにつづいた。

特殊な例として、稚泊航路の亜庭丸と宗谷丸がある。コンパスの立つ甲板は「Compass platform」であるが、その場所は航海船橋の頂部ではなく、さらに1層上の甲板であった（42ページ図1-6）。

宗谷海峡の冬は厳しい。季節風は吹きつのり、オホーツク海の流氷は南下して、やがて亜庭湾は真っ白に閉ざされてしまう。連絡船はその割れ目を縫うように進むのである。その際、針路前方の氷の状況を確かめるために、航海船橋の上に「Watch house」（見張所）が設けられたのである。その頂部が「Compass platform」となり、この見張所ある甲板が「Watch platform」と名づけられた。

第二甲板（Second deck）

「第二甲板」（Second deck）は、上甲板（Upper deck）より一層下の甲板名であるが、青函航路の比羅夫丸型、関門航路の第三関門丸型、関釜航路の高麗丸型と景福丸型、稚泊航路の亜庭丸と宗谷丸などは「Lower deck」（下甲板）の名称が用

宇高航路・第三宇高丸。上部から羅針甲板、航海船橋、船橋楼甲板、船墻頂部甲板、車両甲板。昭和49年／撮影：西岡 洋

青函航路・空知丸Ⅰ（檜山丸Ⅰ型）。上部から羅針儀甲板、航海船橋、上部船楼甲板、船楼甲板／提供：浦賀船渠

凍りはじめた大泊の亜庭湾を行く稚泊航路・宗谷丸

　いられていた
（図1-6）。
　国鉄連絡船の客載船は、ここを3等客席として使用してきたが、昭和29年（1954）に発生した"洞爺丸事件"の教訓から、その後に建造された十和田丸Ⅰ以降の船は、客室にしないこととなった。
　なお、上記宗谷丸などが「Main deck」（35ページ参照）と呼んでいる甲板を、亜庭丸のみは「Second deck」と呼称していた。

註①：現在の船舶は『船舶救命設備規則』（昭40.運輸省令第36号）による。
註②：「船楼」が舷側から舷側まで達する構造物であるのに対し、「甲板室」は、船体最上甲板より上に設けられた、横幅が舷側に達しない造物をいう（『船舶構造規則』、平10.運輸省令第16号、第1条参照）。

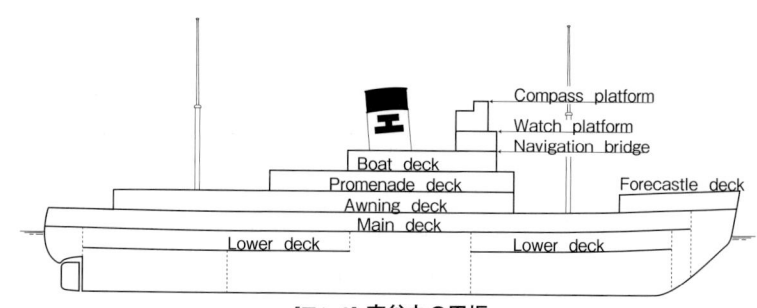

[図1-6] **宗谷丸の甲板**

（甲板名：Compass platform／Watch platform／Navigation bridge／Boat deck／Promenade deck／Awning deck／Main deck／Forecastle deck／Lower deck／Lower deck）

【主な参考文献】
『海事六法・2005年版』国土交通省海事局、海文堂出版（平17）
『研究社の新英和大辞典』研究社（平5）
『図解船舶・荷役の基礎用語』宮本栄／成山堂書店（平4）
『船舶法規』生島荘三／工業図書（昭14）
『商船の形態』上野喜一郎／海と空社（昭15）
『字通』白川静／平凡社（平8）
『Ships through the ages』Douglas Lobbley、Octopus Books. (1972)
『帆船』／万有ガイド・シリーズ11』小学館（昭56）
『われら船乗り－海の習慣と伝説－』杉浦昭典／朝日新聞社（昭50）
『思い出の連絡船』篠田寅太郎、篠田米子自費出版（平5）
『日本国有鉄道連絡船設計委員会・第1回答申書』（昭30）
『比羅夫丸・田村丸』山本凞／交通協力会（昭41）

② 鉄道連絡船の位置付け
――鉄道連絡船は特殊船か――

商船の分類は、多くの場合、客船、貨物船などの「用途別」で行われるが、明治から大正にかけての時代には、造船史では、木船、鉄船、鋼船など「造船材料別」で表示されていた。それまで木船しか出来なかったのが、製鉄技術の発達に伴い鉄船や木鉄交造船、そして鋼船へと大きく変革していった時代である。

しかし、大正末期から昭和になると、小型船を除いて、ほとんどの船が鋼船となり、また船の種類、数も増えてくると造船史も次第に「用途別」を採用するようになった。

興味深いのは「造船材料別」、「用途別」のいずれにも「特殊船」の項目が設けられ、木船あるいは客船などと同列に扱われていたことである。

「特殊船」は、「一般交通の運輸機関として、製造された普通船舶のほかに、特別の構造もしくは設備を有し、特種の業務に従事するものを総称して特殊船という」と定義されている(『日本近世造船史・明治時代』より)が、その適用は時代によって変化している。

ここでは、造船史を詳述している造船協会編の『日本近世造

檜山丸Ⅰのレーダーと船名旗。昭和31年／所蔵：JTBパブリッシング

檜山丸Ⅰの操舵室。昭和31年／所蔵：JTBパブリッシング

船史・明治時代』、『同・大正時代』、造船協会改め日本造船学会編の『昭和造船史・第1巻』、『同・第2巻』をベースとして、「特殊船」の推移を絡めながら「鉄道連絡船」の位置付けを眺めてみたい。

明治時代

『日本近世造船史・明治時代』では、商船および特殊船を次のように分類している。

商船の分類…木船、鉄船および木鉄交造船、鋼船、特殊船。

特殊船の種類…浚渫船、浅吃水船、漁船、練習船、海底電線布設船、快遊船。

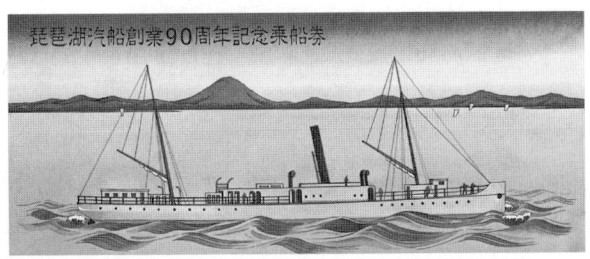

第一太湖丸が描かれている「琵琶湖汽船創業90周年記念乗船券」

第二由良川丸／提供：日立造船

わが国の鉄道連絡船は、明治16年(1883)琵琶湖に誕生した第一太湖丸以降、多くの航路、そして連絡船が登場した(22ページ第1-3表参照)。第一太湖丸は国内で製造された数少ない鉄船で「造船材料別」としては特筆すべき船であるが、形状としてはいわゆる普通船舶タイプであった。

そのなかにあって、阪鶴鉄道会社の第一・第二由良川丸（由良川連絡客船、明治35年[1902]）と山陽鉄道会社の旭丸（旭川連絡客船、明治36年[1903]）の3隻は浅吃水船である（前記カッコ内はいずれも航路、船種、1番船の就航年を示す。以下同じ）。当時大阪鉄工所（のちの日立造船）が、川などの浅いところでも自由に航行できるように考案した、小型ながら鋼船であった。

この時代に登場する鉄道連絡船は、特殊船に分類された前述の3隻の他に、豊浦丸・馬関丸（徳山－門司－赤間関連絡客船、明治32年[1899]）、大瀬戸丸・下関丸Ⅰ（関門航路客船、明治34年[1901]）、壱岐丸Ⅰ・対馬丸Ⅰ（関釜航路客船、明治38年[1905]）である。豊浦丸型と大瀬戸丸型は小型船ながら鋼材で建造されたこと、壱岐丸Ⅰ型はわが国で初めて設計・建造された大型渡峡船であること、などに言及しているが、これらはすべて鋼船に分類され、特殊船の範疇外におかれた。

大正時代

『日本近世造船史・大正時代』では、商船および特殊船を次のように分類している。

商船の分類…木船、鋼船、漁船、特殊船、コンクリート船。

鋼船をさらに旅客船、貨物船の「用途別」に分類している。

特殊船の種類…浚渫船、冷蔵運搬船、油槽船、浅吃水船、海底電線布設船、砕氷船、連絡船、練習船、浮船渠、起重機船。

漁船が特殊船の項から分離独立し、連絡船などが新たに加えられた。

この時期登場する連絡船は、高麗丸・新羅丸（関釜航路客貨船、大正2年[1913]）、

関釜航路・景福丸型、昌慶丸／提供：国鉄船舶局

宇高航路・南海丸／提供：三菱・神戸造船所

② 鉄道連絡船の位置付け

景福丸・徳寿丸・昌慶丸（関釜航路客船、大正11年[1922]）、山陽丸Ⅰ・南海丸（宇高航路客船、大正12[1923]年）、翔鳳丸・飛鸞丸・津軽丸Ⅰ・松前丸Ⅰ（青函航路客載車両渡船、大正13年[1924]）、第一～四関門丸（関森航路車両渡船、大正8年[1919]）、門司丸、豊山丸・長水丸（関門航路客船、大正3年[1914]）である。このうち、高麗丸型、景福丸型はいわゆる普通船舶タイプ。山陽丸Ⅰ型、門司丸と豊山丸型は上甲板に手押車の搭載スペースを設けた諸車航送船タイプである。手押車は最近目にしなくなったが、長さ約1.4mの3～4輪車である。通常プラットホームで旅客の手・小荷物や郵便物の運搬に使用されたが、連絡船では、これらの荷物を積んだままの手押車を甲板にのせ、先方駅まで運んだ。これを「手押車航送」といったが、多いものでは一度に37両も運ぶことができた。

なお、「諸車航送船」は、次に出てくる「車両航送船」が貨車など国鉄車両専用なのに対し、それ以外の車両を航送するものとする。関門丸型はその車両航送船タイプである。上甲板にレールを敷き、列車を積荷のまま積み込んで海を渡す、わが国初の自航式車両渡船である。翔鳳丸型は、関門丸型の3倍以上、25両の貨車（ワム型15ｔ有蓋車換算、以下同じ）を搭載した上に、約890名の旅客設備を設けた大型船である。

車両航送船タイプが特殊船に分類されたのは納得できるが、この時代の分類法からいえば、高麗丸型と景福丸型は本来「鋼船」にはいるべきものである。矛盾するが、陸上の列車に接続する特殊な目的に使用するものと位置付け、一括して鉄道連絡船として、特殊船の項に入れたのであろう。

昭和時代・前期

『昭和造船史・第1巻』では、商船および特殊船を次のように分類している。

商船の分類…客船、貨物船、漁船以外の特殊船、木船、戦時中の鋼船、戦時中の木船その他。

特殊船の種類…渡船、しゅんせつ船、砕氷船、ケーブル船、海洋気象観測船、練習船、引船、海難救助船、浅喫水船、陸軍特殊貨物船。

渡船は鉄道連絡船のことである。関釜、稚泊、関門、宇高、青函の各航路別に分けている。

関釜連絡船

金剛丸・興安丸（客貨船、昭和11年[1936]）、天山丸・崑崙丸（客貨船、昭和17年[1942]）。

関釜航路・興安丸

稚泊航路・亜庭丸

青函航路・第十一青函丸。昭和21年頃／提供：国鉄船舶局

金剛丸は試運転で23.19ノットの速力を出し、戦前の日本商船として、最高速を記録した。全船冷房装置を施すなど、船舶史に名を残した優秀船である。天山丸型の速力はさらにこれを上回った。

稚泊連絡船

亜庭丸（客貨船、昭和2年[1927]）、宗谷丸（客貨船、昭和7年[1932]）。

両船とも、砕氷船の項にも分類されている。

関門連絡船

下関丸Ⅱ（客船、大正14年[1925]）、第五関門丸（車両渡船、大正15年[1926]）。

下関丸Ⅱは『大正時代』編で述べた豊山丸型。昭和22年（1947）から、手押車に代え、初の自動車航送を開始した。第五関門丸の方は関門丸型であるが、就航していたのは関森航路である。同航路は関門航路の貨物線的存在であった。

宇高連絡船

第一・第二宇高丸（車両渡船、昭和4年[1929]）。

両船とも、宇高航路初の自航式車両渡船であり、かつ鉄道連絡船として初めてのディーゼル船である。搭載車両は10両。

青函連絡船

翔鳳丸・飛鸞丸・津軽丸Ⅰ・松前丸Ⅰ（客載車両渡船、大正13年[1924]）、第一・第二青函丸（車両渡船、大正15年[1926]）、第三・第四青函丸（車両渡船、昭和14年[1939]）、第五〜第十二青函丸（車両渡船、昭和19年[1944]）。

翔鳳丸型は『大正時代』編参照。第一青函丸型は貨車43両搭載の純車両渡船。第三青函丸型以降は貨車を44両、航海速力を翔鳳丸型と同速とした。ただし、第五青函丸からは戦時標準船である。青函・宇高連絡船とも、すべて車両航送船タイプである。

昭和時代・中期

『昭和造船史・第2巻』では、商船および特殊船を次のように分類している。

関森航路・第五関門丸。大正15年

② 鉄道連絡船の位置付け

商船の分類…客船、貨物船、槽船、散積貨物船、その他の貨物船、特殊船。

特殊船の種類…引船、押船、救難船、ケーブル船、しゅんせつ船、その他の作業船、自動車航送船、気象観測船、航海練習船、見本市船、海洋研究船、エア・クッション船、水中翼船、舟艇、原子力船。

ここで鉄道連絡船は、特殊船ではなく、客船の項に分類されている。

客船の種類
外航客船、近海客船、沿岸客船、平水客船、鉄道連絡船。

鉄道連絡船は、さらにこれを青函、宇高、宮島、大島の各航路に分けている。

青函航路
第十一青函丸・第十二青函丸・石狩丸Ⅰ（客載車両渡船、昭和20年[1945]）、北見丸・日高丸Ⅰ・十勝丸Ⅰ・渡島丸Ⅰ（車両渡船、昭和23年[1948]）、洞爺丸・羊蹄丸Ⅰ・摩周丸Ⅰ・大雪丸Ⅰ（車載客船、昭和22年[1947]）、檜山丸Ⅰ・空知丸Ⅰ（車両渡船、昭和30年[1955]）、十和田丸Ⅰ（車載客船、昭和32年[1957]）、津軽丸Ⅱ・八甲田丸・松前丸Ⅱ・大雪丸Ⅱ・摩周丸Ⅱ・羊蹄丸Ⅱ・十和田丸Ⅱ（客載車両渡船、昭和39年[1964]）。

第十一青函丸など3船は戦時標準船を客載に改造したもの。北見丸型、十勝丸Ⅰ型、洞爺丸型は、宇高航路の紫雲丸型とともに、戦後の昭和21年(1946)にようやくGHQ（連合軍最高司令部）の承認を得て建造され、敗戦国日本に明るい希望を与えた船である。檜山丸Ⅰ型と十和田丸Ⅰは、洞爺丸事件の教訓を生かして建造された、この航路初のディーゼル船である。

津軽丸Ⅱ型は、船内各所に高度の自動化ないし遠隔操縦が施された。のちに青函間片道4時間30分を、3時間50分にスピードアップし、初めて"4時間の壁"を破った。青函航路最後の連絡船である。

宇高航路
紫雲丸・眉山丸・鷲羽丸（車載客船、昭和22年[1947]）、第三宇高丸（車両渡船、昭和28年[1953]年）、讃岐丸Ⅰ（客載車両渡船、昭和36年[1961]）、伊予丸・土佐丸・阿波丸（客載車両渡船、昭和41年[1966]）。

青函航路・十和田丸Ⅱ。昭和41年11月／提供：浦賀造船所

宇高航路・讃岐丸Ⅰ。昭和36年3月／提供：三菱・神戸造船所

47

宮島航路・みやじま丸Ⅰ。昭和29年9月／提供：三井造船

　第三宇高丸はこの航路最後の純車両渡船。讃岐丸Ⅰは大型V.S.P（ホイト・シュナイダー・プロペラ）を装備したわが国最初の自動化船である。

　伊予丸型は津軽丸Ⅱ型に準じ、操舵室から各機器の遠隔制御、総括制御室から主機械、発電機などの遠隔監視が行われた。宇高航路最後の連絡船である。

宮島航路
みやじま丸Ⅰ（客船、昭和29年[1954]）、山陽丸Ⅱ（客貨船、昭和40年[1965]）。

　みやじま丸Ⅰはこの航路初の新造船。山陽丸Ⅱは諸車航送船タイプ。

大島航路
七浦丸Ⅰ（客船、昭和21年[1946]）、大島丸Ⅰ（客貨船、昭和36年[1961]）。

　七浦丸Ⅰの前身は、明治34年（1901）関門航路に就航した下関丸Ⅰで、現役期間54年を数え、結果的に最長寿連絡船となった。大島丸Ⅰは諸車航送船タイプである。

＊

　「特殊船」の定義はこの項のはじめに述べたが、その適用については時代によって変化している。

　明治時代には、これに該当するものとして「浅吃水船」を上げているが、この技術はとくに鉄道連絡船のために開発されたものではなく、第一由良川丸などは、たまたまこれを利用して連絡航路を開設したにすぎない。また他の連絡航路も緒についたばかりで、鉄道連絡船としての項を起こすまでには至らなかったものと考える。

　大正時代にはいると、各連絡航路も徐々に整備されるとともに、門司丸型による手押車航送、第一関門丸型による自航式車両航送の開始、さらに、大正末から昭和の初期にかけては、稚泊新航路の開設をはじめ、先に述べたように、航路、連絡船ともその整備、強化は目を見張るものがあった。ここに来てようやく鉄道連絡船が注目され、かつ特殊な役割の船舶であることが認められたものと思われる。

関門航路における七浦丸。昭和25年頃／提供：国鉄船舶局

関門航路・門司丸。大正3年／提供：日立造船

❷ 鉄道連絡船の位置付け

鉄道連絡船の本来の役割は、「海による鉄道線路の不連続点を結ぶ列車として、海陸一貫した鉄道路線体系上重要な機能をはたすことが本務である（鉄道辞典）」から、この点からいえば「特殊船」ともいえる。

鉄道連絡船はその役割を果たすため、他の船舶には見られない厳密な「定時運航」が義務付けられている。この「定時運航」と「安全運航」を両立させるため構造、設備ともに、常に他に先駆けて最新技術を導入してきた。そのため国内船でありながら、注目に値する優秀船を輩出したのである。

これについては、多くの船舶関係図書が取り上げている。それらの内の一つ『図説・日の丸船隊史話』（山高五郎著）では、「時代別」に、幕末から第二次世界大戦までを5章に分けているが、つづいて第6章として鉄道連絡船の項を起こしている。この章のはじめに次のように述べている。

＊

「これまでは、日の丸船隊史話として、わが国の外航船の歴史を語ってきたが、その一方で、内航船もまた飛躍的に拡大したことは言うまでもない。本稿の本来の目的は外航船の歴史を物語ることであったから、内航船についてはほとんど触れてこなかったが、最後に、鉄道連絡船についてその主要なものをしるしておきたいと思う。鉄道連絡船は日本列島を結ぶ動脈の節目であったし、それだけに、なつかしい名船も多いからである。」（255ページ）

また、写真集『世界の船'73・特集なつかしい日本の客船』（朝日新聞社）では、「ルート別」に北米ルートから国内ルートまでを7章に分け、これにつづいて、前著と同じように鉄道連絡船の項を設けている。

これらに見られるように、大正末期から昭和の激動期を経て戦後になるにつれ、鉄道連絡船の活動範囲も多岐になり、単に「特殊船」としてのみでは律し切れなくなっていた。「鉄道連絡船」が一分野をなすに至ったのはそのためと推察される。ただ、『昭和造船史・第2巻』において、なぜ「客船」の項に編入されたのか、は不明である。

ちなみに、現在「特殊船」に認定されているものは、原子力船、潜水船、水中翼船、エアクッション艇、表面効果翼船、海底資源掘削船、半潜水型または甲板昇降型の船舶および潜水設備（内部に人員を搭載するものに限る）を有する船舶、その他特殊な構造または設備を有する船舶等々である（船舶安全法施行規則第一条4より）。

【主な参考文献】
『日本近世造船史・明治時代』造船協会[原書房、復刻版]（昭48）
『日本近世造船史・大正時代』造船協会[原書房、復刻版]（昭48）
『昭和造船史・第1巻』日本造船学会、原書房（昭52）
『昭和造船史・第2巻』日本造船学会、原書房（昭48）
『鉄道辞典・下巻』日本国有鉄道（昭33）
『図説・日の丸船隊史話』山高五郎／至誠堂（昭56）
『世界の船'73・特集なつかしい日本の客船』朝日新聞社（昭48）
『海事六法（2005年版）』国土交通省海事局監修、海文堂出版（平17）

③ 旅客用 水陸連絡施設の変遷

海陸の接点における施設を総称して水陸連絡施設という。連絡船を繋留する岸壁、桟橋、繋留ブイをはじめとし、連絡待合所、船への乗降用設備、荷さばき施設、臨港線、小蒸気船、「はしけ」などと多岐にわたっている。これらの中から、その時、その場所に応じた組み合わせで成り立つ。車両航送を行うためには、専用の岸壁、車両を渡す可動橋、操車場、これを結ぶ線路等も必要となる。これらが有機的、かつ円滑に作動しなければ、運ばれる旅客や貨物に多大な不便を強いることになるのである。

明治の初期には、徳川幕府の二百余年にわたる鎖国政策の影響で、日本の海運事業、ひいては築港事業は沈滞の一途をたどっていた。鎖国令に伴う大船の建造禁止令は、外洋に乗り出せるような大船の建造技術を衰退させ、その結果、構築される港の方も、そのほとんどが、小型の回船や「はしけ」、漁船程度が入港できればコト足れりの水準になっていた。明治新政府は急いで西洋の先進技術の導入に着手したものの新技術を吸収しその効果が全国的に現れるには、なお幾多の歳月を要したのであった。

鉄道連絡船がはじまった頃も例外ではなかった。当時の港の多くが、着岸出来る施設を持たず、船は水深の深い沖合いに投錨し、陸との間の旅客送迎および貨物の積み替えは「はしけ」などで行われていた。

その頃連絡輸送に使用された「はしけ」は、木造で、地区によって多少の違いはあるが、例えば稚泊航路で使用していたものは、長さ17m程度で、100〜150人搭乗出来たという。自航が出来ないため、手漕ぎか、大型のものは小蒸気船で曳航された。通例として1・2等船客は客室のある小蒸気船で、3等船客は「はしけ」で運ばれた。

列車の長旅に続いて、連絡待合所までの長い道のりを歩き、さらに「はしけ」に揺られてようやく連絡船にたどりついた時代からはじまった鉄道連絡船の水陸連絡施設の整備は、常に連絡船の"後追い"になるのは宿命的なものであるが、それなりにどのように改善されていったかを、航路開設時から整備が一応終了するまで、イメージ図によりたどってみたい。

なお、本項においては、旅客関係を主とし、貨物関係は一部掲載に止どめた。また、年代に関係なく、北から順に列記している（51ページ「鉄道連絡航路」参照）。

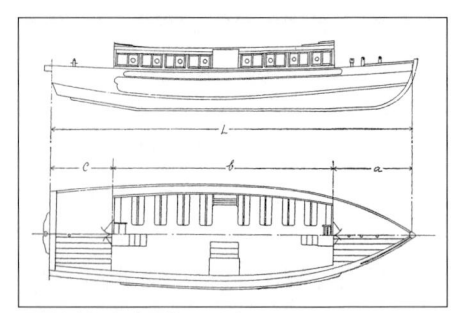

屋根を付けた客用「はしけ」

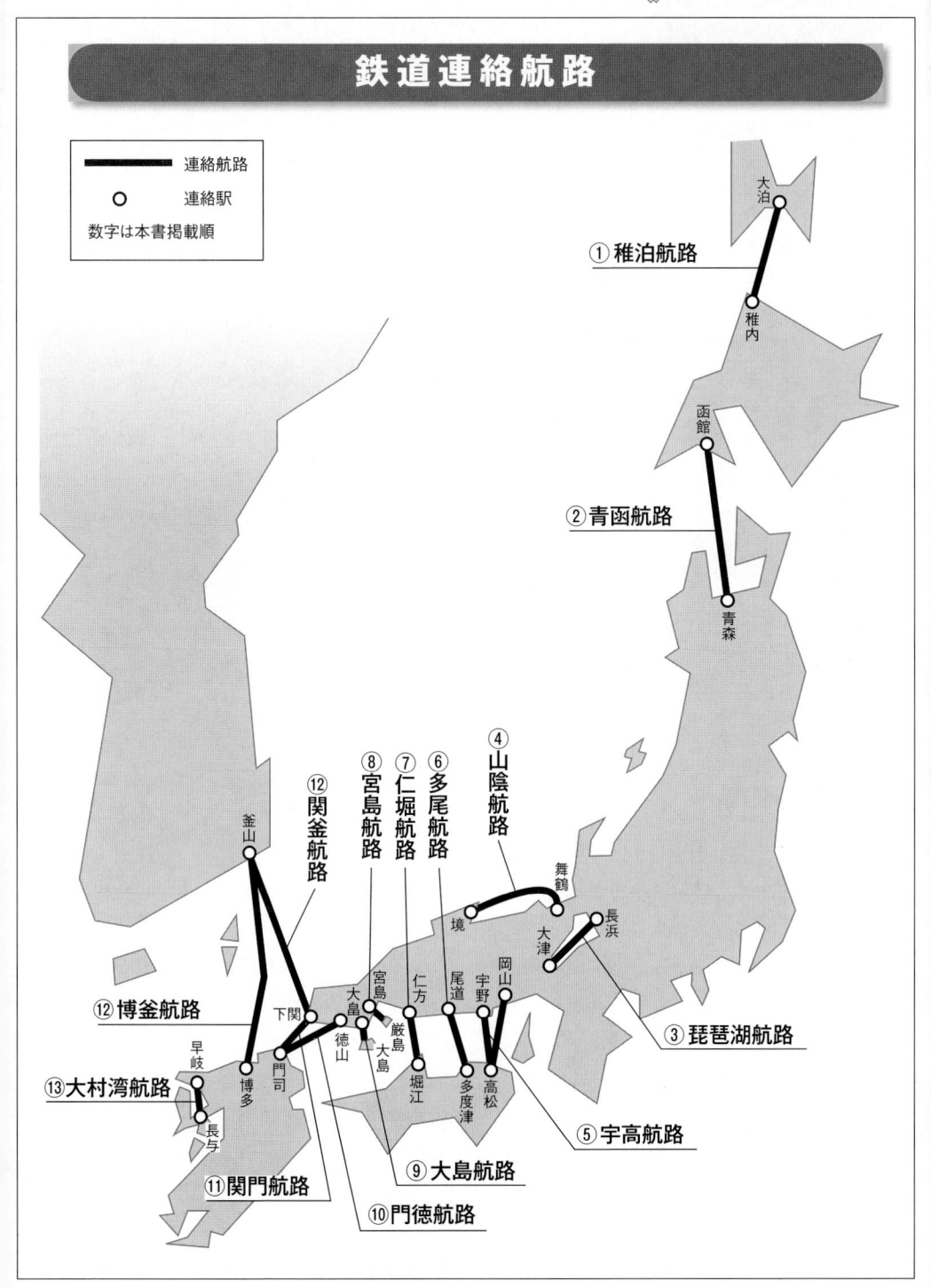

③ 旅客用 水陸連絡施設の変遷

鉄道連絡航路

― 連絡航路
○ 連絡駅
数字は本書掲載順

① 稚泊航路 （大泊―稚内）
② 青函航路 （函館―青森）
③ 琵琶湖航路 （大津―長浜）
④ 山陰航路 （境―舞鶴）
⑤ 宇高航路 （宇野―高松）
⑥ 多尾航路 （尾道―多度津）
⑦ 仁堀航路 （仁方―堀江）
⑧ 宮島航路 （宮島―厳島）
⑨ 大島航路 （大畠―大島）
⑩ 門徳航路 （門司―徳山）
⑪ 関門航路 （下関―門司）
⑫ 関釜航路 （下関―釜山）
⑫ 博釜航路 （博多―釜山）
⑬ 大村湾航路 （早岐―長与）

51

① 稚泊航路　大正12年(1923)～昭和20年(1945)
稚内(北海道) ― 大泊(樺太[現・サハリンのコルサコフ])間159.3㎞

大泊港駅の亜庭丸／提供：国鉄船舶局

大泊桟橋の変遷

大正12年(1923)5月1日　稚内－大泊間に、国鉄による鉄道連絡船が運航を開始。第1船は関釜航路の客船・壱岐丸Ⅰ(当時1,607総t)で、この日21時発上り便で大泊を発ち、稚内に向かった。当初は壱岐丸Ⅰのみの運航で、本船はまだ砕氷船へ改造される前の姿であった。当時大泊港には、連絡船の繋留出来る岸壁がなく、船は約1.2㎞の沖合いに錨泊せざるを得なかった。旅客は、樺太庁鉄道の泊栄線(樺太東線)の起点である大泊駅から、約200m離れた連絡待合所まで歩き、そこから「はしけ」で連絡船まで運ばれた。厳冬期には海面が氷結し、氷上を徒歩あるいはソリで連絡した【A図】。

昭和3年(1928)8月　大泊港に突堤完成。突堤は沖に向かって突き出し、アイランド部と、陸側を結ぶ橋梁部とから構成されていた。橋梁部は単線軌道の鉄道橋と旅客のための公道橋が併設された【B図】。

昭和3年(1928)11月　アイランド上に近代的設備を持つ大泊連絡待合所が竣工し、大泊駅との間1.6㎞は臨港線で結ばれた。

昭和3年(1928)12月　連絡待合所は、

大泊港駅として営業を開始した。これによって駅ホームにすべり込んだ列車の旅客は、階段をのぼって、まっすぐ待合室に入り、タラップから乗船出来るようになった。手小荷物・貨物もまた岸壁からの荷役となった。

なお、大泊港駅は昭和9年(1934)12月、失火で焼失したが、翌年11月再建されている。

大泊桟橋の亜庭丸／提供：国鉄船舶局

稚内桟橋の変遷

大正12年(1923)5月2日 この日の早朝5時、第1船・壱岐丸Ⅰが稚内に到着した。稚内には、大泊同様、連絡船が着船出来る

昭和11年頃の大泊港

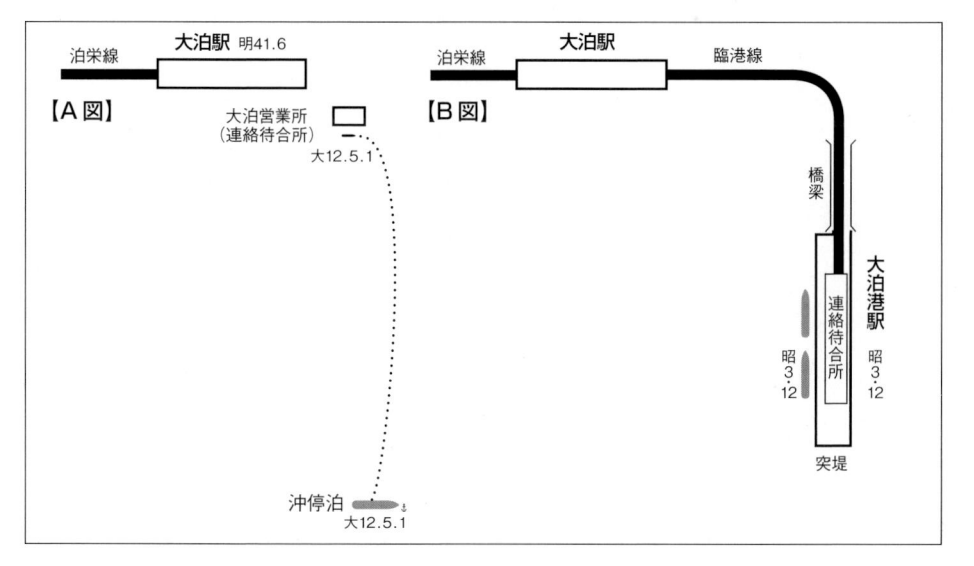

沖停泊の亜庭丸に旅客を移乗させる利尻丸。稚内港。昭和2年

昭和3年に開業した稚内港(現在の稚内駅)駅前広場。ここから「はしけ」で沖停泊の船に乗船した／提供：山口雅人

③ 旅客用 水陸連絡施設の変遷　稚泊

施設がなかった。沖合い600～700mに投錨し、陸の連絡待合所との間の連絡は「はしけ」輸送であった。開設当初の待合所は、倉庫を改造したような粗末なバラック建てであったが、大正13年(1924)に新しくなり、11月から使用を開始した。当時としては立派な建物で、埠頭待合所通称・稚内桟橋と呼ばれた。

つづいて「はしけ」の旅客輸送は、新たに建造した砕氷小蒸気船・利尻丸(140総t、旅客定員246人)に切りかわった。待合所は立派になり、「はしけ」は小蒸気船に代わった。

しかし、ここから鉄道の接続駅である稚内駅(現在の南稚内駅)までの約1.6kmは、依然として徒歩か、客馬車(冬期は馬ソリ)のままであった【C図】。

昭和3年(1928)12月　連絡待合所と稚内駅間に、待望の臨港線が開通した。同時に連絡待合所は稚内港駅と改称した。連絡船は沖停泊であったが、建設中の北防波堤の一部岸壁が完成したので、昭和6年(1931)1月から接岸を開始した。しかし、岸壁上は工事中のため、陸との連絡には利尻丸ならびに「はしけ」輸送がつづいたが、岸壁に接岸したため本船の揺れが少なくなり、移乗の苦労は多少緩和された【D図】。

昭和13年(1938)12月　稚内桟橋駅が完成し、営業を開始した。大泊港駅に遅れること10年になるが、全長424mの壮大なドームで護られた北防波堤上に、白亜の近代的駅となって誕生したのである。これによって函館桟橋駅との間に直通急

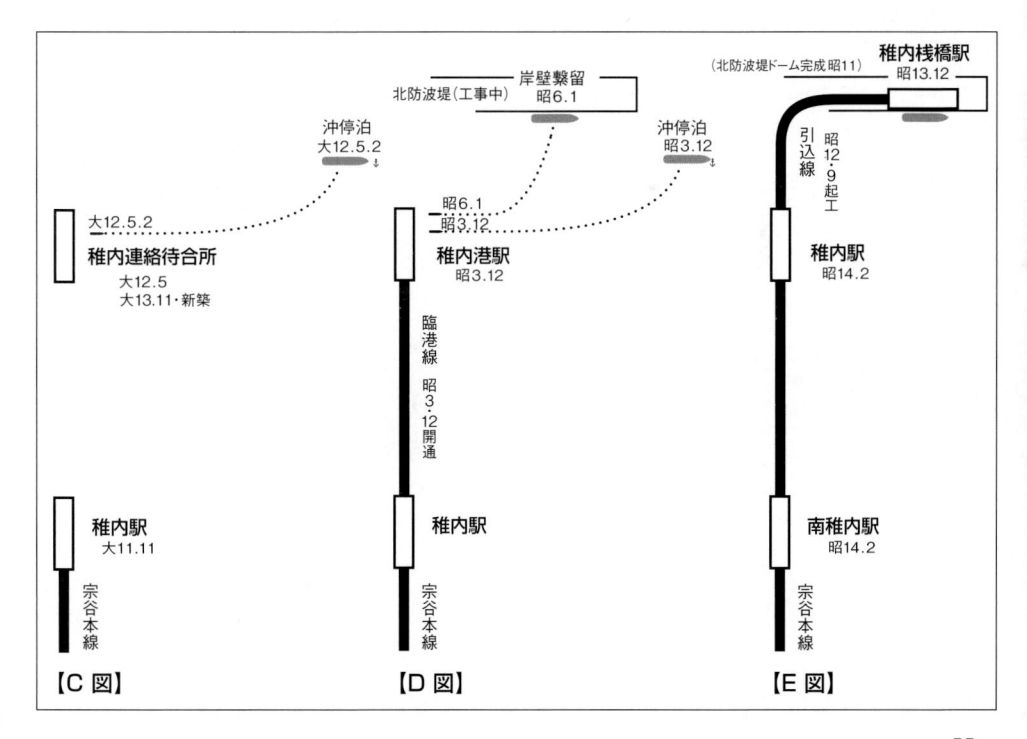

【C図】　【D図】　【E図】

55

稚内港の砕氷小蒸気船・利尻丸。大正13年／提供：国鉄船舶局

利尻丸。大正13年／提供：国鉄船舶局

行列車が運行されるようになった。旅客は駅上屋の待合室からタラップで直接乗船出来るようになり、手小荷物・貨物も岸壁からの荷役となった。

開設当時の水陸連絡環境は最悪であったが、15年半の歳月を経て、ようやく理想に近い姿となったのである。時代はすでに昭和に入っていた【E図】。

昭和14年(1939)2月 「稚内駅」は「南稚内駅」に、また「稚内港駅」は「稚内駅」と改称された。

北防波堤ドーム構築中の稚内桟橋の岸壁に接岸した亜庭丸。昭和6年頃

③ 旅客用 水陸連絡施設の変遷 青函

② 青函航路
明治41年(1908)〜昭和63年(1988)
青森(青森県)―函館(北海道)間113.0km

小蒸気船に曳かれて沖に向かう青森港の送迎「はしけ」

青森桟橋の変遷―「車両航送」開始前後まで

明治41年(1908)3月7日 青森・函館間に、国鉄による鉄道連絡船が運航を開始。第1船は新造客船・比羅夫丸(1,480総t)で、この日10時発下り便で青森を発ち函館に向かった。当初は比羅夫丸のみの運航であった。当時は、ご多分にもれず、青森にも連絡船が着船出来る施設がなかった。沖合い500〜600mに投錨し、陸との連絡は「はしけ」輸送であった。旅客用「はしけ」は、のちの第1岸壁付近に設けられた第2船入澗(第2船入場、または東船渠ともいった)から、また貨物用は第1船入澗(現在の西船溜間)から発着した。

青森港は、函館に比較して、地

比羅夫丸の馬積み光景

57

青森港における「はしけ」への荷物積み込み作業

青森桟橋第1岸壁（当時）。大正13年以降。右手前は西防波堤

勢が悪く築港計画は遅れていた。防波堤もなく、明治42年（1909）連絡船用繋船浮標が新設されたが、外波を直接受けることには、錨泊と変わりがなかった。当時、西防波堤の構築が始まったのは大正6年（1917）、また第1岸壁（のちの第2岸壁、以下同じ）は大正9年（1920）になってからである【A図】。

明治43年（1910）　第2船入澗に面して連絡待合所が設置された。この待合所は大正7年（1918）9月に改築され、同時に第1船入澗に貨物ホームと上屋が設けられた。

大正10年（1921）1月　前年末に西防波堤の一部が竣工したのをうけて、防波堤内に繋船浮標を設置し、年初の客便から使用を開始した。なお、西防波堤の完成は大正11年（1922）10月である【B図】。

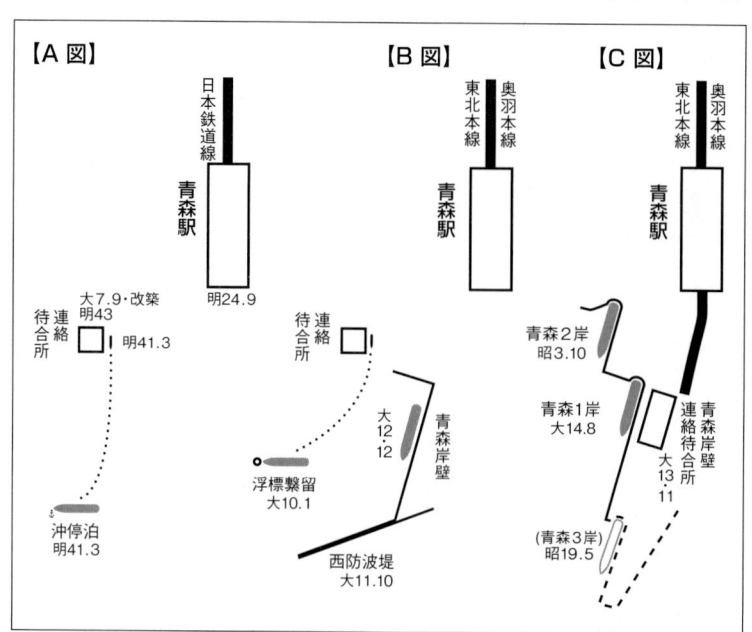

大正12年（1923）12月　第1岸壁の一部が竣工したので、客便と客貨便を接岸させ旅客、手小荷物、郵便物の取り扱いを開始した。これにより旅客は「はしけ」輸送の苦労から解放されることになった。

【A図】
日本鉄道線
青森駅　明24.3
連絡待合所　大7.9・改築　明43
　明41.3
沖停泊　明41.3

【B図】
東北本線　奥羽本線
青森駅
連絡待合所
浮標繋留　大10.1
大12.12
青森岸壁
西防波堤　大11.10

【C図】
東北本線　奥羽本線
青森駅
青森2岸　昭3.10
青森1岸　大14.8
青森岸壁
連絡待合所　大13.11
（青森3岸）昭19.5

③ 旅客用 水陸連絡施設の変遷 青函

青森港第2岸壁(当時)より出港する第一青函丸。昭和2年以降

大正13年(1924)3月 第1岸壁完成。しかし、貨物は依然として「はしけ」輸送であった。

大正13年(1924)11月 青森岸壁上に新しい連絡待合所が竣工し、使用を開始した。待合室は、木造であるが英国風の立派な建築であった。旅客は駅ホームから待合室に上り、跨線橋を経て乗船出来るようになったのである【C図】。

[「車両航送」の開始]
大正8年(1919) 青函間に本格的な「車両航送」を実施することが決まり、それに伴う「青森駅改修工事」が始まった。

大正14年(1925)4月 青森第1岸壁の基部に、車両航送船の船尾を保持する副岸壁、ならびに車両を船に渡す可動橋が完成した。これによって翌5月、岸壁、可動橋、連絡待合所、乗降場、手小荷物用昇降機、レール配線など一連の改修工事がすべて完了し、使用可能となった。

しかし、直ちに「車両航送」を実施するには至らなかった。国鉄全車両が、自動連結器になるのを待たねばならなかったのである。連結器の取り替えが完了したのは7月後半であった。

大正14年(1925)8月1日 新造客載車両渡船・翔鳳丸(しょうほう)(3,460総t)型により、「車両航送」が開始された。

昭和3年(1928) 第2船入澗付近に構築中の第2岸壁(のちの第1岸壁、以下

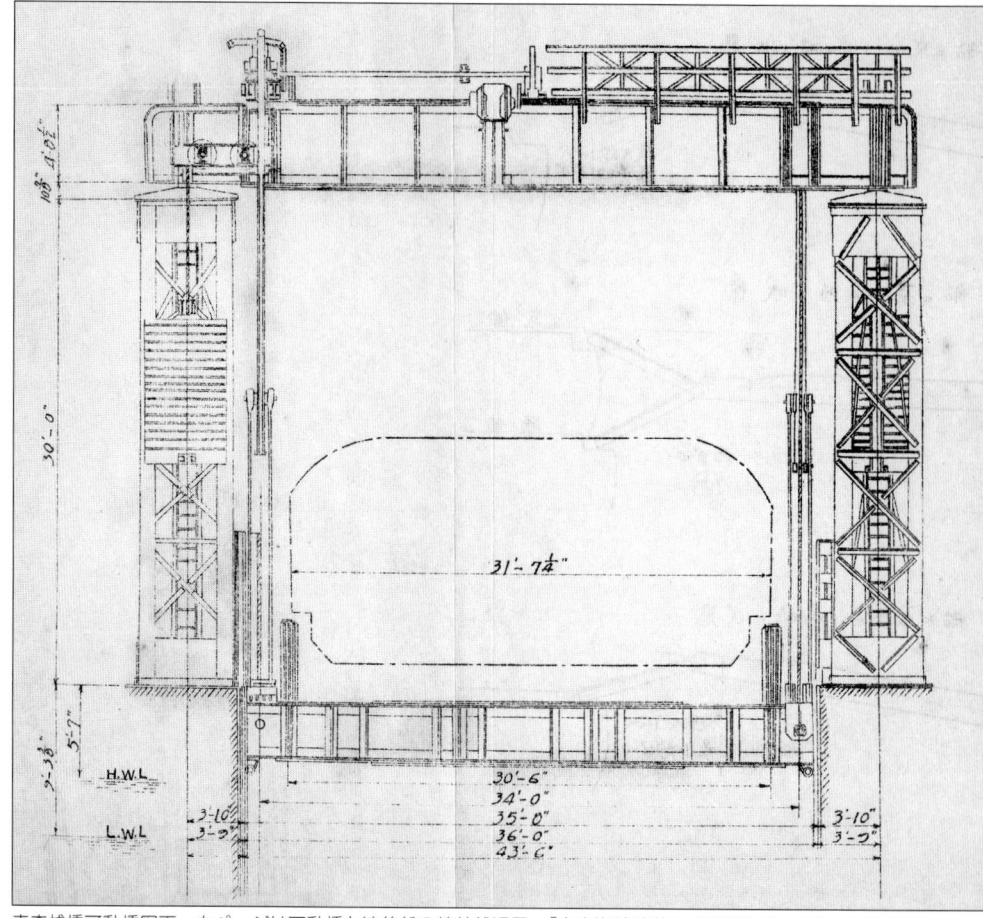

青森桟橋可動橋図面。右ページは可動橋と連絡船の接続状況図。『青森海陸連絡工事概要』(大正14年5月25日鉄道省仙台鉄道局発行)より転載／提供：山口雅人

工事中の可動橋。『青森海陸連絡工事概要』(大正14年5月25日鉄道省仙台鉄道局発行)より転載(3枚とも)／提供：山口雅人

完成した可動橋を渡って松前丸Ⅰに貨車が搭載される

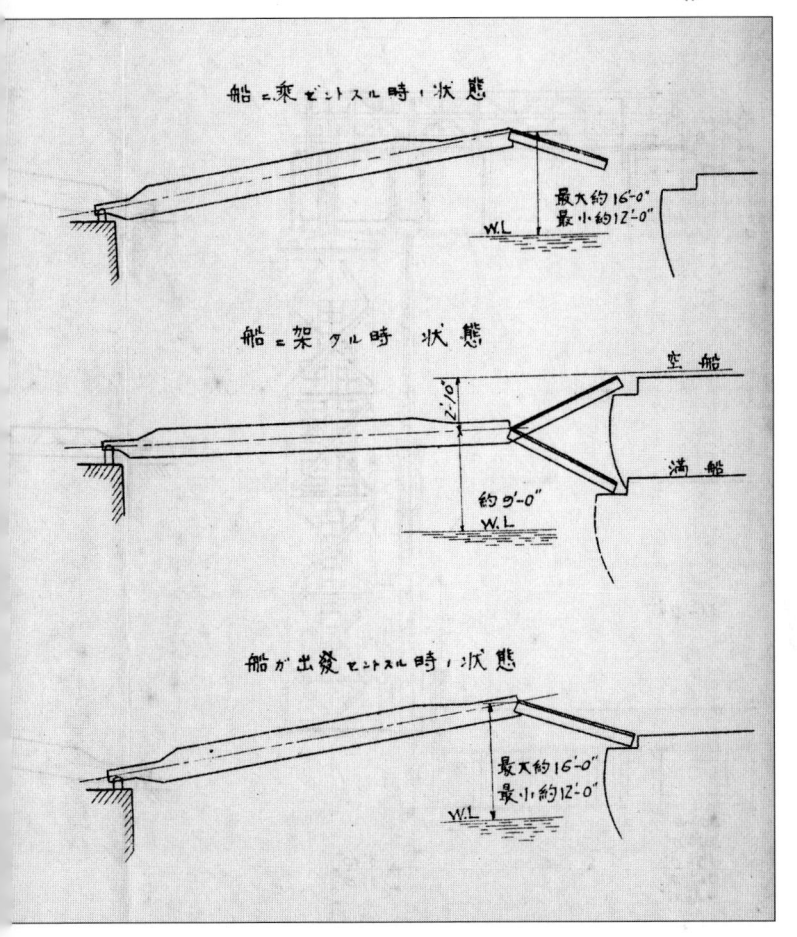

③ 旅客用 水陸連絡施設の変遷 [青函]

船ニ乗セントスル時ノ状態
最大約16'-0"
最小約12'-0"
W.L

船ニ架クル時 状態
空船
約2'-0"
約9'-0"
W.L
満船

船ガ出発セントスル時ノ状態
最大約16'-0"
最小約12'-0"
W.L

英国風の連絡待合所から跨線橋を渡り、岸壁に接岸した翔鳳丸に乗り込む。可動橋完成前の光景

同じ)が8月、可動橋がその翌月完成し、10月から使用を開始した。だだし、手小荷物用昇降機が未完成のため、貨物便のみの取り扱いになった。恒常的な客扱いは翌年にずれ込んだようである。

この第2岸壁の完成によって、青森における水陸連絡施設の原形が整ったのであった。

[その後の動き]

昭和19年（1944）5月、函館に新たに建設された有川（ありかわ）航送場に対応するため、第1岸壁の先端を埋め立て構築中の第3岸壁および可動橋が完成し、使用を開始した。この岸壁は貨物便専用であるが、当初は、海底にあったブロックの除去作業が遅れ、昼間のみの使用であった。夜間も可能となったのは、7月後半になってからである。

[岸壁呼称の変更]

青森岸壁の呼称が、「青森第1岸壁」は「青森第2岸壁」に、また「青森第2岸壁」は「青森第1岸壁」に変更された。変更時期は明確でないが、第3岸壁の竣工前後か、もしくは函館岸壁の呼称変更(65ペー

61

青森桟橋第1岸壁(当時)の松前丸Ⅰと第2岸壁。昭和3年10月以降／提供：国鉄船舶局

青森港航送場の初期可動橋と第一青函丸／提供：国鉄船舶局

青森桟橋。昭和58年3月撮影

青森港第3岸壁。檜山丸Ⅱ。昭和53年10月24日撮影

ジ参照)と同時期ではないかと思われる。

　青森岸壁に限らず、名称変更、とくに番号のみの変更は、新旧名が混同して記録される要素が多分に含まれ、混乱する。

函館桟橋の変遷──「車両航送」開始まで

明治41年(1908)3月7日　この日の10時、青森を発った第1船比羅夫丸が函館に入港し14時に投錨した。投錨位置は「はしけ」発着所から500〜600mの沖合いである。連絡船への旅客の乗下船および荷物の積みおろしは、すべて「はしけ」輸送であった。列車からの旅客は、函館駅浜側に隣接して設けられた船車連絡待合所近くの小桟橋から「はしけ」で運ばれた。当時、青函間運航時間の4時間は抜錨から投錨までの時間で、「はしけ」による連絡時間は含まれていない【D図】。

明治43年(1910)12月　「はしけ」輸送の不便を解消するため、構築中の木造桟橋が完成し、連絡船の発着を開始した。木造桟橋は、沖に向かって突き出し、その突端に連絡船が接岸出来るようT字型にしたものである。旅客は桟橋からタラップで乗下船し、手小荷物もまた直接船の舷門で授受出来るようになった。駅

③ 旅客用 水陸連絡施設の変遷 青函

降船者上陸のための「はしけ」曳航。函館港。明治41年頃

函館駅の連絡船待合所。明治41年頃

航路開設当時の函館駅に隣接した船車連絡待合所。明治41年頃

との間は、旅客は徒歩で、手小荷物はトロリー輸送であったが、一般貨物はこれまでと同様に「はしけ」で、桟橋繋留中の連絡船に横づけして荷役を行った【E図】。

大正3年(1914)2月 木造桟橋拡張工事の一部が完成し、使用を開始した。

大正3年(1914)12月 桟橋上に新しい連絡待合所が竣工した。函館駅隣接の待合所が、前年の函館大火で本屋もろとも類焼したのを機会に分離し、建設されたのである。

大正4年(1915)6月 桟橋拡張工事が完了し、函館駅乗降場と桟橋乗降場間に連絡旅客列車の運転が開始された。これ

63

連絡木造桟橋。函館。明治44年頃

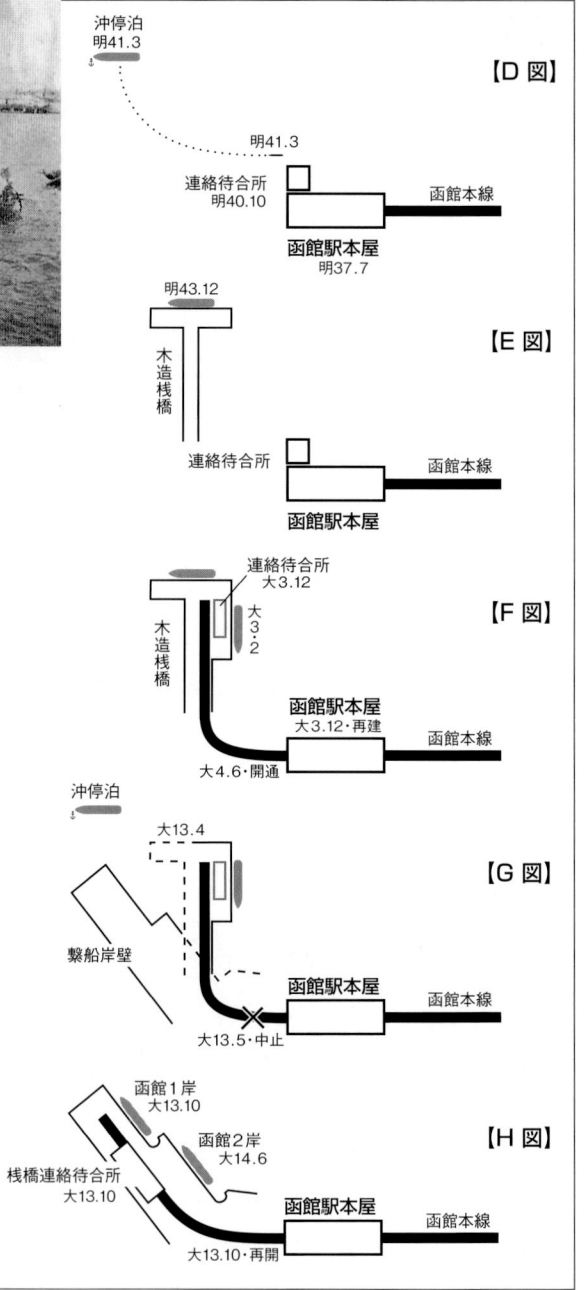

により旅客の負担は、さらに軽減された【F図】。

大正11年(1922)8月 木造桟橋の南側に、「車両航送」用の新繋船岸壁の構築がはじまった。

大正13年(1924)4月 新岸壁の構築に伴い、木造桟橋の一部撤去がはじまり、客貨便は再び沖停泊となった。また、5月から駅乗降場と桟橋乗降場間の連絡旅客列車の運転は中止された【G図】。

大正13年(1924)10月 第1岸壁(のちの第2岸壁、以下同じ)の一部が完成し、客便の発着を開始するとともに、駅乗降場と新桟橋乗降場間の連絡旅客列車の運転を再開した。また、新岸壁上に、総合桟橋駅として建設中の、鉄筋コンクリート3階建て連絡待合所(現・市内若松町12)が竣工し、使用を開始した。

大正14年(1925)6月 第2岸壁(のち

の第1岸壁、以下同じ)の使用を開始した。なお、可動橋が完成したのは、第1岸壁が5月、第2岸壁が9月で、全岸壁工事

③ 旅客用 水陸連絡施設の変遷 青函

函館港・木造桟橋の下船光景。船は弘済丸（傭船）。大正5年以降

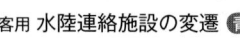

函館木造桟橋に接岸中の弘済丸（傭船）。大正5年以降

当時の函館停車場

が完了したのは10月であった。これによって、青森より一足先に、水陸連絡施設の原形が整ったのである【H図】。

大正14年（1925）8月1日　「車両航送」が開始された。

[岸壁呼称の変更]

昭和20年（1945）6月　函館岸壁の呼称が、「函館第1岸壁」は「函館第2岸壁」に、また「函館第2岸壁」は「函館第1岸壁」に変更された。これは有川岸壁の呼称変

函館港第2岸壁／提供：国鉄船舶局

函館港の下船光景。昭和28年4月／所蔵：JTBパブリッシング

「れんらく船のりば」の表示のある函館駅。昭和56年11月12日撮影

函館桟橋第1岸壁に停泊中の翔鳳丸（手前）と第一青函丸

函館第1岸壁。中央の塔は自動車積みおろし用のエレベーター。昭和58年3月撮影

函館ヤード。左端に蒸気機関車につながれた7両の控え車が見える。重量の重い機関車が可動橋に乗り入れないようにとられた措置である。昭和37年12月／提供：国鉄広報部

函館港の改札。昭和28年／所蔵：JTBパブリッシング

更(68ページ参照)に合わせたためである。

有川桟橋の開設──昭和19年

昭和19年(1944)1月3日 有川第1岸壁(当時)に車両渡船・第四青函丸(2,903総t)が着岸し、営業を開始した。太平洋戦争中、京浜地区の軍需工場向け石炭増送のため、急遽函館港口に近い有川地区前面の海面を埋め立てて建設した、貨物便専用の航送場である。

第1岸壁用可動橋の完成は前年の12月。また、埠頭の仕分線敷設がすべて完了したのは昭和19年(1944)10月であった。

函館桟橋遠望。昭和58年10月30日撮影

昭和19年(1944)11月　有川第2岸壁(当時)の使用を開始した。同岸壁用可動橋の完成日は明確でないが、10月に入って連絡船の接岸試験が行われている【I図】。

[岸壁呼称の変更]

昭20年(1945)5月　有川岸壁の呼称が、「有川第1岸壁」は「函館第3岸壁」に、「有川第2岸壁」は「函館第4岸壁」に、また「有川第3岸壁」は「函館第5岸壁」に変更された。

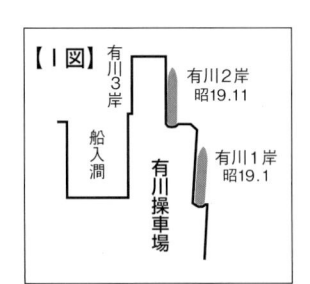

冬の有川桟橋と檜山丸I。昭和30年頃

有川航送場遠望。左は石狩丸Ⅲ。昭和58年10月28日撮影

閉鎖直後の有川航送場。函館第3岸壁には十勝丸Ⅱが、函館第4岸壁(中央)には日高丸Ⅱが繋船されている。昭和61年5月撮影

③ 琵琶湖航路　明治15年(1882)〜明治22年(1889)
長浜(滋賀県)―大津(滋賀県)間約55.3kmの航路

長浜桟橋・大津桟橋の変遷―明治18年頃まで

　数は少ないが、最初から接岸した例もある。琵琶湖航路の長浜港と大津港、山陰航路の舞鶴港、境港などである(71ページ参照)。

明治15年(1882)5月1日　太湖汽船会社(現・琵琶湖汽船会社)は鉄道局と契約し、長浜－大津間で所属汽船による旅客、貨物の連帯運輸(にちの連絡運輸)を開始した。官私線の連帯運輸第1号である。当初1日2往復であった。

　当時長浜では、大型船の接岸可能な新港の築造中であった。新港は、長浜城の内堀という天然の地形を利用して造られた港で、築造には大掛かりな浚渫と水路の開削工事が行われた。長浜市内港町にある明治山は、その時の浚渫土を積み上げて築いた小山である。この築港工事は、滋賀県から築造許可を得た地元の豪商、浅見又蔵が私財を投じて、明治13年(1880)11月に起工し、同16年(1883)4月に完成させた。

　さっそく太湖汽船が使用を開始したが、鉄道局は、水陸の接点としての、この港の重要性から、翌年、浅見から築港工事そのものを実費で買い上げ、直接管理する

旧長浜港の光景。左奥の2隻が第一・第二太湖丸と思われる。明治45年5月／提供：長浜市役所

長浜港。明治45年／提供：長浜市役所

ようになった。

明治15年(1882)11月 現在の長浜市北船町1の地に建築中の官設鉄道・長浜駅本屋が竣工した。船着場は、本屋のすぐ西隣りに設けられ、旅客は、駅ホームと船着場の間を徒歩で行き来し、直接船に乗りおりした。なお、この本屋は、現有する日本最古の駅舎として、昭和33年(1958)に第1回鉄道記念物に指定された【A図】。

一方、大津側は、船舶の出入に最適であるとしてこの地(現・大津市浜大津5)が選ばれ、港内岸壁に沿って建設された東海道線(当時)の大津駅(現・浜大津駅／京阪線)が明治13年(1880)に営業を開始している【B図】。

明治16年(1883)9月 わが国初の鉄道連絡船として、太湖汽船が発注した第一太湖丸(516総t)と第二太湖丸(498総t)が湖畔で組み立てられ進水した。湖上最大の、そして当時珍しい鉄船であった。

同時期、太湖汽船は本社を大津駅構内に新築、移転している。長浜港と同様、船車連絡は容易であった。

明治17年(1884)5月1日 官設鉄道の長浜・金ケ崎(のちの敦賀港)線、および長浜・大垣線が開通したので、神戸、三ノ宮、大阪、敦賀、金ケ崎、柳ケ瀬、関ケ原、大垣の各駅で、一斉に「船車連絡通し切符」が発売された。長浜・大津間鉄道連絡が本格的に開始されたのである。これをうけ、鉄道局はさらに連絡設備を整えるため、長浜、大津両港外の浚渫を、また大津港では桟橋の架設工事等を開始した。桟橋は長さ約54mで、明治18年(1885)に竣工しているが、他の工事を含め詳細は不明である。

京都－大津間開通時の上り時刻表／提供：山口雅人

【A図】
長浜駅 明15.3
北陸線
長浜桟橋
長浜港

【B図】
大津港
太湖汽船 明16.9
新設桟橋 明18
大津駅 明13.7
馬場駅 明13.7
東海道線

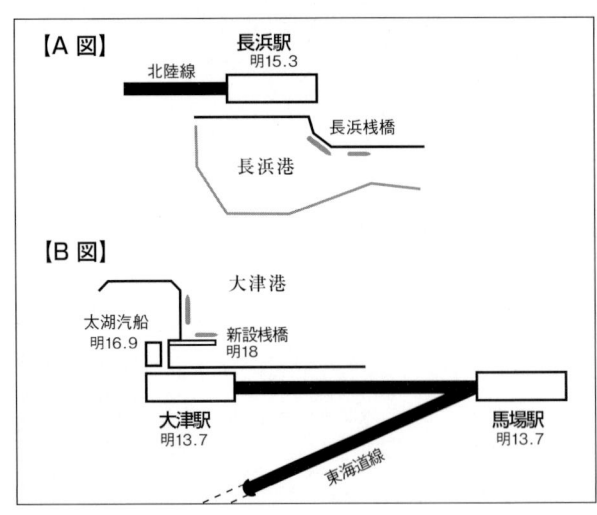

③ 旅客用 水陸連絡施設の変遷

④ 山陰航路 明治38年（1905）～明治45年（1912）
舞鶴（京都府）—境（現・境港／鳥取県） 228.0km

舞鶴桟橋—明治37・38年頃

[舞鶴—境間航路開設以前]
明治37年（1904）11月24日 阪鶴鉄道会社が、新造客船・橋立丸（48総t）の回着を待って、舞鶴・宮津間30.0kmに鉄道連絡航路を開設した。当初1日1往復であった。連絡船は、舞鶴西港の突堤西岸に接岸した。旅客や荷物は舞鶴駅から分岐して突堤上に設けられた海岸停車場（のちの海舞鶴駅／現・舞鶴市字上安久）からすぐに乗り換えられた。当時の海岸停車場は舞鶴駅の管理下に

舞鶴海岸停車場桟橋の第二阪鶴丸／提供：舞鶴地方史研究会

舞鶴海岸停車場桟橋の第二橋立丸／提供：舞鶴地方史研究会

舞鶴海岸停車場。桟橋に停泊中の阪鶴丸。明治時代／提供：山口雅人

あり、船舶用連絡待合所であった。

[舞鶴―境間航路開設以後]

明治38年(1905)4月 阪鶴鉄道が、舞鶴－境間に鉄道連絡船の運航を開始した。当初、永田丸をチャーターして、奇数日舞鶴発、偶数日境発の隔日運航を行った。船は舞鶴西港の突堤西岸に、宮津行き連絡船と並んで接岸した。

明治39年(1906)7月 新造客貨船・阪鶴丸(760総t)が就航し、永田丸と交代。

明治40年(1907)8月 鉄道国有法により、阪鶴鉄道が買収され、所属各航路も国鉄となった。

境桟橋―明治38年頃

明治38年(1905)4月 『福知山鉄道管理局史』によると、舞鶴発は午後4時で、境着は翌日の未明であるが、港口の水道が狭く危険なため、手前の美保関(島根県)で夜明けを待って入港したとある。

阪鶴丸が就航した頃の話であるが、開設当時もあまり変わらなかったものと思われる。

連絡船は、現在の栄町(境港市内)にあった船着場に、一般船に混じって接岸した。ここから官設鉄道の境駅(現・市内馬場崎町)までの約1.4kmは徒歩または人力車で連絡した。国有後、国鉄は施設の改善に努め、乗船場を駅寄りに移し、新桟橋を設けたが、その場所は特定するに至らなかった。

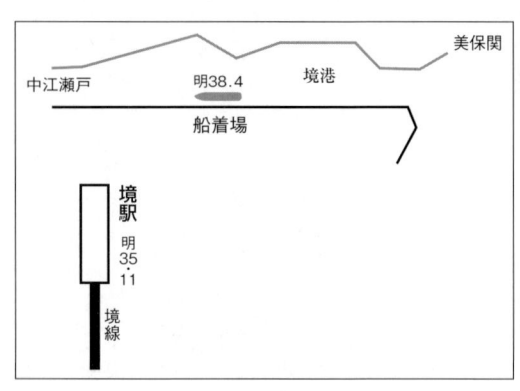

境港に停泊中の阪鶴丸。明治45年3月の山陰本線開通まで活躍した／『山陰線写真帖』より転載・提供：山口雅人

「浮桟橋」

　これまで述べてきた旅客の乗り換えや貨物の積み替え方法は、沖停泊の船に「はしけ」を介して行うケースと、岸壁に繋留して直接行うケースであるが、この外に「浮桟橋（うきさんばし）」に繋留する方法がある。

　浮桟橋はいわゆる箱舟である。四方から錨で海底にとめるだけで、大掛かりな土木工事は不要だ。大型貨物の積みおろしには適さないが、主として旅客や手小荷物などを扱う小型船には適している。

　気象条件が比較的穏やかで、とくに潮差の大きい地区では広く採用されており、国鉄航路でも宇野・高松（宇高航路）、宮島・宮島口（宮島航路）、下関・門司港（関門航路）、大畠・小松港（大島航路）、仁方・堀江（仁堀航路）などの各港で使われていた。各港の浮桟橋は一元的に管理され、そのときどきの状況に応じて、適宜相互間で配置替えを行った。

　これらの浮桟橋は、初期には（約、以下同じ）長さ23m×幅8m（宇野、明治43年[1910]）くらいの大きさであったが、長さ40m×幅40m（門司、大正15年[1926]）は別格としても、次第に大型化していった。鋼製が主流であるが、鉄筋コンクリート製もあった。設置する際、護岸に平行して並べ、横から渡り橋を掛けたタイプと、渡り橋を含めて、岸壁から直角方向へ縦1列に配列するタイプがある。以下、本文では、前者を「平行型浮桟橋」、後者を「縦型浮桟橋」と仮称する。

⑤宇高航路 明治43年(1910)〜昭和63年(1988)
宇野(岡山県)―高松(香川県)間21.0km
(昭和30年11月1日上り19.3km、下り22.3kmとなる)

宇野桟橋の変遷―昭和35年頃まで

明治43年(1910)6月12日 宇野－高松間に、国鉄による鉄道連絡船が運航を開始。この日、宇野線が開通し、224総tの玉藻丸、児嶋丸両姉妹客船が1日4往復の運航を開始した。玉藻丸は岡山－高松間航路から、児嶋丸は多度津－尾道間航路からの転属であった(76・80ページ参照)。

船は、宇野駅構内埋立地に設置された浮桟橋に横付けになった。当時の様子を紹介した文の中で「築港当初は駅前あたりも家屋がまばらで、駅から桟橋まで相当の距離があり、乗客は小走りに急いだから、ついにはマラソン桟橋の異称が生まれた。」(厳津政右衛門著『岡山の港』)とあるが、実距離は不明である。

この頃の浮桟橋は「平行型浮桟橋」で、当初1基であったが、12月2連式に、大正6年(1917)3連式に延長している。大正12年(1923)には客船・山陽丸Ⅰ(561総t)型の就航にそなえ、大型2連式に模様替えを行った。またこの頃から浮桟橋に屋根が付くようになった。

なお、普通貨物は小蒸気船に曳かれた「はしけ」に積み、宇高間を直送した。

大正13年(1924)4月 2連式平行型

宇野桟橋／『中国支社30年史』より転載

開設当時の宇野桟橋と児嶋丸型。明治43年／『宇高航路50年史』より転載

終戦直後の宇高連絡船南海丸。宇野。昭和21年5月／所蔵：JTBパブリッシング

③ 旅客用 水陸連絡施設の変遷 宇高

浮桟橋を、3連式の縦型浮桟橋に模様替えをした【A図】。

昭和2年(1927)8月 港内交通が輻湊してきたため、縦型浮桟橋を隣接の岸壁に移設。渡り橋は可動橋式となった。駅ホームから100mあまりの通路にも屋根が付き、旅客や手小荷物は雨に濡れないで通れるようになった。

また、山陽丸Ⅰ型の就航により、手・小荷物や郵便物は、これまでのばら積み輸送に代え、「手押車航送」を開始した【B図】。

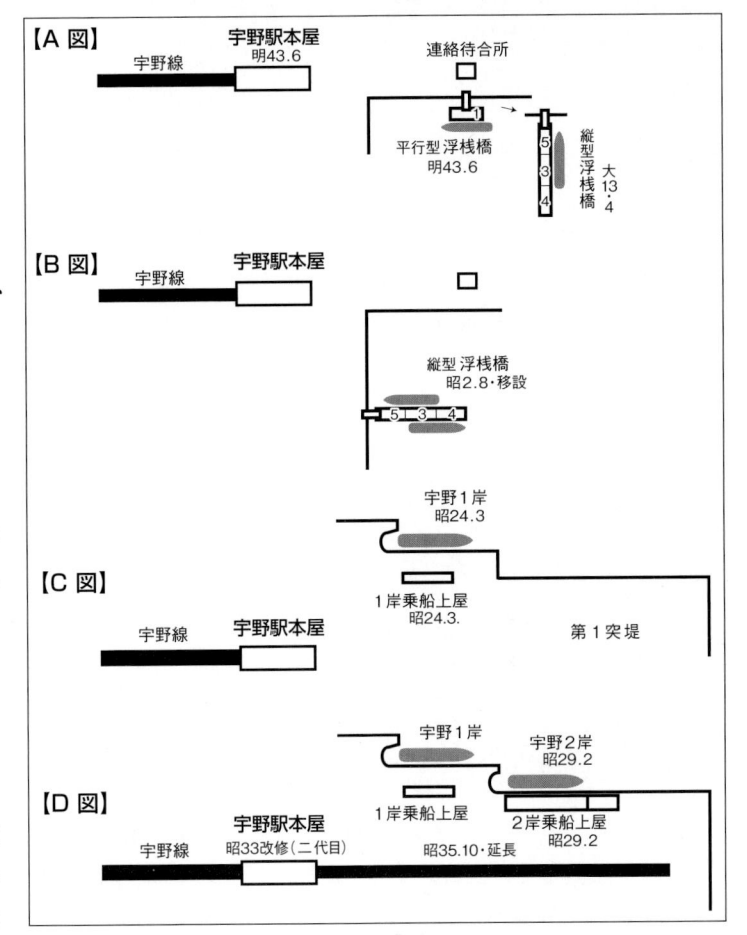

昭和22年(1947)7月 車載客船・紫雲丸(1,449総t)就航。岡山県が管理する第1突堤に設けた仮乗降場を使用して、旅客のみの輸送を開始した。縦型浮桟橋は、紫雲丸就航以降、使用されなくなった。

昭和23年(1948)6月 第1突堤の西側に、客載車両航送船用の新繋船岸壁の構築がはじまった。客載車両航送の計画は太平洋戦争戦前からあり、一部の工事は着手されていたが、戦争の激化で中断。そして戦後は戦災復興に優先され、着工できなかったのである。

昭和24年(1949)3月 第1岸壁(のちの第2岸壁)および付帯陸上設備が完成し、使用を開始した。なお、岸壁本体の竣工は2月、可動橋は1月であった。岸壁上に2階建ての桟橋上屋が建設されたが、階上に旅客用通路を設けたのみで、待合所は設けられなかった【C図】。

昭和29年(1954)2月 第2岸壁(のちの第1岸壁)および付帯設備が完成し、使用を開始した。岸壁本体および可動橋の竣工は昭和28年(1953)3月であった。

宇野駅に停車中の特急「富士」。接岸中は眉山丸。昭和36年11月／提供：橋本正夫

宇野駅ヤードと桟橋を望む。昭和41年7月／提供：国鉄広報部

　岸壁上に2階建ての桟橋上屋が建設され、階上に広く明るい待合所が設けられた。しかし、駅ホームとの間が500m近くにもなり、乗り換えの不便は倍加される結果となった【D図】。

昭和35年(1970)10月
　宇野駅から桟橋方向へ、線路とホームが延長され、新たに待合所に通じる跨線橋が設けられた。これによって、ようやく船車の連絡がスムーズに行われるようになったのである。かつての"マラソン桟橋"から半世紀

が経過していた。
【岸壁呼称の変更】
　宇野岸壁の呼称が、「宇野第1岸壁」は「宇野第2岸壁」に、「宇野第2岸壁」は「宇野第1岸壁」に変更されている。変更時期についての記録は見当たらないが、高松岸壁の呼称変更(79ページ参照)と同時期か、もしくは昭和29年(1954)2月「第2岸壁」の使用開始とともに変更されたものと推察する。

高松桟橋の変遷——昭和35年頃まで

【宇高航路開設以前】
明治36年(1903)3月18日　山陽鉄道会社が、岡山－高松間に鉄道連絡船の運航を開始。新造客船・玉藻丸(224総t)が1日2往復した(80ページ表3-1参照)。
　山陽鉄道の岡山駅からの旅客は、岡山市内京橋までの2.2kmを鉄道が用意した無料人力車で、さらに京橋から旭川河口の三蟠港までの13kmを浅喫水船・旭丸(24総t)で下り、沖で待つ玉藻丸に移乗して

新浮桟橋が完成した高松港桟橋。大正12年以降／提供：山口雅人

③ 旅客用 水陸連絡施設の変遷 宇高

高松に向かったのである。京橋たもとの乗船場は、水底に打ち込んだ棒杭の上に、板を敷いた簡単な渡し場であったが、高松港では、当時高松市新港町の岸壁に設けられた市有の縦型浮桟橋に横付けになった。市外宮脇村（現・市内扇町）にあった讃岐鉄道会社の高松駅（通称・西浜停車場）との間2.1kmは再び無料人力車の旅であった。

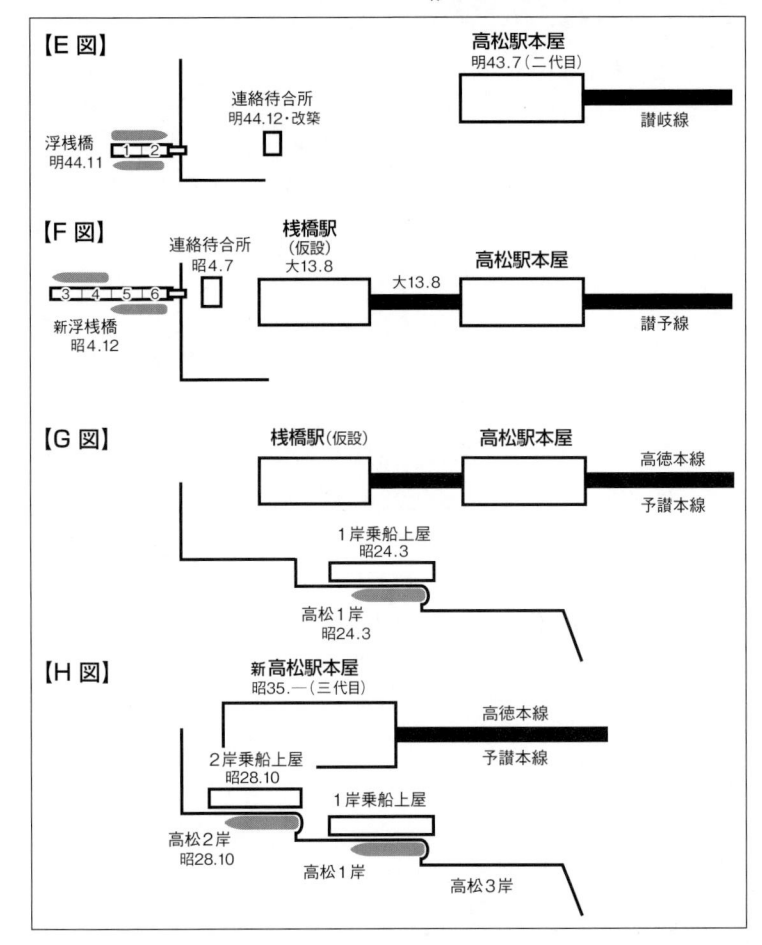

【E図】
浮桟橋 明44.11
連絡待合所 明44.12・改築
高松駅本屋 明43.7（二代目）
讃岐線

【F図】
新浮桟橋 昭4.12
連絡待合所 昭4.7
桟橋駅（仮設）大13.8
高松駅本屋 大13.8
讃予線

【G図】
桟橋駅（仮設）
高松駅本屋
高徳本線
予讃本線
1岸乗船上屋 昭24.3
高松1岸 昭24.3

【H図】
新高松駅本屋 昭35.—（三代目）
高徳本線
予讃本線
2岸乗船上屋 昭28.10
1岸乗船上屋
高松2岸 昭28.10
高松1岸
高松3岸

明治39年（1906）12月 鉄道国有法により、山陽鉄道が国鉄となり、航路も国鉄に移管された。

明治43年（1910）6月12日 宇高航路開設に伴い、本航路は廃止された。

[宇高航路開設以後]

明治43年（1910）6月12日 宇野－高松間に、国鉄による鉄道連絡船が運航を開始。この日、まず玉藻丸が高松を発って宇野に向かった。その後は、児嶋丸とともに1日4往復の運航を行った。船は、引き続いて市有の浮桟橋を利用した。同時期、市内浜ノ町に建設が進められていた二代目高松駅が開業したので、桟橋からの距離は0.3kmと大幅に短縮した。

明治44年（1911）11月 市有浮桟橋を利用する船舶が増え、混雑するようになったため、隣接する岸壁西端に連絡船用浮桟橋を新設して、使用を開始した。新桟橋は、2連式の縦型浮桟橋であった。

明治44年（1911）12月 山陽鉄道時代に設けられたが、あまり利用されなかった桟橋待合所を2階建てに改築し、新桟橋用として使用を開始した【E図】。

77

大正12年(1923) 客船・山陽丸Ⅰ型の就航にそなえ、大型2連式に模様替えを行った。また、この頃から浮桟橋に屋根が付いたようである。

大正13年(1924)8月 高松駅改良計画の一環として、桟橋駅が仮設され、高松駅と桟橋駅間に列車の延長運転が開始された。両駅の間は200mしか離れていないうえに、桟橋駅ホームの長さが列車より短いことなどにより運用面での制約はあったが、旅客にとって桟橋が近くなったことは朗報であった。

昭和4年(1929)7月 桟橋待合所を新浮桟橋設置予定地近くに移転。新待合所は木造モルタル2階建て、白塗りのモダンな建物であった。

昭和4年(1929)12月 着桟操船上の都合で浮桟橋を東寄りに移設。新たに2基を加えて4連式縦型浮桟橋となって、使用を開始した。この浮桟橋は、高松第1岸壁(のちの第2岸壁、以下同じ)が完成するまで使用された【F図】。

昭和23年(1948)7月 宇野第1岸壁につづき、客載車両航送船用の新繋船岸壁の構築がはじまった。

高松港遠望。船は第3岸壁の鷲羽丸。昭和41年頃／提供：国鉄広報部

高松港第2岸壁可動橋

阿波丸へ貨車積み込み。高松港。昭和63年4月5日／提供：橋本正夫

③ 旅客用 水陸連絡施設の変遷　宇高

昭和24年(1949)3月　高松第1岸壁および付帯の陸上設備が完成し、使用を開始した。可動橋ならびに乗船上屋の竣工は2月であった。岸壁上に建てられた乗船上屋は、木造2階建てで、桟橋駅ホームとの間に延長60mの跨線橋が架けられ、その中間に船客待合所と洗面所が設けられた。旅客はこれによって、行列をして乗船待ちをするにしても、冷たい海風にさらされることはなくなったのである【G図】。

昭和28年(1953)10月　高松第2岸壁(のちの第1岸壁)および付帯の陸上設備が完成し、使用を開始した。可動橋の竣工は3月、乗船上屋は9月であった。ただし、正式に客扱いを開始したのは昭和29年(1954)2月である。この乗船上屋は鉄筋コンクリートの2階建てであったが、当初、この上屋には船客待合所がなく、昭和29年(1954)1月になって、階下の桟橋要員詰め所を改装して設けられた。

第2岸壁の完成に伴い第1岸壁は貨物便および臨時便専用となった。第2岸壁の新待合所は桟橋駅ホーム(先端)からの距離は近くなったが、新高松駅の竣工に伴い、昭和35年(1960)9月に閉鎖された。

昭和35年(1960)6月　新高松駅(三代目)が誕生し、桟橋駅は新駅に統合された。船客待合所は駅本屋に設けられ、旅客は新設された乗船通路を通り、それぞれの乗船上屋に向かうようになった【H図】。

これら一連の工事により、高松桟橋における水陸連絡施設の体制は整ったのである。

[岸壁呼称の変更]

高松岸壁の呼称が、「高松第1岸壁」は「高松第2岸壁」に、「高松第2岸壁」は「高松第1岸壁」に変更されている。変更時期についての記録はないが、古老の記憶をたどると、「第2岸壁」が使用を開始した昭和28年(1953)10月を境に変更されたものと思われる。

高松駅ヤードと桟橋を望む。昭和41年7月／提供：国鉄広報部

高松出港の阿波丸を見送るたまも丸。昭和52年3月15日撮影

⑥ 多尾航路　明治36年(1903)〜明治43年(1910)
　　　　　　　多度津(香川県)―尾道(広島県)間64.8km

尾道桟橋・多度津桟橋―明治36年頃

明治36年(1903)3月18日　山陽鉄道会社が、尾道－多度津間に鉄道連絡船の運航を開始。新造客船・児嶋丸(224総t)で、1日2往復した(表3-1参照)。

尾道側は、旅客は山陽鉄道の尾道駅から乗船場まで歩き、そこから「はしけ」で、港内に錨泊する児嶋丸に移乗した。乗船場を特定できる記述は見当たらないが、当時尾道駅から一番近い東予桟橋を利用したものと推察する。明治30年(1897)8月東豫運輸会社(のちの瀬戸内商船会社)が尾道－今治間航路を開設する際設置した浮桟橋で、駅の東寄り約200mのところ(現・市内東御所町5)にあった。ちなみに、東豫運輸は、明治43年(1910)6月

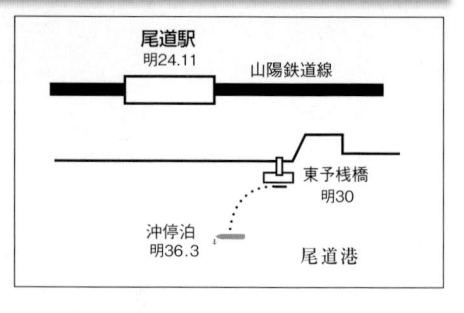

12日国鉄が本航路の運航を廃止したのをうけて、13日から同航路に自社船を配し、1日1往復の連絡運輸を開始している。

多度津側での旅客等は、沖停泊の児嶋丸から大型の「はしけ」に乗り移って上陸した。上陸地点は内港の東波止基部に設けられた通船桟橋(現・多度津町東浜7)である。旅客は、ここから桜川にかかる金毘羅橋を経て、讃岐鉄道会社の多度津駅(現・同町大通り4)までの約500mを人力車、または徒歩で移動した。多度津駅は、1階が駅設備、2階が讃岐鉄道の本社が設けられていた。

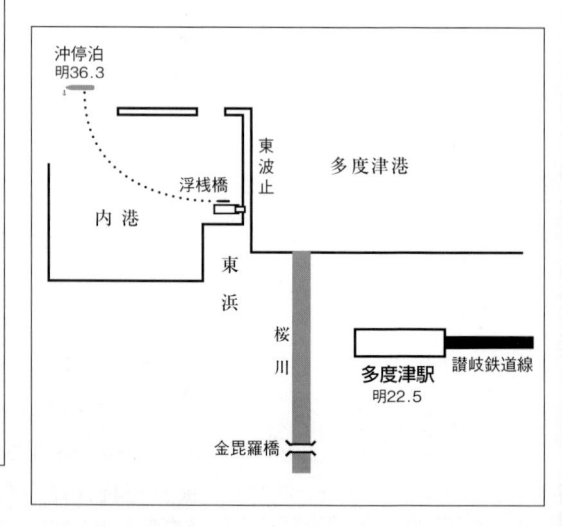

[表3-1] 四国中国連絡船時刻表
　　　　(中国新聞　明治36年3月19日付記事より抜粋)

●四国中国連絡時刻
山陽鐵道と讃岐鐵道と連絡の為岡山と高松との間及尾道と多度津との間に此の度山陽に於て新造したる連絡船は本月十八日より開航せしめつ、あり(中略)此中国四国間連絡時刻を掲げんに左の如し

尾道経由讃岐行

汽船	尾道發	前 5、35	後 1、15
	多度津着	前 8、35	後 4、15

讃岐より同

汽船	多度津發	前 9、05	後 4、45
	尾道着	後12、05	後 7、45

岡山経由讃岐行

汽船	岡山京橋發	前 6、55	後 2、25
	三蟠着	前 7、50	後 3、20
	高松着	前10、05	後 6、35

讃岐より同

汽船	高松發	前10、25	後 5、55
	三蟠着	後12、40	後 8、10
	岡山京橋着	後 1、50	後 9、30

註①：原文は縦書き
註②：時刻は原文の漢字を算用数字に変換

③ 旅客用 水陸連絡施設の変遷

⑦仁堀航路 昭和21年(1946)～昭和57年(1982)
仁方(広島県)―堀江(愛媛県)間38.0km

以下に述べる国鉄・広島局管内の仁堀航路、宮島航路、大島航路の3航路は、就航する連絡船の転属が頻繁に行われ、さらに大正14年(1925)に宮島航路の大瀬戸丸・下関丸Ⅰが、それぞれ弥山丸Ⅰ・七浦丸Ⅰと改名させられたのを手初めとして、就航する船の改名は目まぐるしいほどで、これに二～四代目が入り混じってくると、名前を聞いただけで的確にその船をイメージすることはむつかしい。各乗船場に設置された浮桟橋についても同様である。3航路の他に宇高航路や関門航路のものまで加えての、配置替えや改称は珍しいことではなかった。しかし、3航路とも各乗船場の浮桟橋配置は、基本的には「縦型浮桟橋」で、2連の内先端の1基を横付けにしたタイプが多いのが特長である。

仁方桟橋の開設―昭和21年

昭和21年(1946)5月1日 仁方－堀江間に、国鉄による鉄道連絡船が運航を

仁堀航路・呉仁方桟橋。昭和41年5月1日／提供：長船友則

仁堀航路・瀬戸丸Ⅱ。仁方桟橋。昭和57年3月27日／提供：長船友則

仁堀航路・仁方桟橋。昭和57年3月27日／提供：長船友則

81

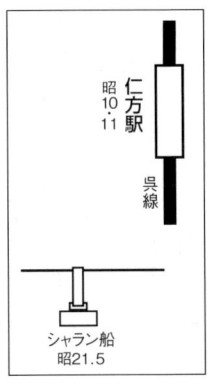

仁堀航路の瀬戸丸Ⅱ。仁方港。昭和57年3月27日／提供：長船友則

仁堀航路跡の碑。平成20年10月15日／提供：長船友則

開始。関門航路から転属した客船・長水丸（当時393総 t）で、1日2往復した。

　乗船場は、呉線・仁方駅南側改札口（当時）から徒歩で約350mのところ（現・呉市仁方桟橋通）にあり、無人桟橋であった。桟橋はシャラン船であった。当時は敗戦直後で、国鉄には新しい設備に投資する余裕はなく、シャラン船を改造して浮桟橋としたのである。

　昭和30年(1955)3月　改造シャラン船の先端に、高松桟橋から移管した屋根付きの浮桟橋・高第6号が連結、設置された。

昭和31年(1956)6月　国鉄バスが、仁方桟橋まで乗り入れを開始。

昭和36年(1961)3月　仁方桟橋が呉市に売却された。連絡船は引き続いて、一般の船に混じり、有料で使用した。

堀江桟橋の開設──昭和21年

昭和21年(1946)5月1日　仁方－堀江間に鉄道連絡船の運航を開始。堀江側の乗船場は、予讃本線・堀江駅から約450m離れたところ（現・松山市堀江町）にあり、

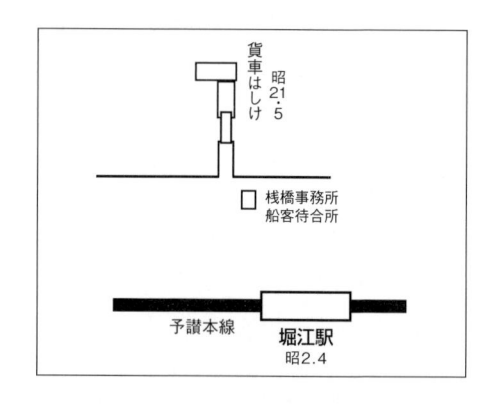

③ 旅客用 水陸連絡施設の変遷 仁堀

堀江桟橋の大島丸Ⅰ。昭和39年12月撮影

海に向かって突き出した木造（当時）突堤の先に、宇高航路から転籍した2隻の「貨車はしけ」を連結して浮桟橋とした。この「貨車はしけ」は、宇高航路で小蒸気船に曳航されて貨車を航送していた船で、レールなど甲板上の装備品を取り外し、屋根付きの浮桟橋に改造したものである。

昭和24年（1949）4月 高松桟橋から屋根付きの浮桟橋・高第4号、高第5号を移管し、「貨車はしけ」と交代した。この頃、浮桟橋は新造・堀第1号を加えた3連式になっていた。2連式に戻った時期は明確ではないが、高第4号が売却された昭和36年（1961）ではないかと推察する。

なお、本航路で自動車航送を開始した昭和40年（1965）には、浮桟橋の屋根は取り外されている。大型車の積みおろしに支障があったためと思われる。

シャラン船と「貨車はしけ」

シャラン船は、旧海軍が明治時代から採用していた運貨船という名の貨物運搬船の一種である。箱型平底の「はしけ」で、各軍港や工廠には不可欠な存在であった。仁方桟橋のシャラン船は、鋼製で、長さ約16m、幅6m。敗戦により光海軍工廠（山口県）に放置されていたものを、国から一時使用の許可をうけ、浮桟橋に改造したものである。のちに昭和29年（1954）3月付で国鉄が購入した。

宇高航路の貨車航送は、大正10年（1921）10月に曳航式で開始された。これに使用された「貨車はしけ」は、全長約28m、幅7.3mの木造箱型で、船首尾船底の角を切り落とし、「そり」に似た形状をしていた。貨車の積みおろしは船首からで、1条の線路に貨車3両を搭載した。

⑧宮島航路　明治36年(1903)〜現在
宮島(のちの宮島口／広島県)―厳島(のちの宮島／広島県)間1.8km

宮島航路桟橋――昭和51年頃まで

[山陽鉄道宮島航路開設以前]

明治30年(1897)6月　広島県佐伯郡大野村字赤崎(現・廿日市市宮島口)の海岸に桟橋を設け、厳島との間に渡船が開始された(註①参照)。桟橋の設置位置については、註②を参照されたい。厳島側の桟橋は、佐伯郡厳島町通称・浜之町(のちの宮島町港町)に設けられた。

明治30年(1897)9月　山陽鉄道の広島－徳山間が開通し、赤崎に宮島駅が開業した。

明治35年(1902)4月　宮島渡航会社(厳島町)の新造客船・宮島丸(36総t)が就航した。

[山陽鉄道宮島航路開設以後]

明治36年(1903)3月8日　山陽鉄道が、宮島渡航会社の桟橋、船舶の一切を買収。鉄道の付帯事業として、宮島－厳島間に連絡船の運航を開始。1日10往復した(明治36年7月現在)。

　宮島、厳島両桟橋は宮島駅長が管理し、汽車と汽船との連絡切符の発売がはじまった。連絡船には、宮島丸が引きつづいて使用されたが、明治38年(1905)11月新造客船・厳島丸(70総t)と交代した。

　この頃までの桟橋の規模などについては、宮島、厳島ともに資料に乏しく判然としないが、私営当時の宮島は築堤桟橋

みやじま丸Ⅰが就航した頃の宮島桟橋。昭和30年頃

③ 旅客用 水陸連絡施設の変遷 宮島

であったという。

明治39年(1906)12月1日 鉄道国有法により山陽鉄道が国鉄となり、本航路も国鉄の航路となった。

明治41年(1908)7月 宮島桟橋が現在の位置(廿日市市宮島口1－11)に移転した。桟橋は、山陽本線・宮島駅の改札口正面約200m先にあり、旅客は徒歩で連絡した。

明治43年(1910)5月 浮桟橋2基を新造し、このうちの宮第2号を宮島側に、他の宮第6号を厳島側に設置した。宮第2号は、昭和9年(1934)に新造・宮第10号と交代している。

大正3年(1914)6月 新造浮桟橋・宮第9号を宮島側の宮第2号に連結し、縦型2連式となった。

大正12年(1923)2月 高松港から移管した浮桟橋・高第1号を宮第7号、高第2号を宮第8号と改名し、両基とも厳島側の宮6号に代えて設置。縦型2連式となった。この時初めて屋根のある浮桟橋となる。宮第7号は、昭和12年(1937)に新造・宮第11号と交代した。

昭和12年(1937)11月 宮島浮桟橋を厳島神社の社殿風に倣い、朱塗りの柱に青銅屋根付きに改築【A・B図】。

昭和15年(1940)3月 厳島浮桟橋を社

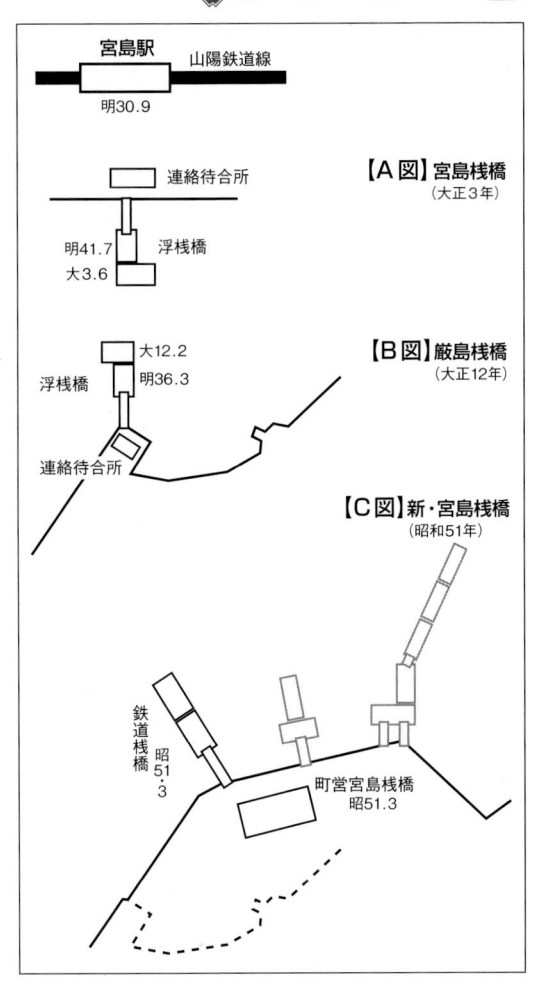

【A図】宮島桟橋（大正3年）
明30.9
連絡待合所
明41.7 浮桟橋
大3.6

【B図】厳島桟橋（大正12年）
大12.2
明36.3
浮桟橋
連絡待合所

【C図】新・宮島桟橋（昭和51年）
鉄道桟橋 昭51.3
町営宮島桟橋 昭51.3

弥山丸型(旧・大瀬戸丸型)が就航した頃の厳島桟橋船客待合所。大正10年頃

殿風に改築。

[桟橋名称の変更]
昭和17年(1942)4月1日「宮島桟橋」を「宮島口桟橋」に、「厳島桟橋」を「宮島桟橋」に改称した。なお、山陽本線の「宮島駅」も同日「宮島口駅」となった。

昭和43年(1968)12月「宮島桟橋」の浮桟橋・宮11号に代え、新造・宮1号を配置。

昭和51年(1976)3月「宮島桟橋」の東側海面を埋め立てて構築中の宮島町営の総合桟橋(現・廿日市市宮島町1162)が完成し、使用を開始。海から見て一番右側の浮桟橋が国鉄専用となった。これに伴い『宮島桟橋』は撤去され、同桟橋の宮1号は『宮島口桟橋』に移設し、宮9号と交代。宮9号は宮8号とともに廃止された【C図】。

宮島口桟橋。連絡船はみやじま丸Ⅱ。昭和52年撮影

註①：渡船会社の変遷…宮島口桟橋について、『広島県大野町誌』(大野町郷土誌編さん委員会編)は、「明治30年6月、広島市の早速勝三氏が、赤崎海岸に桟橋を設置し、宮島との間に渡船を開始した。この桟橋が現在の宮島口桟橋のはじめで、明治32年(1899)6月宮島町有志共同事業として権利を譲渡し、渡津合資会社と改め、更に翌33年(1900)9月これを改組して渡津株式会社と称したが、明治36年(1903)3月8日、山陽鉄道株式会社がこの桟橋を買収し、……」と述べている。

一方、この山陽鉄道の買収について、当時の中国新聞(明治36年[1903]3月10日付)は、「宮島海峡の設備」として、「山鉄会社に於て宮島渡航会社の桟橋船舶一切を買受くる事となせしが計画全く熟し一昨日を以て授受を終わり同日より業務を取れり」と報じている。

前者は、宮島渡航株式会社について何も触れていない。後者は、前後の報道を含め、渡津株式会社についての記事は皆無である。これらのことから、両社は全くの別会社なのか、あるいは、渡津株式会社が宮島渡航株式会社になったのか、などの疑問が生じ、両者の関係を調べたが解明するに至らなかった。

註②：明治30年設置の桟橋位置…新桟橋の設置場所については2説ある。ひとつは、本文で記述した「赤崎」である。前述の『広島県大野町誌』などによったものであるが、大島 恣著『ふるさと歴史散歩』では、具体的に「広島市早速勝造(ママ)氏が赤崎海岸(いま三菱保養所のある付近)にさん橋を設置して、厳島(今の宮島)との間に渡船を開始しました。」と述べている。三菱保養所は三菱重工健康保険組合宮島口保険会館(現・廿日市市宮島口1-8)である。

一方、塩津巌編『駅長さんの書いた駅名ものがたり』では「広島市在住の早速勝造氏によって、厳島から対岸阿品(あじな)(佐伯郡廿日市町)までの渡船営業が開始され、厳島側は厳島町さん橋待合所といい、阿品側をおあがり場と呼んだ。(中略)なお『おあがり場』は宮島駅(現宮島口駅)の東方約1キロにあったが、…」としている。「御上(おあが)り場」(現・廿日市市阿品1-10)は、明治18年(1885)8月に明治天皇が厳島に参拝されたとき、この地に上陸されたのに由来して名づけられたという。

本文で新桟橋の設置位置を「赤崎」としたのは、この桟橋が計画された頃には、宮島駅の建設予定地も分かっていたと思われるこの時期に、駅から1km(実際は約2km)も離れた御上り場の地を選んだことの不自然さと、明治34年(1901)に刊行された『山陽鉄道案内』/宮島駅の項にある「駅より徒歩すること一丁桟橋あり」の記述などからである。御上り場を渡船場として利用したのは、新桟橋が設置されるまでのことではないだろうか。

③ 旅客用 水陸連絡施設の変遷

⑨ 大島航路　昭和21年(1946)～昭和51年(1976)
大畠(山口県)―小松港(山口県)間2.8km

大畠桟橋・小松港桟橋―昭和28年頃まで

[省営航路開設前]

昭和12年(1937)10月　山口県の、玖珂郡神代村と大島郡小松町の両県道を結ぶ県営渡船が設置され、発動機船・山口丸(38総t)型2隻で、1日18往復の運航を開始した。"海上に道路を造る"ということにして船賃は無料となった(『周防大島町誌』)。

昭和21年(1946)　戦後、輸送需要が急増したが、財政難や燃料の入手難などに対応できなった県からの強い要請により、国鉄(当時運輸省)がその運営を引き受けることになったのである。

小松港桟橋の七浦丸Ⅰ。昭和21年

大畠桟橋。昭和52年1月30日撮影

[省営航路開設後]

昭和21年(1946)4月25日　国鉄は、山陽本線・大畠駅と、対岸の大島郡小松(現・周防大島町大字小松1415-17)に開設した「小松港駅」との間に連絡船の運航を開始した。県営当時就航していた山口丸型2隻に、宮島航路から転属した客船・七浦丸Ⅰ(当時180総t)を加え、1日9往復した。

大畠側乗船場は、大畠駅から徒歩で約150mの地点(現・柳井市神代4817-10)にあったが、当初の桟橋は根本的な改造を要したため、宇野、宮島両桟橋から屋根付き浮桟橋・宇第5号、宮第7号の2基を移管して設置した。

小松港側乗船場は、県から買収した「縦型浮桟橋」を引き続き使用した。当時の浮桟橋は2基であったが、昭和28年(1953)に高松桟橋から移管された屋根付き浮桟橋・高第3号と取り替え、1基となった。大畠側は2連式「縦型浮桟橋」で先端のものは横付け。小松港側は単基式「縦型浮桟橋」。それぞれの構成は、これ以後踏襲された。

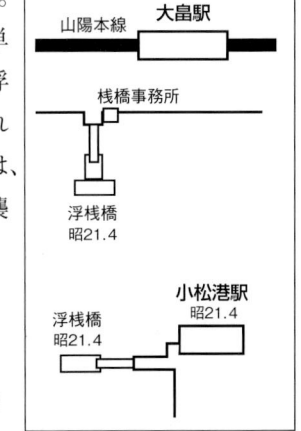

87

⑩ 門徳航路　明治31年(1898)〜明治34年(1901)
門司(現・門司港／福岡県)─徳山(山口県)間98.0km

徳山桟橋・門司桟橋の開設──明治31年

明治30年(1897)9月　西に延び続けた山陽鉄道会社線が徳山(現・周南市)に達した。

明治31年(1898)9月1日　山陽鉄道会社が、徳山・門司間に鉄道連絡船の運航を開始。当初春日丸(約300総t)など3隻の傭船で、昼夜各1往復した(第3-2表参照)。連絡船は、全期間を通して、徳山、門司ともに沖停泊であった。

明治31年(1898)6月　山陽鉄道は、徳山駅から直線距離で約345mの海岸(現・市内築港町7)に、通船用の乗降場を構築した。雁木という階段の付いた石積みの立派な突堤で、山陽波止場と呼ばれた。徳山駅との間には、新たに臨港線(軽便軌道)が敷設され、旅客、荷物、郵便物などは山陽波止場から「はしけ」に乗って沖の連絡船に向かったのである。通船は、

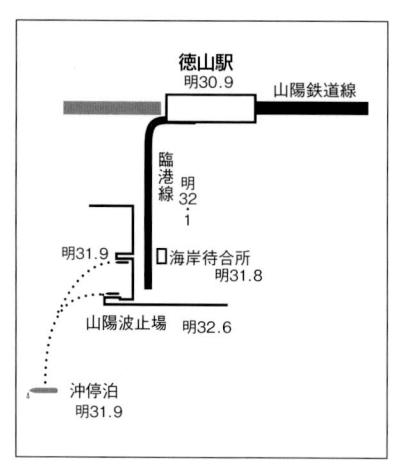

[第3-2表] 門徳連絡船時刻表
(門司新報　明治31年9月1日開航広告より抜粋)

連絡汽船
徳山門司間ノ連絡ニハ特ニ堅牢美麗ナル 400噸以上ノ汽船2艘ヲ以テ之ニ充テ毎日上下2回宛航海セスム発着時刻　左ノ通

下リ	徳山發	門司着	赤間關着
	夜12時40分	朝5時40分	朝6時15分
	晝1時40分	夕6時40分	夕7時15分

上リ	門司發	赤間關發	徳山着
	朝9時10分	朝8時25分	晝2時10分
	夜10時30分	夜9時45分	夜3時30分

但右汽船発着ノ時刻ニ対シテ山陽九州両鉄道ノ汽車ハ何レモ程ヨク接続シテ以テ発着スルコト勿論ニシテ速達ノ一例ヲ挙グレバ神戸門司間僅カニ17時間大阪博多間22時半ナリ

註1：原文は縦書き。
註2：時刻は原文の漢字を算用数字に変換。

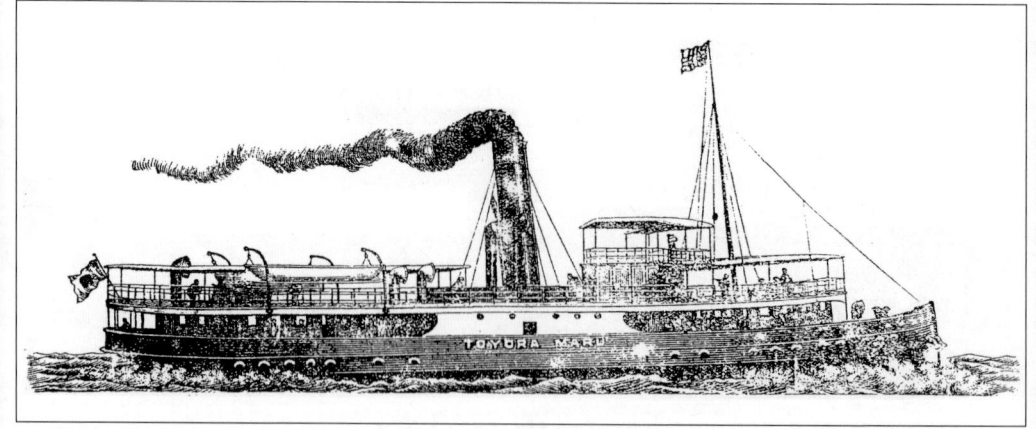

豊浦丸。明治32年8月20日付『大阪朝日新聞』：提供：長船友則

③ 旅客用 水陸連絡施設の変遷 門徳

40人乗り「はしけ」で、四挺立ての櫓漕ぎであった。なお、駅寄りにあった旧桟橋（木製）は、風浪の影響を受けやすかったという。

門司では、通船での上陸地点を明示した資料は見当たらないが、明治30年（1897）頃と称する門司市街図（JR九州編『鉄輪の轟き』掲載）に、桟橋通り端に山陽桟橋と名づけられた桟橋があるので、ここから上陸したものと思われる。九州鉄道会社の門司駅（現・北九州市清滝2）までの200mは徒歩であった。駅前には連絡待合所が設置された。

明治32年（1899）8〜9月 新造の姉妹客船・豊浦丸（322総t）、馬関丸（321総t）が就航。春日丸を除く2隻の傭船と交代した。

明治34年（1901）5月27日 関門航路の開設とともに、本航路は26日限りで廃止された。

徳山の臨港線ならびに同付属設備は、当初から一時的な施設のつもりだったようで、本航路廃止とともに撤去されてしまった。

なお、赤間関市（のちの下関市）にも寄港したが、この時期連絡する駅がなかったので触れないことにする。

大阪商船に売却後の豊浦丸（旧山陽汽船の門徳連絡船）／『大阪商船五十年史』より転載・提供：長船友則

前田麦二・画／『徳山の思い出』（昭和60年6月・マツノ書店刊）より転載

⑪ 関門航路　明治34年(1901)～昭和39年(1964)
下関(山口県)―門司(現・門司港／福岡県)間2.8km

下関桟橋の変遷――昭和22年頃まで

明治34年(1901)5月27日　山陽鉄道会社は、馬関駅(のちの下関駅)の営業を開始するとともに、5時20分下関発から、関門連絡船の運航を開始。新たに建造した大瀬戸丸、下関丸Ⅰの姉妹客船(いずれも188総t)で、1日に18往復した(表3-3参照)。

船は、駅構内の岸壁(現・下関市細江町2)に設けられた旅客乗降用浮桟橋に横付けになった。駅本屋および駅ホームから、桟橋脇の連絡待合所までの通路には屋根が付けられていた。なお、貨物は小蒸気船に曳かれた「はしけ」による、関門間直送であった【A図】。

明治35年(1902)6月　市名変更に伴い、「馬関駅」を「下関駅」と改称。

明治39年(1906)12月　山陽鉄道が国有化され、航路は国鉄に移管された。新

移転後の下関鉄道桟橋。昭和22年以降／提供：国鉄船舶局

下関鉄道第1浮桟橋と長水丸。大正12年以降／提供：交通博物館

③ 旅客用 水陸連絡施設の変遷 [関門]

準鉄道記念物の「下関鉄道桟橋跡」。昭和58年撮影

[表3-3] **関門連絡船時刻表**
(門司新報 明治34年5月31日広告より抜粋)

- 關門海峡は九鉄列車門司驛山陽列車馬關驛着毎に汽船出発し都合よく双方列車に接続す
- 山陽鐵道　門關汽船時刻

馬關驛發	朝	520、	655、	755、	925、	1025、	1130、
	昼	1220、	120、	210、	255、	405、	445、
		540、					
	夕	635、	720、	805、	850、	935、	
門司棧橋發	朝	625、	▲725、	825、	955、	1055、	
	昼	▲1220、	125、	215、	315、	400、	500、
		550、	▲645、				
	夕	730、	820、	900、	945、	▲1050、	

▲印は馬關驛にて急行列車に接続す

註①：原文は縦書き。
註②：時刻は原文の漢字を算用数字に変換。

たに平行型浮桟橋2基を設置し、それぞれ第1浮桟橋、第2浮桟橋と呼称した。時期は明確でないが、大正初期にはすでに設置されていたようである。いずれも屋根付きであった【B図】。
大正9年(1920)3月　駅本屋からの連絡地下道が完成した。旧連絡通路は、途中で線路を横切るので、交通量が増えるにつれ、危険度が高くなったためである。
大正9年(1920)12月　新造客船・豊山(ほうざん)丸(410総t)型が就航し、手小荷物と郵便物の「手押車航送」を開始した。

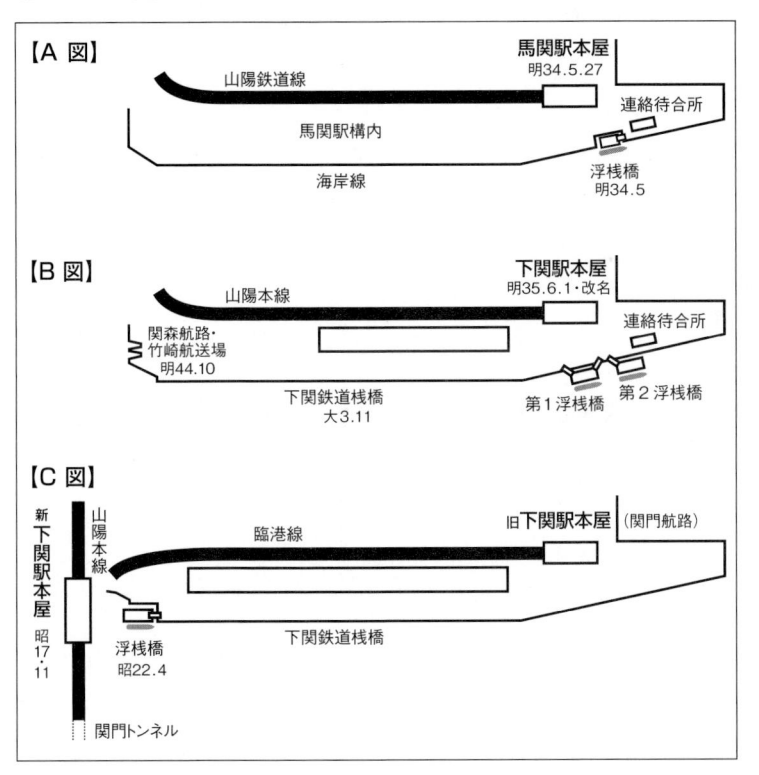

昭和17年(1942)4月　門司駅が門司港駅と改称になったのに伴い、航路名は「下関・門司港間航路」となった。
昭和17年(1942)年11月　関門鉄道トンネルが開通し、新・下関駅が細江町から約800m離れた竹崎町に移転、開業した。ただし、関門連絡船業務は旧駅に残った。本来

【A図】
山陽鉄道線
馬関駅本屋　明34.5.27
馬関駅構内
連絡待合所
海岸線
浮桟橋　明34.5

【B図】
山陽本線
下関駅本屋　明35.6.1・改名
関森航路・竹崎航送場　明44.10
連絡待合所
下関鉄道桟橋　大3.11
第1浮桟橋　第2浮桟橋

【C図】
新下関駅本屋　昭17.11
山陽本線
臨港線
旧下関駅本屋　(関門航路)
浮桟橋　昭22.4
下関鉄道桟橋
関門トンネル

91

なら、トンネルの開通とともに「鉄道連絡船」としての使命を終えて、消え去る運命であったが、トンネル経由では大変な回り道となる地元の人たちのため、「都市交通」の一環として生き残ったのである。旧駅は、太平洋戦争中の昭和20年(1945)7月米軍機の空襲により焼失した。

昭和22年(1947)4月 旅客用乗降場を新駅舎近く(現・市内竹崎町4)に移転し、営業を開始した【C図】。

航路開設当時の運航回数

『中国支社30年史』(日本国有鉄道中国支社、昭和41)をはじめ多くの刊行書は、航路開設当時の運航回数を1日「8往復」としているが、本項では1日「18往復」とした。これは、明治34年5月31日付門司新報に掲載された山陽鉄道の時刻表(表3-3)によったものである。

8往復説について、下関駅の歴史に詳しい斉藤哲雄氏は、その著書『下関駅物語』の中で「1日8往復は汽車が8往復であり、山陽鉄道案内には『汽車到着の都度発船接続せしむ』とあるので船も8往復にしたのだろうか」と述べている。

馬関と赤間関

明治22年(1889)、この年、全国に初めて市制がしかれ、現在の下関市は「赤間関市(あかまがせき)」という名前で発足した。この名前は明35年(1902)に「下関市」と変えるまで、13年間にわたって市名として使われてきた。赤間という地名は古くからの呼び名で、その後、元禄の頃赤間を赤馬として使うようになり、さらに時代がくだってからは赤の字を省いて一般の間では「馬関(ばかん)」という呼び名が広まった、という。

門司桟橋の変遷——昭和17年頃まで

明治34年(1901)5月27日 馬関－門司間に、大瀬戸丸、下関丸Iが就航し、両船で1日18往復の運航を開始した。門司駅前の桟橋通りを海に向かってくだった突き当たりが連絡船用の桟橋である。桟橋は、このあたりの水深が比較的浅かったため、岸壁から突き出した固定桟橋の先に、新たに建造した浮桟橋を繋いだタイプとなり、ここに出札口が設けられた。旅客は、桟橋に接岸した連絡船に、直接乗りおりが出来るようになった【D図】。

明治39年(1906)12月 航路、国鉄に移管。

大正3年(1914)2月 これまでの門司駅から180mほど海側に建設中の、新・門司駅が竣工し、営業を開始した。北九州市西海岸1に現存する、ネオ・ルネッサンス風駅舎の門司港駅である。この駅本屋は、昭和63年(1988)国の重要文化財に指定された。

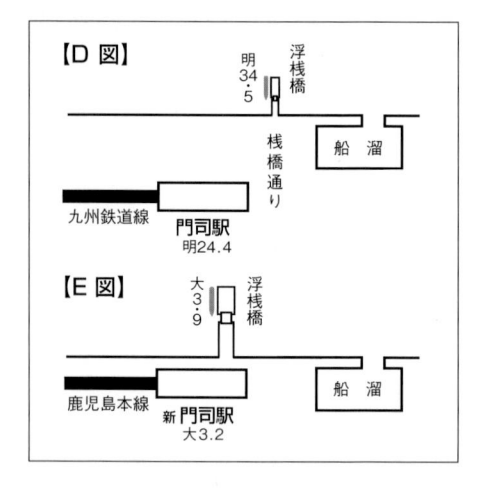

【D図】
九州鉄道線　門司駅 明24.4
桟橋通り
浮桟橋 明34.5
船溜

【E図】
鹿児島本線　新門司駅 大3.2
浮桟橋 大3.9
船溜

③ 旅客用 水陸連絡施設の変遷 [関門]

大正3年(1914)9月 新しい屋根付き桟橋が、新・駅舎横の海岸に設けられた。旧桟橋のすぐ西側である。駅ホームから、国道199号線を潜って桟橋に出る地下道が出来、旅客、手小荷物ともに、駅の外の道を歩くことなく、駅からすぐ船に、船からすぐ駅に行けるようになった。旧駅時代、桟橋と駅との距離が遠く、とくに天候の悪い日などの難渋から、ようやく解放されたのである【E図】。

門司桟橋の門司丸。大正3年11月就航間もない頃

門司桟橋の清見丸と長水丸(右)。大正10年頃

大正15年(1926)5月 大型の新造浮桟橋が配属され、使用を開始した。

昭和17年(1942)4月 関門鉄道トンネルが開通し、鹿児島本線の大里駅が門司駅と改称されたのに伴い、「門司駅」は「門司港駅」となった。

ネオ・ルネッサンス風の重厚な門司港駅(旧門司駅)。昭和52年撮影

⑫ 関釜航路　明治38年(1905)〜昭和20年(1945)
下関(山口県)―釜山(韓国)間 226.0km

下関桟橋の変遷──昭和17年頃まで

明治38年(1905)9月11日　山陽鉄道会社が、下関－釜山間に鉄道連絡船の運航を開始(表3-4参照)。第1船は新造客船・壱岐丸Ⅰ(1,680総 t)で、この日19時、下関を発って釜山に向かった。11月に第2船の対馬丸Ⅰ(1,679総 t)が就航するまで隔日運航であった。

[表3-4] 関釜連絡船時刻表
　　　　(鉄道時報　明治38年9月16日開航広告より抜粋)

- ●日韓交通の大発展　船車連絡運輸の開始
- ●新造汽船壹岐丸本月十一日ヨリ航海開始
- ▲本船発着時刻
  - 下關發午後 7時 ──── 釜山着午前 6時
  - 釜山發午後 10時 ──── 下關着午前 9時半

註①．原文は縦書き。
　②．時刻は原文の漢字を算用数字に変換。

当時下関港には、連絡船の繋留出来る岸壁がなく、船は門司白木崎を望む沖合いに錨泊した。旅客は、小蒸気船で下関駅構内の桟橋から本船まで運ばれた。この海域は潮流が早く、とくに夜間の移乗はかなり危険な作業で、旅客にとって不便と不安が伴うものであった。荷物類は、「はしけ」で本船まで搬送された。九州の分は門司(のちの門司港)から運ばれた。

明治39年(1906)12月　山陽鉄道が国有化され、航路は国鉄に移管された。

大正3年(1914)7月　下関港内の浚渫に伴い、構築中の関釜連絡船専用岸壁の一部が竣工し、夜航便に限り発着を開始した。昼航便が繋留可能となったのは11月からである。

下関鉄道桟橋で荷役中の昌慶丸。昭和2年／提供：長船友則

③ 旅客用 水陸連絡施設の変遷 関釜

下関鉄道桟橋に停泊中の景福丸／提供：長船友則

旅客は、岸壁からタラップで乗りおりが出来るようになり、小蒸気船による乗り換えの不便と不安から解放されたのであった。

貨物は、下関側は岸壁上に新たに線路を敷設して、岸壁荷役に移行したが、門

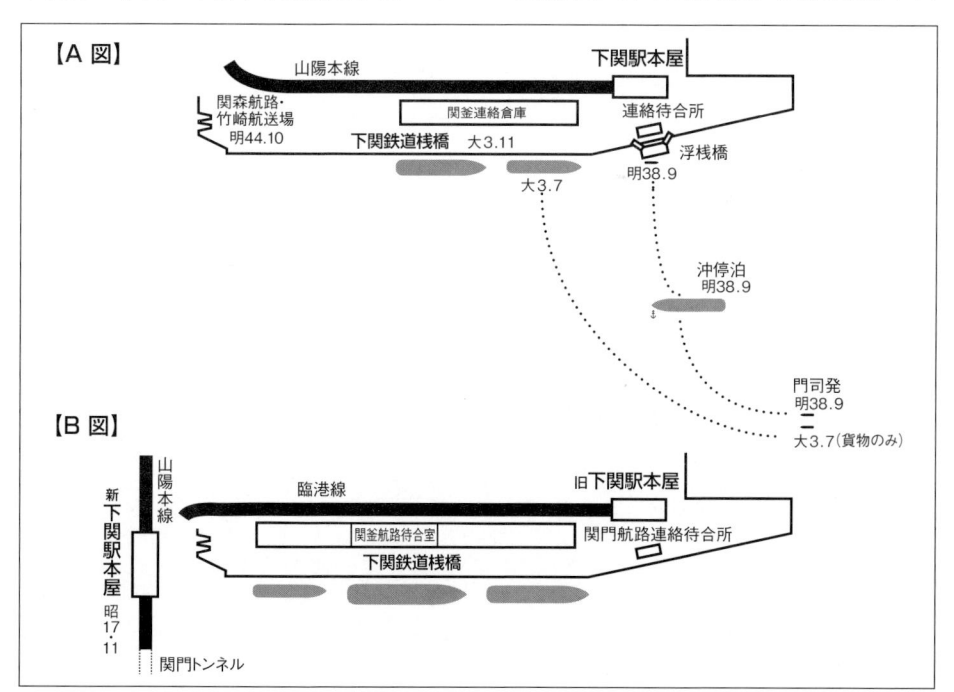

司側は、下関・小森江(現・北九州市門司区)間に開設された関森航路が、自航式車両渡船での輸送体制が整う大正9年(1920)6月まで、「はしけ」輸送がつづいた。

この下関鉄道岸壁は、連絡船2隻用で、長さ365mにわたる鉄筋コンクリート製で、駅本屋寄りに構築された。その後、416m(連絡船3隻用)に延長されたが、その時期は明確でない【A図】。

昭和11年(1936)11月　大型の新造客貨船・金剛丸(7,081総t)が就航した。これに先立ち、駅本屋寄りの岸壁に設けられた貨物用倉庫の2階に、待合室、乗降場、これに通じる連絡通路等が設置された。この通路は両側に長椅子を並べた広々と

下関鉄道桟橋に停泊中の高麗丸型／提供：長船友則

戦後の下関鉄道桟橋に停泊する昌慶丸。昭和22年頃

③ 旅客用 水陸連絡施設の変遷 関釜

したものであった。旅客にとって、雨風にさらされなくなったのは結構なことであるが、船の数が多くなり、かつ大型化するにつれて、駅ホームから乗降場までの距離が次第に延びていった。

その頃、昭和12年(1937)に勃発した日中戦争により、大陸と日本間の旅客は激増した。その結果、下関駅は、例えば「昭和14年3月18日の朝関釜連絡船興安丸、昌慶丸2隻の入港で3,000名の乗客を吐き出した上、九州からの旅客が(関門)連絡船から雪崩を打って殺到。そのため構内は芋の子を洗うように大混雑で乗車券を購入に人の群、遂に構内からはみ出してずうっと(駅前の山陽)ホテル前まで長蛇の列。－後略－」(斉藤哲雄著『下関駅物語』、カッコ内は筆者註記)と述べているような状況がつづき、さらに関釜連絡船に乗るには2時間以上も待ち、それでも希望の便に乗れない有様であった。国鉄としてはこれらの対応に精一杯で、とても「乗降場までの距離」までは考えが及ばなかったのである。

昭和17年(1942)11月　関門鉄道トンネルが開通し、新・下関駅が開業した。これに付随して、新駅本屋から桟橋待合室まで、立派な橋上連絡通路が新設された。だが、船と駅ホームの列車との距離は、さらに延びて500～600m。改善されることなく、航路終焉を迎えるのである【B図】。

釜山桟橋の変遷―大正7年頃まで

明治38年(1905)9月11日　山陽鉄道会社が、下関－釜山間に鉄道連絡船の運航を開始。

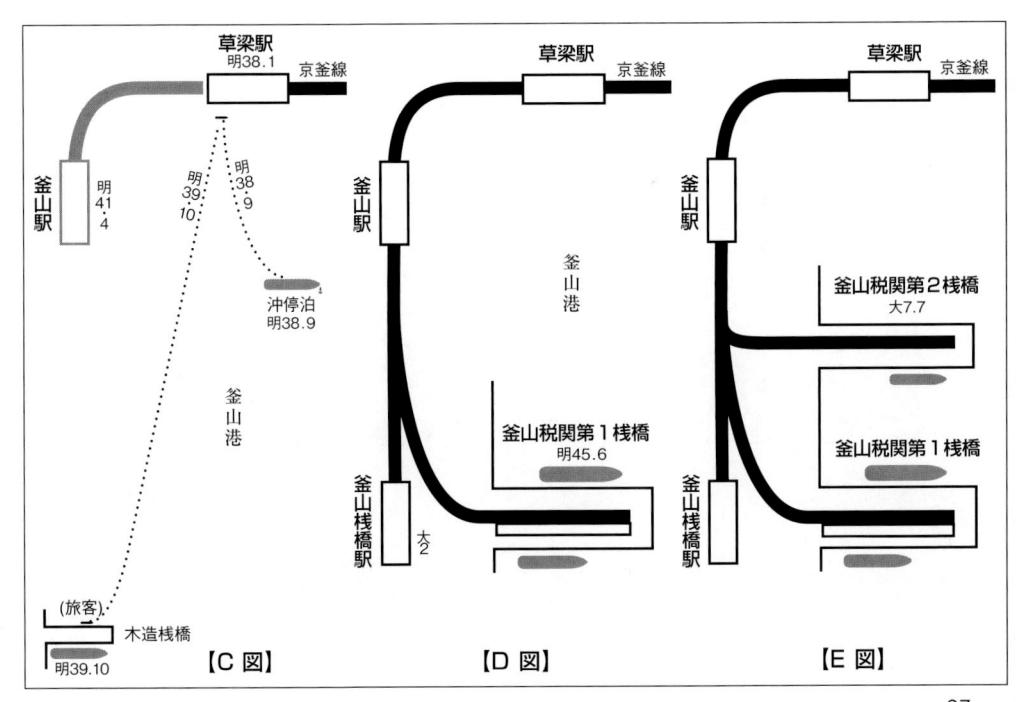

【C図】　【D図】　【E図】

吉田初三郎作鳥瞰図「釜山」部分。昭和4年／提供：長船友則

釜山税関第1桟橋に停泊中の高麗丸型／『日本国有鉄道百年写真史』より転載

③ 旅客用 水陸連絡施設の変遷 関釜

釜山税関第1桟橋の景福丸／提供：長船友則

釜山第1桟橋より税関前を望む／提供：長船友則

明治38年(1905)9月12日 前日下関を発った第1船の壱岐丸Ⅰ(1,680総t)が、この朝6時釜山港に到着した。当時の釜山は、近代的な港湾とはほど遠い規模の小さな港町に過ぎなかった。連絡船が繋留出来る桟橋はなく、連絡すべき京釜鉄道会社線の駅は、釜山から1.6km離れた草梁(チョリャン)駅止まりであった。そのため、釜山に行くには、草梁駅沖に停泊した連絡船から、「はしけ」で草梁に上陸し、その後は徒歩か、人力車を利用するしかなかったのである。

明治39年(1906)10月 釜山桟橋会社の木造桟橋が竣工し、連絡船が接岸するようになった。小規模ではあるが、下関

釜山税関第1桟橋に停泊中の新羅丸／提供：長船友則

鉄道桟橋接岸より8年早い。しかし、旅客列車に連絡の乗客は、相変わらず草梁駅間を「はしけ」輸送であった。

明治39年(1906)12月　山陽鉄道が国有化され、航路は国鉄に移管された。また京釜鉄道会社も一足先の10月に統監府鉄道管理局に引継がれていた。

明治41年(1908)4月　草梁駅から延長工事中の京釜線が釜山に達し、釜山駅は仮建築ながら運輸の営業を開始した。京釜線は釜山始発となったのである【C図】。

なお、釜山駅本屋が落成したのは明治43年(1910)10月であった。

明治45(1912)年6月　釜山税関第1桟橋が完成。これまで木造桟橋を利用していた連絡船が発着を開始した。釜山税関桟橋は、朝鮮総督府が、釜山港を外国ならびに沿岸貿易における一般貨物の輸出入港とする目的で計画した、釜山臨港停車場工事と韓国税関工事の一環として構築されたものである。

釜山桟橋駅が未完のため、釜山桟橋派出所を仮設し、朝鮮・満州(現・中国東北部)間直通列車のみ発着させた。

大正2年(1913)3月　第1桟橋の陸上設備完成に伴い、主要列車の発着を桟橋で取り扱うことになった。低床式のプラットホームが接岸の船と平行に設けられたため、旅客の移乗は容易になった。

完成した陸上設備のなかに釜山桟橋駅も含まれると思われるが、詳しい竣工期日は不明である【D図】。

大正7年(1918)7月　釜山税関第2桟橋が竣工。原則として、第1桟橋には定期旅客便を、第2桟橋には貨物便を繋留することになった【E図】。

③ 旅客用 水陸連絡施設の変遷　関釜

博多桟橋の開設——昭和18年

昭和18年（1943）7月15日　博多（福岡県）－釜山間212kmに、国鉄の鉄道連絡船が運航を開始。関釜航路から転属した客船・徳寿丸（当時3,637総t）、昌慶丸（当時3,620総t）の2隻で1日1往復した。

　第二次世界大戦の影響で、昭和16年（1941）以降大陸との間の輸送量は増えつづけ、対する下関側の岸壁および陸上の輸送設備に余裕がなく、関釜航路のみでは捌ききれなくなった。博釜航路はその補完のために開設されたのである。

　岸壁は、博多港中央埠頭（現・福岡市沖浜町）の東側160m（徳寿丸型1隻分）を、福岡市から譲渡され、近くに船の乗降客や手小荷物、貨物を取り扱うための国鉄博多港駅が開設された。鹿児島本線・香椎駅の西から分岐して新駅までの約7.5kmに臨港線が敷設され、途中に貨物設備や仕分駅などが設けられた。

　しかし、博多港駅への客車の乗り入れは、大陸の戦線で散った戦没者の遺骨と後送された傷病兵の、あるいは大陸に派遣される将兵を乗せる軍用列車に限られていた。一般旅客は、博多駅との間を国鉄バスで、また手小荷物は日本通運会社のトラックで、約4.2kmの道のりを運ばれたのである。

　開設当時の博多港駅の様子を、当時の駅員の話として「駅舎はいまの位置ではなく、約300m北にありました。待合室が1階にも2階にもあり、改札が始まると乗客はキップを切ってもらい、線路を3本またいで手小荷物ホームと貨物ホームの間を通り、岸壁に出て、乗船していました。」（弓削信夫著『九州・鉄道歴史探訪』）と伝えている。

昭和18年（1943）10月5日　関釜航路の最新客貨船・崑崙丸（7,908総t）が米国潜水艦ワーフー号の魚雷攻撃により撃沈された。航路は俄かに緊迫化し、10月以降、博釜航路は大陸への軍隊輸送が優先され、その余裕のある場合に限り一般客を取り扱うことが原則となる事態となった。

航路開設と機雷封鎖

「博釜航路は、関釜航路が米軍により機雷封鎖されたために、開設された」とした記述を目にしたことがある。それぞれの開始日を精査すれば、答は明らかである。

博釜航路の運用開始…昭和18年（1943）7月15日

米軍機による関門地区への機雷投下開始…昭和20年（1945）3月27日

⑬ 大村湾航路

明治30年(1897)～明治31年(1898)
早岐(長崎県)－長与(長崎県)間約35km

早岐桟橋─明治30年

明治30年(1897)7月26日　九州鉄道会社は、長崎三行組と特約し、大村湾に就航する同組の船舶により、早岐－長与(当初時津)間に旅客、貨物の連絡運輸を開始した。

使用船舶は、やよい丸、せいしょう丸、そうけい丸などといった、50～60人乗り程度の蒸気船約10隻で、船着場は、早岐駅から直線距離で約220mのところ、早岐川河口付近(現・佐世保市早岐1～2)にあったものと考える。

運航回数については、『佐世保事典・市政百周年記念』で、早岐駅が開業した当時の新聞記事として、「汽船は以前にくらべ出入りが急増した。佐世保へは毎日往復3回の直通汽船が通い、大村へは毎日1往復、時津へも数回の往復便と1日4往復の接続便がある。」と述べている。この接続

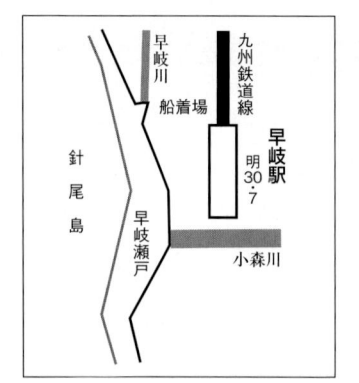

長与川左岸河口近くの長与桟橋跡。平成20年11月8日

便が連絡便ではないかと思われるが、2カ月後の明治30年(1897)9月25日の改正では、1日5往復、片道所要時間3時間となっている(表3-5参照)。早岐を発った連絡船は、平均幅125mの早岐瀬戸を6

[表3-5] 早岐時津間接続時刻表
(汽車汽船旅行案内　明治30年12月号より抜粋)

○九州鉄道会社の早岐長崎間接続時間は左の通りなりこれに山陽線徳山駅の発着車と門司徳山間定期船の発着とを参照乗車せらるれば西端長崎より北端青森迄の旅行頗る自在なり

	発車駅		門司発 八代発		佐賀発		博多発 久留米発		門司発 熊本発		門司発 八代発	
下リ	早　岐	着	前	5.05	前	8.45	前	11.25	後	1.35	後	5.45
		発	同	6.00	同	9.20	同	11.50	同	2.00	同	6.10
	南風崎	着	同	6.50	同	10.10	後	12.40	同	2.50	同	7.00
		発	同	7.00	同	10.20	同	12.50	同	3.00	同	7.10
	時　津	着	同	9.00	同	12.20	同	2.50	同	5.00	同	9.10
		発	同	9.10	同	12.30	同	3.00	同	5.10	同	9.20
	道ノ尾	着	同	10.10	同	1.30	同	4.00	同	6.10	同	10.20
		発	同	10.16	同	1.56	同	4.16	同	6.16	同	10.26
	長　崎	着	同	10.27	同	2.07	同	4.27	同	6.27	同	10.37
上リ	長　崎	発	前	5.00	前	7.00	前	9.00	後	1.00	後	3.00
	道ノ尾	着	同	5.15	同	7.15	同	9.15	同	1.15	同	3.15
		発	同	5.22	同	7.20	同	9.20	同	1.30	同	3.30
	時　津	着	同	6.20	同	8.20	同	10.20	同	2.30	同	4.30
		発	同	6.30	同	8.30	同	10.30	同	2.50	同	4.50
	南風崎	着	同	8.30	同	10.30	後	12.30	同	4.50	同	6.50
		発	同	8.40	同	10.40	同	12.40	同	5.00	同	7.00
	早　岐	着	同	9.30	同	11.30	同	1.30	同	5.50	同	7.50
		発	同	9.50	正	12.00	同	2.00	同	6.20	同	8.20
	着車駅		門司着 八代着		門司着 八代着		門司着 八代着		門司着 八代着		佐賀着	

●注意(早岐時津間は汽船時津道ノ尾間は人力車なり)

註①：原文は縦書き
註②：時刻は原文の漢字を算用数字に変換
註③：発車駅欄、着車駅欄の発着時刻は省略
註④：文脈から明治30年9月25日改正のものと推定

③ 旅客用 水陸連絡施設の変遷 〔大村湾〕

kmほど下り、南風崎(はえのさき)に寄港後、大村湾に出て長与(時津)に向かったのである。

長与桟橋―明治30年

[長与桟橋開設以前]

明治30年（1897） 当時の長与村（現・西彼杵郡(にしそのぎ)長与町）は塩田のある小さな農漁村で、港としての設備はないに等しかった。江戸時代末頃から大村（長崎県）との間に四挺立ての櫓漕ぎ舟が往復し、長与川を800mほどまでのぼっていたが、九州鉄道が就航を計画した蒸気船は喫水が深いため、着岸するには大がかりな浚渫を必要とした。

明治30年（1897）7月26日 長与における浚渫が航路の開設に間に合わず、暫定的に、西隣の時津港を使用することになった。接続駅は、長与駅のひとつ長崎寄りの道ノ尾(みちのお)駅であった。港より約4km。やや急坂が多く、旅客の利用した人力車は車夫2人がかりだったという。時津港がいつまで使用されたかは、九州鉄道の『第18回株主総会報告書（明30）』で「7月26日ヨリ当分ノ間」と記載されている他、時期に関連する記述は見当たらなかった。

[長与桟橋開設以後]

明治30年（1897） 浚渫が終わり、連絡船が発着したのは、長与川河口から約250mのぼった左岸、通称斉藤公民館（現・毛屋(けや)集会所）の前であった。

接続駅の長与駅まで、川沿いに3.3km。船着場には150～160台の人力車が並び、船が着くと一斉に客を乗せて走った。長崎に近いため外国人客も多く、華やいだ雰囲気だったという。荷物は、大八車か馬で運ばれた。

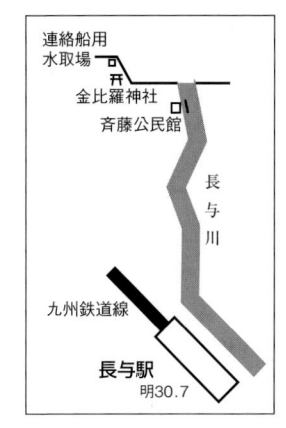

明治31年（1898）1月 九州鉄道の大村駅が開業したため、連絡先は早岐から大村に移った。

明治31年（1898）11月27日 大村―長与間の鉄道が開通。これにより九州鉄道の鳥栖（佐賀県）―長崎間が全通し、この日をもって連絡運輸は終了した。

連絡船の水取場

長与川左岸、河口近くの崖の中腹に、赤レンガ造りの水槽が残っている。連絡船に給水するために築造されたもので、内のりで縦、横、深さ各3mくらい。山の湧水を溜めたものだという。

金比羅神社付近の鬱蒼と生い茂った樹木の奥に人知れず往時の姿をとどめるレンガ造りの水槽。下中央の給水口跡からは今も清水がしたたり落ちている

【主な参考文献】
『船泊・ふなどまり』日本国土開発㈱(昭53)
『図解船舶・荷役の基礎用語』宮本栄／成山堂書店(平4)
『稚泊連絡船』国鉄青函船舶鉄道管理局(昭49)
『鉄道辞典・上巻』日本国有鉄道(昭33)
『停車場一覧』日本国有鉄道(昭60)
『日本国有鉄道百年史・第1、4、11巻』日本国有鉄道(昭44、47、48)
『日本国有鉄道百年史・年表』日本国有鉄道(昭47)
『鉄道連絡航路年表』国鉄営業局船舶課(昭24)
『青函連絡船五十年史』国鉄青函船舶鉄道管理局(昭32)
『青函連絡船史』国鉄青函船舶鉄道管理局(昭45)
『鉄道技術発達史・第2編(施設)Ⅱ』日本国有鉄道(昭34)
『日本鉄道連絡船史』山本凞／交通協力会(昭23)
『比羅夫丸・田村丸』山本凞／比羅夫丸・田村丸刊行会(昭41)
『船車連絡可動橋設計上の基本的諸要素(その3)』友永和夫／鉄道業務研究資料Vol.No.5.6(昭30)
『絵葉書でつづる青函鉄道連絡船史』白土貞夫／鉄道ピクトリアルNo.492(昭63)
『国鉄乗車券類大事典』近藤喜代太郎・池田和政／JTBパブリッシング(平16)
『鉄道古写真帖』三宅俊彦／新人物往来社(平15)
『広報ながはま 10号』長浜市役所(昭52)
『工部省記録・鉄道之部、第七、九冊』日本国有鉄道[復刻版](昭52、54)
『長浜市史・第4、7、8巻』長浜市役所(平12、15、16)
『新修大津市史 第5巻 近代』林屋辰三郎他／大津市役所(昭53)
『目で見る大津の100年』木村至宏／郷土出版(平4)
『航跡／琵琶湖汽船 100年史』琵琶湖汽船会社(平62)
『太湖汽船の五十年』太湖汽船会社(平12)
『大津の鉄道百科展』大津市歴史博物館(平10)
『福知山鉄道管理局史』国鉄福知山鉄道管理局(昭47)
『宇高航路50年史』国鉄宇高船舶管理部(昭36)
『岡山の港』厳津政右衛門／日本文教出版(昭50)
『宇高連絡船夜噺』山中覚／国鉄船舶局船部内報「連絡船」第1巻第4号(昭31)
『地図で見る百年前の日本』上野明雄／小学館(平10)
『高松の事始め』高松市役所(昭37)
『駅のはなし』交研設計／駅研グループ／成山堂書店 交通ブックス104(平9)
『写真集・さようなら宇高連絡船』四国旅客鉄道(昭63)
『宇高連絡船78年の歩み』萩原幹生／成山堂書店(平12)
『宇高概況』国鉄宇高船舶管理部(昭41)
日本国有鉄道船舶局社内報『国鉄連絡船・第5、48号』(昭43、49)
日本国有鉄道船舶局社内報『連絡船・第17号』(昭32)
『山陽本線 尾道駅界隈』丘一星／平櫛可正(昭59)
『わたしゃ尾道、港の生まれ』丘一星／平櫛可正(平3)
『尾道市史・上巻』尾道市役所(昭14)
『瀬戸内海汽船株式会社五十五年史』瀬戸内海汽船(平13)
『多度津町誌』多度津町(平2)
『広島県大野町誌・第2版』大野郷土誌編さん会(平4)
『(復刻版)山陽鉄道案内』山陽鉄道案内保存会(昭53)
『(復刻版)明治三十六年山陽鉄道本線時刻表』あき書房(昭54)
『駅長さんの書いた駅名ものがたり』同企画委員会／東洋図書出版(昭52)
『ふるさとの歴史散歩・第3集』大島忞、大野町文化財協会(昭59)
『ふるさと阿品』阿品まちづくり委員会(平17)
『周防大島町誌』山口県大島町役場(昭34)
『角川日本地名大事典・34広島県、42長崎県』角川書店(昭62)
『郷土資料辞典・34.広島県、42.長崎県』人文社(平10、11)
『国鉄航路輸送年報・昭和50年度』日本国有鉄道船舶局(昭51)
『九州の鉄道 100年記念誌／鉄輪の轟き』九州旅客鉄道(平元)
『下関駅物語』斉藤哲雄／近代文藝社(平7)
『山口県の昭和史』毎日新聞社(昭57)
『連絡船物語』坂田貞之／日本海事広報協会(昭45)
『距離表』水路部(昭12)
『九州・鉄道歴史探訪』弓削信夫／ライオンズマガジン社(昭55)
『福岡駅風土記』夕刊フクニチ新聞社／葦書房(昭49)
『関釜連絡船』金賛汀／朝日新聞社(昭63)
『九州鉄道株式会社株主総会報告・第18、19、21回』(明30、31)
『郷土早岐の研究』佐世保市(昭28)
『早岐郷土史概説』早岐郷土史研究会(平6)
『佐世保の歴史・市政百周年記念』佐世保市(平14)
『佐世保事典・市政百周年記念』佐世保市(平14)
『長与町史』長与町役場(昭40)
『長与町郷土史』長与町教育委員会(平6)
『汽車汽船旅行案内』手塚猛昌／庚寅新志社(明30)

『朝日新聞』(明15)、『江越日報』(明15)、『山陽新報』(明43)、『山陽新聞』(昭63)、『中国新聞』(明35、36、39)、『門司新報』(明31)

【資料提供者】(記述順、敬称略)
長浜市役所、神奈川県立横浜図書館調査相談室、滋賀県立図書館調査協力課、境市役所市史編さん室、舞鶴市役所総務課および都市計画課、岡山県立図書館郷土資料室、香川県立図書館、高松市歴史資料館、広島県立図書館調査情報課、多度津町立資料館、尾道市港湾振興課、呉市役所都市交通推進室、船の科学館学芸部、松山市役所都市整備部、宮島町観光課、山口県立山口図書館、廿日市市教育委員会大野分室、柳井市役所大畠総合支所地域振興課、周防大島町役場総務部企画室、周南市立中央図書館参考・郷土室、北九州市立門司図書館、下関市市長公室、佐世保市立図書館郷土資料室、大村市役所観光課、長与町役場総務課、交通科学博物館資料室

小灘弘、造酒次秋、治多次郎、川元紀恵、小堀信幸、河杉忠昭、近藤哲夫

④ 鉄道連絡船の主な建造所

明治16年(1883)からこれまでに、「鉄道連絡船」として建造された、推進機関を装備する船の数は120隻を超える。

このうち、明治41年(1908)に英国で建造された青函航路の客船・比羅夫丸、田村丸の2隻以外は、すべて国内の建造所で製造された。

これら建造所のうち主なものを選んで、その変遷を、鉄道連絡船の建造と絡ませながらたどってみたい(下図参照)。

なお、本文中「青函航路」のように略称表記をした航路の連絡船は、国鉄が発注したものである。

鉄道連絡船の主な建造所

○は建造所の所在地
数字は本書掲載順

- ① キルビー・小野浜鉄工所
- ② 三菱・長崎造船所
- ③ 三菱・神戸造船所
- ④ 横浜船渠と三菱・横浜造船所
- ⑤ 三菱・下関造船所
- ⑥ 大阪鉄工所と日立・桜島工場
- ⑦ 浦賀船渠・浦賀造船所
- ⑧ 川崎造船・神戸工場
- ⑨ 播磨造船・相生工場
- ⑩ 函館ドック・函館造船所

①キルビー・小野浜(おのはま)鉄工所

　わが国初の鉄道連絡船となった大津－長浜間琵琶湖航路の客船・第一太湖(たいこ)丸、第二太湖丸(69ページ写真参照)を建造したのは「小野浜鉄工所」である。太湖汽船会社からの受注であった。

　小野浜鉄工所は、英国人エドワルド・チャールズ・キルビー(Edward Charles Kirby)が神戸の小野浜(現・神戸市中央区小野浜町)に設立したもので、わが国において、初めて継続的に鉄製汽船の建造を始めた工場として知られている。太湖丸型はこの会社初期の作品で、2隻とも小野浜で製造、仮組立のうえ、分解し、大津湖畔で本組立された、と記録にあるが湖畔における組立場所、工期、進水を含めた建造などについては不明である。

　会社は、将来を有望視されていたが、太湖丸建造間もなくキルビーが急死したため、政府に買収され、明治17年(1884)、海軍省の直轄となり、「小野浜造船所」と改名した。鉄道連絡船の建造は2隻で終わったが、同造船所は引きつづいて鉄船の建造を進め、貨客船・朝日(あさひ)丸(496総t、大阪商船会社、明治17年[1884])、砲艦・摩耶(まや)(622排水t、明治21年[1888])などを建造している。

　なお、明治23年(1890)に呉鎮守府造船部へ移管され「呉造船支部」となったが、日清戦争(1894～95)直後、工場の建物、器具、機械等のすべてを呉に移転し、小野浜における海軍の造船事業は終わりを告げた。

②三菱(みつびし)・長崎(ながさき)造船所

　次に鉄道連絡船を建造したのは「三菱合資会社」である。

　三菱合資会社の前身「郵便汽船三菱会社」(社長・岩崎弥太郎)は、明治17年(1884)、政府から"官営事業払い下げ"方針の一環として、処分が検討されていた工部省の「長崎造船局」(長崎／飽ノ浦(あくのうら)、立神(たてがみ)、小菅(こすげ)地区)のドックを含む工場施設いっさいを借用し、民営の「長崎造船所」として発足した。この時取り交した「貸渡条約書」の中に「漸時鉄船製造ノ機械ヲ備設シ以テ将来営業ヲ拡張スルコト(第14条)」とあるのが興味深い。貸借期間は25年であったが、明治20年(1887)になり、改めて施

```
明26.12
  ┌─────────────────────┐
  │ 三菱合資会社・三菱造船所 │
  └─────────────────────┘
       │ 明32  S.112 豊浦丸、S.113 馬関丸
       │ 明34  S.135 大瀬戸丸、S.136 下関丸Ⅰ
       │ 明36  S.150 児嶋丸、S.151 玉藻丸
       │ 明38  S.170 壱岐丸Ⅰ、S.171 対馬丸Ⅰ
大6.11
  ┌─────────────────────┐
  │ 三菱造船(株)・長崎造船所 │
  └─────────────────────┘
       │ 大13  S.395 津軽丸Ⅰ、S.396 松前丸Ⅰ
昭9.4
  ┌─────────────────────┐
  │ 三菱重工業(株)・長崎造船所 │
  └─────────────────────┘
       │ 昭11  S.630 金剛丸、S.631 興安丸
       │ 昭17  S.880 天山丸、S.891 崑崙丸、
       │       S.892、893、894 建造中止
昭25.1
  ┌─────────────────────┐
  │ 西日本重工業(株)・長崎造船所 │
  └─────────────────────┘
昭27.5
  ┌─────────────────────┐
  │ 三菱造船(株)・長崎造船所 │
  └─────────────────────┘
昭39.6
  ┌─────────────────────┐
  │ 三菱重工業(株)・長崎造船所 │
  └─────────────────────┘
```

【図表凡例】
明32　S.112豊浦丸、S.113馬関丸
　　　　　　　　　　　　↑先頭の船の姉妹船
　　　　　↑S.番号は建造所の建造番号
　↑先頭の船(豊浦丸)の竣工年

三菱・長崎造船所。戦災修復工事のため飽ノ浦工場に到着した金剛丸。昭和21年7月

設の払い下げをうけ、名実ともに三菱の管轄となった。その後、会社は工場を全面的に整備して鋼製汽船の製造を開始している。

　明治26年（1893）、三菱合資会社が設立され、造船所は「三菱合資会社・三菱造船所」となった。

　この頃、山陽鉄道会社は、神戸で官設鉄道と接続し、山陽道を縦貫する鉄道（現・JR山陽本線）の建設を進めていた。それとともに、同社は、この線と九州ならびに四国の鉄道会社線との間に、自社船による連絡航路の開設を企図していた。三菱造船所は、これらの航路に就航する鉄道連絡船を受注、建造したのである。

　すなわち、明治32年（1899）に徳山（現・山口県周南市）－門司（現・門司港）間航路の客船・豊浦丸、馬関丸、34年（1901）に馬関（現・下関）－門司間航路の客船・大瀬戸丸、下関丸Ⅰ、36年（1903）に尾道－多度津間航路ならびに岡山－高松間航路の客船・児嶋丸、玉藻丸とつづいた。これらの船が、いずれも400総tにも満たない小型船にもかかわらず、当時の大造船所である三菱造船所に発注された経緯は詳らかではないが、山陽鉄道の、この造船所の技術に対する絶大な信頼があったものと思われる。造船所にとっても、これら建造が38年（1905）の、下関－釜山（韓国）間航路の客船・壱岐丸Ⅰ、対馬丸Ⅰの建造につながったのである。

　壱岐丸Ⅰ型は、その頃施行されていた『造船奨励法』（明治29年［1896］．法律第16号）の適用をうけたが、『造船規程』をまじ

関釜航路で客貨船として活躍した金剛丸の進水。昭和11年5月24日

めに遵守し過ぎて、外国の航洋渡峡船にくらべ、大分重構造になった。"欧米に追いつけ"の意気に燃える日本人が初めて設計し、建造した航洋渡峡船であった。

大正6年(1917)、三菱合資会社から造船部経営事業を分離し、「三菱造船株式会社」が設立された。三菱造船所はその所属となり、「三菱造船株式会社・長崎造船所」と改称した。

大正13年(1924)、青函航路の翔鳳丸型客載車両渡船の3、4番船・津軽丸Ⅰ、松前丸Ⅰを建造している。

昭和9年(1934)、「三菱重工業株式会社・長崎造船所」と改称。

昭和11～12年(1936～37)に関釜航路の客貨船・金剛丸、興安丸を建造。

金剛丸は速力23.19ノットで、これまでの日本商船としての最高速記録を樹立。また全客室にエアコンを施したことや、船内電力を交流化したことなどで有名である。

昭和17年(1942)に同航路の客貨船・天山丸を建造し、さらに同型船を4隻受注したが、18年(1943)崑崙丸のみが竣工し、その他は戦局の悪化により建造中止となった。結果的に、これが長崎における鉄道連絡船建造の最後になったのである。

三菱重工業は、戦後"財閥解体"の指令を受け、昭和25年(1950)、長崎、神戸、横浜に3分割された。長崎造船所は「西日本重工業株式会社」、さらに27年(1952)に「三菱造船株式会社」所属となった。

昭和39年(1964)、新国際状況に対応して、企業の国際競争力を強化するため、再び3社合併し、「三菱重工業株式会社」にもどり、現在に至っている。

③ 三菱・神戸造船所

神戸港の将来における船渠および造船所の必要性を予見した「三菱合資会社」が、明治38年(1905)、神戸市兵庫和田崎町から和田岬にかけての土地(現・神戸市兵庫区和田崎町1)を取得し、ここに創設したのが「三菱合資会社・神戸三菱造船所」である。

大正4年(1915)、「三菱合資会社・神戸造船所」と改称した。

大正6年(1917)、「三菱造船株式会社」が設立され、神戸造船所もその所属となった。

この造船所における最初の鉄道連絡船の建造は、大正11～12年(1922～23)の、関釜航路の客船・景福丸、徳寿丸、昌慶丸、ならびに宇高航路の客船・山陽丸Ⅰ、南

海丸であった。

昭和9年（1934）、「三菱重工業株式会社・神戸造船所」と改称。

大正12年（1923）以来途絶えていた、鉄道連絡船の建造が決まったのは昭和21年（1946）である。当時、日本の造船界は、太平洋戦争（1941～45）の敗戦直後の厳しい状況下にあった。すべて連合軍最高司令部（GHQ）の監督下におかれ、許可されたのは旧海軍艦艇の解体と、終戦時船台上にあった船、いわゆる続行船の建造のみであった。あとは工場設備の対日賠償指定におびえながら、これまでは夢にも思わなかった鍋や鍬などを細々と作って露命をつないでいたのである。

昭和21年（1946）1月、政府は鉄道連絡船を含む貨物船65隻の建造を、総司令部に申請したが不許可となった。ところが7月になり、思いがけなく鉄道連絡船用各種船舶17隻、3万3千総トン（竣工時）の建造許可がおりたのである。

17隻の内訳は、青函航路用として車載客船4隻（洞爺丸型）および車両渡船4隻（W型、H型の戦時標準船改良型）、宇高航路用として車載客船3隻（紫雲丸型）、その他、補助汽船6隻である。この朗報は、造船界はもちろん暗い気持ちに打ち沈んでいた敗戦国日本に、明るい希望を与えたのであった。

神戸造船所が受注したのは、そのうちの"目玉"ともいうべき洞爺丸、羊蹄丸Ⅰ、大雪丸Ⅰの洞爺丸型3隻であった。3隻は昭和22～23年（1947～48）、相次いで就航した。

４ 鉄道連絡船の主な建造所

明38.7
三菱合資会社・神戸三菱造船所
↓ 大4.10
三菱合資会社・神戸造船所
↓ 大6.11
三菱造船（株）・神戸造船所
　大11　S.95 景福丸、S.96 徳寿丸、
　　　　S.116 昌慶丸
　大12　S.127 山陽丸Ⅰ、S.128 南海丸
昭9.4
三菱重工業（株）・神戸造船所
　昭22　S.816 洞爺丸、S.817 羊蹄丸Ⅰ、
　　　　S.818 大雪丸Ⅰ
昭25.1
中日本重工業（株）・神戸造船所
昭27.5
新三菱重工業（株）・神戸造船所
　昭28　S.852 第三宇高丸
　昭30　S.866 檜山丸Ⅰ
　昭32　S.893 十和田丸Ⅰ
　昭36　S.915 讃岐丸Ⅰ
昭39.6
三菱重工業（株）・神戸造船所
　昭39　S.945 八甲田丸、S.955 摩周丸Ⅱ
　昭45　S.1015 日高丸Ⅱ

昭和25年（1950）、"財閥解体"により三菱重工業は3分割され、神戸造船所は「中日本重工業株式会社」、さらに27年（1952）に「新三菱重工業株式会社」所属となった（108ページ参照）。

昭和28年（1953）、宇高航路の車両航送力増強のための大型車両渡船・第三宇高丸の建造とともに、宇野第1岸壁ならびに高松第1岸壁（ともにのちの第2岸壁）の車両積みおろし用可動橋の製作、組立を行った。この可動橋は、潮位差約3.14mに対応できるよう、全長80.5m、3連式の大掛かりなものであった。

昭和29年（1954）、青函航路では、台風15号により洞爺丸外4隻の連絡船を失っ

た。国鉄はダウンした輸送力を回復させるため、急遽車両渡船2隻を建造することとなった。神戸造船所はその1番船・檜山丸Ⅰを受注、翌30年(1955)竣工。つづいて32年(1957)、洞爺丸の代船としての車載客船・十和田丸Ⅰを建造している。

　また昭和34年(1959)には、わが国最初の自動化船となった宇高航路の客載車両渡船・讃岐丸Ⅰを受注、36年(1961)に引き渡された。

　昭和39年(1964)、新三菱重工業は「三菱重工業株式会社」にもどった(108ページ参照)。

　その前年の38年(1963)、青函航路の津軽丸Ⅱ型客載車両渡船の2番船・八甲田丸を受注している。竣工したのは39年(1964)で、三菱重工業にもどった直後である。

　また、5番船・摩周丸Ⅱも建造している。本船を受注したのは「三菱造船株式会社」であったが、受注直後に3重工が合併したため、建造は同型船の八甲田丸を建造した神戸造船所になったのである。竣工は40年(1965)であった。

　昭和45年(1970)、青函航路の渡島丸Ⅱ型車両渡船の2番船・日高丸Ⅱを建造し

三菱・神戸造船所で進水する景福丸。大正10年11月22日

たが、これを最後に、以後の鉄道連絡船の建造は下関造船所に移行していった。

④横浜船渠と三菱・横浜造船所

「横浜船渠会社」は、横浜港に出入りする船舶の修理を目的として、明治24年(1891)に設立が許可された。設立場所は、横浜市入船町となる横浜港に面した埋立地(のちの横浜市西区緑町、現・西区みなとみらい2～3)である。創設者は、初代社長になった男爵川田龍吉ほかで、明治26年(1893)末「横浜船渠株式会社」として発足した。

　新工場の建設は、英国人技師カーネル・パルマー(Colonel Palmer)の提言を基に、防波堤、船渠の構築からはじまった。余談になるが、設立許可の際交付された『横浜船渠会社免許命令書』の中に、工事中「公害ヲ生シ若クハ公害アルヲ発見シタルトキハ知事ハ何時ニテモ無償ニテ本命令書ノ条項ヲ更改スルコトアルヘシ(30

④ 鉄道連絡船の主な建造所

条)とある。この頃すでに環境に配慮した条項が明文化されていたことは注目される。

明治29年(1896)、同社は当時日本郵船株式会社所有の「横浜鉄工所」を譲りうけ、船舶の修繕を開始した。横浜鉄工所は、もともと三菱が自社所有船の修理を目的に買収した会社で、横浜町海岸通(現・横浜市中区海岸通4)にあった。明治12年(1879)に三菱としては最初の新造船・鷹丸(木造汽艇、7t)を建造している。

翌30年(1897)、船舶の修繕には不可欠な船渠(のちの2号ドック)が完成、使用を開始した。つづいて32年(1899)第2船渠(のちの1号ドック)を完成させた。この頃会社は、旧横浜鉄工所の諸機械等一切を新工場に移設し、本格的に船舶の入渠および修理工事を始めた。一方、造船事業は、大正6年(1917)になり、ようやく船台をはじめ造船関係の諸設備を整備し始めるとともに、航洋汽船の建造を開始した。

```
明26.─
┌─────────────────┐
│  横 浜 船 渠（株）  │
└─────────────────┘
        │  大7   S.54 白神丸、S.62 龍飛丸
        │  大8   S.63 第一関門丸、S.64 第二関門丸
        │  大15  S.143 第一青函丸
        │  昭7   S.203 宗谷丸
昭10.6  │
┌─────────────────┐
│ 三菱重工業（株）・横浜船渠 │
└─────────────────┘
昭18.7  │
┌─────────────────┐
│ 三菱重工業（株）・横浜造船所 │
└─────────────────┘
        │  昭21  S.663 石狩丸Ⅰ
        │  昭23  S.664 十勝丸Ⅰ、S.665 渡島丸Ⅰ
昭25.1  │
┌─────────────────┐
│ 東日本重工業（株）・横浜造船所 │
└─────────────────┘
昭27.5  │
┌─────────────────┐
│ 三菱日本重工業（株）・横浜造船所 │
└─────────────────┘
昭39.6  │
┌─────────────────┐
│ 三菱重工業（株）・横浜造船所 │
└─────────────────┘
        │  昭40  S.875 大雪丸Ⅱ
昭58.3  │
┌─────────────────┐
│   横浜造船所閉鎖、移転   │
└─────────────────┘
```

初めて国鉄の船舶を建造したのは大正7年(1918)。青函航路の貨物船・白神丸と龍飛丸であった。当時造船界は第一次世界大戦(1914〜18)中の造船ブームで、鋼材が不足し、多数の木船が建造されていた。両船とも木造であったが、ブームにありがちな粗製乱造の多いなかに、材料には米松を使用し、構造、工作ともに良心的な優良船であった。

つづいて受注したのは、関森航路の車両渡船・第一関門丸と第二関門丸である。わが国初の自航式車両渡船として、大正8

横浜船渠で建造中の宗谷丸。昭和7年6月頃／提供：三菱・横浜造船所

年(1919)に竣工した。この実績により、14年(1925)に青函航路の車両渡船・第一青函丸を受注している。竣工は翌15年(1926)であった。

昭和6年(1931)、稚泊航路の砕氷客貨船・宗谷丸を受注した。この頃造船界はブームの反動で、深刻な不況におちいっていたが、横浜船渠は日本郵船の秩父丸(17,498総t)や氷川丸、日枝丸(ともに11,622総t)などの豪華船を続々完成させ、まさに最盛期にあった。宗谷丸公室の現代フランス風装飾は、これらの船の影響をうけてデザインされたものである。

しかしながら好況もそれまでで、急速な経営不振におちいり、ついに三菱重工業株式会社に吸収合併のやむなきに至ったのである。昭和10年(1935)であった。

昭和10年(1935)、横浜船渠株式会社は「三菱重工業株式会社・横浜船渠」となった。

横浜船渠は、先に述べたように、その創立当初から三菱との因縁が深く、このようになったのも自然の成り行きのように感じるのは、筆者だけだろうか。

昭和18年(1943)、「三菱重工業株式会社・横浜造船所」と改称。

これより先の16年(1941)に始まった太平洋戦争(1941～45)は、すべての商船を海軍大臣の管理下におき、いわゆる『戦時標準船』しか建造できなくしてしまった。鉄道連絡船も例外ではなかった。認められたのは、青函航路の『W型車両渡船』と車両航送を計画中であった博釜航路の『H型車両渡船』の2種類であった。H型は、W型を一部改造したものである(119ページ参照)。

横浜造船所が受注したのはH型であった。H型は、昭和20年度戦標船建造計画では7隻が組み込まれていたが、戦局の悪化から工程が遅れ、第1船が船台上にいる状態で終戦となってしまった。そこで本来の目的にかえ、米軍機の攻撃で壊滅状態となった青函航路用に転用することとなり、工事が再開されたのである。

昭和21年(1946)、石狩丸(Ⅰ)と命名されて進水した後、船楼甲板上の船員室前後に客室を設け、客載車両渡船となって竣工した。

三菱・横浜造船所。進水当日、船台上の石狩丸Ⅰ。昭和21年3月21日

④ 鉄道連絡船の主な建造所

昭和23年(1948)、青函航路のH型車両渡船改良型・十勝丸Ⅰと渡島丸Ⅰが相次いで竣工した。いずれも先に連合軍最高司令部に許可された17隻のうちの2隻である(109ページ参照)。

昭和25年(1950)、「東日本重工業株式会社・横浜造船所」と改称。

昭和27年(1952)、「三菱日本重工業株式会社・横浜造船所」と改称。

昭和39年(1964)、「三菱重工業株式会社・横浜造船所」に復帰。

これより先の38年(1963)、青函航路の津軽丸Ⅱ型客載車両渡船の4番船・大雪丸Ⅱを受注しているが、竣工は40年(1965)で、三菱重工業株式会社になってからであった。

昭和48年(1973)勃発の第4次中東戦争(1973～74)に起因する、いわゆる"オイルショック"に端を発した世界的な造船不況により、横浜造船所は昭和55年(1980)をもって、新造船事業から撤退せざるをえなくなった。

一方、長年の懸案であった横浜市の「都心臨海部総合整備計画(みなとみらい21)」に協力するため、造船所の全敷地を明け渡すことになった。諸設備の撤去、移転が完了したのは昭和58年(1983)であった。これにより横浜造船所は90年にわたる歴史の幕をおろしたのである。なお、諸設備の移転先は本牧工場(市内中区)と新設の金沢工場(市内金沢区)である。

*

現在、1号ドックは、水をはった状態で、帆船日本丸Ⅰ(2,278総t)の展示場として活用されている。また、2号ドックは、元の位置から30m離れた横浜ランドマークタワーの敷地内に移設された。移設に際して一部手が加えられ、「ドックヤードガーデン」という名の多目的スペースに変身した。この変身が、遺跡を"大都市部のなかで活用を図りながら保存を行った先駆的事例"として高く評価され、平成9年(1997)に国の重要文化財に指定された。

両ドックの現在地は、横浜市西区みなとみらい2である。

⑤ 三菱・下関造船所

関門地区は、古くから交通の要衝にあたり、大小船舶の往来が激しいことで知られているが、明治にはいり、遠洋漁業の基地化、関門・関釜両連絡航路の開設、北九州における工業の発達や盛んになった石炭の集散等により、船舶の往来はますます増加する気配を示していた。

「三菱合資会社」は、これらの船舶を対象とした修理工場を、「武蔵と小次郎決闘の地」で有名な巌流島を目の前にした、山口県豊浦郡彦島村(現・下関市彦島江の浦町6)に建設し、大正3年(1914)乾船渠の落成を待って開業した。これが「三菱合資会社・彦島造船所」である。

大正6年(1917)、「三菱造船株式会社・彦島造船所」と改称。

当初のもくろみ通り、需要は急速に増え、会社は工場設備の拡充を急ぎ、大正9年(1920)までに乾船渠2基を増設した。これにより、当時関門海峡を通航する大

三菱・下関造船所で建造中の阿波丸の進水。昭和42年5月25日

方の船舶の修繕入渠が可能となった。

この、地の利による需要の拡大はさらに続き、これに対応する設備の拡張と、昭和初期からの鋼製漁船の大量受注は、その後、幾度か遭遇した造船不況を乗り切る原動力になったのである。

昭和9年(1934)、「三菱重工業株式会社・彦島造船所」と改称。

昭和18年(1943)、さらに施設の拡張を図るとともに、隣接する日立造船・彦島造船所を買収、統合したうえ、「三菱重工業株式会社・下関造船所」と改称した。

昭和25年(1950)、「西日本重工業株式会社・下関造船所」と改称。

昭和27年(1952)、「三菱造船株式会社・下関造船所」と改称。

昭和39年(1964)、「三菱重工業株式会社・下関造船所」に復帰。

下関造船所は、これまで鉄道連絡船の建造には縁がなかったが、昭和39年(1964)、初めて宇高航路の伊予丸型客載車両渡船の2番船・土佐丸を、続いて41年(1966)、3番船・阿波丸を受注した。両船の竣工はそれぞれ41年(1966)と42年(1967)であった。

また、49年(1974)には青函航路の渡島

```
大3.12
┌─────────────────────┐
│ 三菱合資会社・彦島造船所 │
└─────────────────────┘
     ↓ 大6.11
┌─────────────────────┐
│ 三菱造船(株)・彦島造船所 │
└─────────────────────┘
     ↓ 昭9.4
┌─────────────────────┐
│ 三菱重工業(株)・彦島造船所 │
└─────────────────────┘
     ↓ 昭18.12
┌─────────────────────┐
│ 三菱重工業(株)・下関造船所 │
└─────────────────────┘
     ↓ 昭25.1
┌─────────────────────┐
│ 西日本重工業(株)・下関造船所 │
└─────────────────────┘
     ↓ 昭27.5
┌─────────────────────┐
│ 三菱造船(株)・下関造船所 │
└─────────────────────┘
     ↓ 昭39.6
┌─────────────────────┐
│ 三菱重工業(株)・下関造船所 │
└─────────────────────┘
```

昭41　S.619 土佐丸、S.645 阿波丸
昭51　S.754 檜山丸Ⅱ

丸Ⅱ型車両渡船の5番船・檜山丸Ⅱを受注している。

戦後、三菱での鉄道連絡船の建造は、主として神戸造船所で行われてきたが、同所が昭和41年(1964)頃から大型コンテナー船の改造ならびに新造工事を本格化したことにより、特殊船建造を得意とする下関造船所に移行したものと思われる。

三菱における鉄道連絡船の建造は、昭和51年(1976)竣工の檜山丸Ⅱで終わった。

⑥大阪鉄工所と日立・桜島工場

「大阪鉄工所」は、英国人エドワルド・ハーツレット・ハンター(Edward Hazlett Hunter)が、明治14年(1881)大阪府西成郡六軒屋新田(現・大阪市此花区西九条7、一部水没)の安治川岸に開設した造船会社である。ハンターはかって神戸・小野浜鉄工所(106ページ参照)の支配人を務めた人物であるが、会社の名義は嗣子の平野竜太郎(明治26年範多と改姓)であった。明治33年(1900)、大阪市西区桜島町(現・此花区桜島1)に鋼船建造を目的とした造船所を開設した。当初「桜島造船場」と称したが、これが「桜島工場」の始まりである。

会社は、大和型和船に代わるものとして『浅吃水船』の研究を重ねていたが、明治35年(1902)、阪鶴鉄道会社の依頼をうけ、由良川航路(京都府)用として最新式の浅吃水客船・第一由良川丸を建造し、予想外の好成績を収めた。引きつづいて第二由良川丸を、さらに翌36年(1903)には、山陽鉄道会社の岡山－高松間航路用

の浅吃水客船・旭丸を納入した。いずれも建造は桜島工場である。

桜島工場は、明治39年(1906)、阪鶴鉄道の舞鶴(京都府)－境(現・鳥取県境港市)間航路の客貨船・阪鶴丸を、41年(1908)第二阪鶴丸を建造している。両船は、当時施行されていた『造船奨励法』(明治29年[1896].法律第16号)の適用をうけた。桜島工場は設立に際し、この法律に合格する船舶の建造を目指してきたのである。

なお、この時期、阪鶴鉄道から舞鶴－宮津間航路(京都府)の客船・橋立丸を、また、山陽鉄道から宮島－厳島間航路(広島県)の客船・厳島丸を受注し、明治37年(1904)と38年(1905)にそれぞれ竣工させているが、これらの建造は、22年(1889)安治川対岸の大阪府西成郡川南村大字木

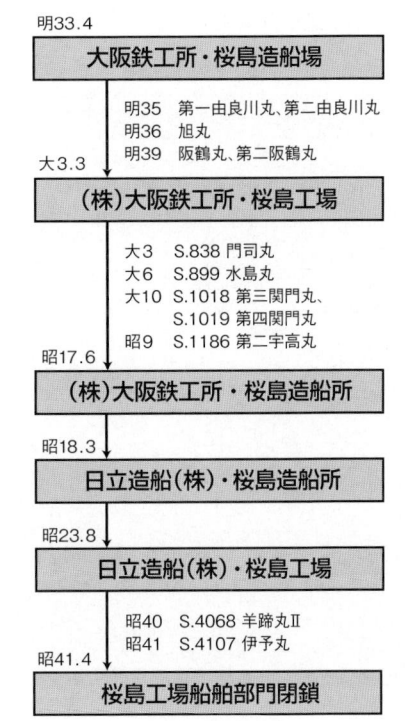

```
明33.4
  │
大阪鉄工所・桜島造船場
  │  明35  第一由良川丸、第二由良川丸
  │  明36  旭丸
  │  明39  阪鶴丸、第二阪鶴丸
大3.3
  │
(株)大阪鉄工所・桜島工場
  │  大3   S.838  門司丸
  │  大6   S.899  水島丸
  │  大10  S.1018 第三関門丸
  │         S.1019 第四関門丸
  │  昭9   S.1186 第二宇高丸
昭17.6
  │
(株)大阪鉄工所・桜島造船所
昭18.3
  │
日立造船(株)・桜島造船所
昭23.8
  │
日立造船(株)・桜島工場
  │  昭40  S.4068 羊蹄丸Ⅱ
  │  昭41  S.4107 伊予丸
昭41.4
  │
桜島工場船舶部門閉鎖
```

屋新田(現・大阪市港区弁天6)に開設した「南木船工場」で行われたものと考える。

大正3年(1914)、組織を変更し「株式会社大阪鉄工所」となった。桜島工場は1万トン級の乾船渠、これに伴う造船、造機の設備が完成し、その面目を一新させた。範多は一株主として残った。

この年、関門航路の客船・門司丸からはじまり、大正6年(1917)宇高航路の客船・水島丸、10年(1921)関森航路の第三関門丸型車両渡船・第三関門丸、11年(1922)同・第四関門丸、少し置いて昭和9年(1934)宇高航路の第一宇高丸型車両渡船の2番船・第二宇高丸を建造している。

第一次世界大戦(1914〜19)後の不況の波にさらされたのは、大阪鉄工所も例外ではなかった。会社は、第二宇高丸を引き渡した頃より、目まぐるしく代わる資本系統に翻弄され、一時は他社に吸収、合併される事態にまでになったが、昭和11年(1936)、株式会社日立製作所の傘下にはいり再出発することになった。

昭和18年(1943)、社名を「日立造船株式会社」と変更した。この名称は、事業の中心が"造船"、経営系統は"日立製作所"の傘下であることを表したものである。

桜島工場は、前年「桜島造船所」と改名したので、今回の社名変更で「日立造船株式会社・桜島造船所」となった。

昭和23年(1948)、「日立造船株式会社・桜島工場」にもどった。

日立製作所の傘下になってから、鉄道連絡船との縁は遠ざかっていたが、昭和39年(1964)、青函航路の津軽丸Ⅱ型客載車両渡船の6番船・羊蹄丸Ⅱと、宇高航路の伊予丸型客載車両渡船の1番船・伊

日立造船・桜島工場で建造中の羊蹄丸Ⅱ。昭和40年

予丸を受注した。
　両船は、桜島工場で建造され、40年(1965)と41年(1966)にそれぞれ竣工したが、その頃工場の造船部門廃止は目前に迫っていたのである。
　桜島工場は、これまで造船部門の中核として多くの船舶を建造してきた。しかし、この工場の乾ドックが、ゲートの基礎石と基礎杭は御影石であるが、側壁の土留めや渠底は変形を修正しやすいよう木造であったことに象徴されるように、工場のある西大阪一帯は地盤が悪く、その沈下は宿命的なものであった。それに加えて大型化する船舶を造修するにも拡張する余地はなく、ついに造船部門の閉鎖にいたったのである。昭和41年(1966)であった。

　　　　　　　＊

　その後、桜島工場は、全船台の撤去、乾ドックの埋め立てなどを行ったのち、陸上部門の専門工場として再スタートしたが、その工場も閉鎖され、跡地はテーマパーク「ユニバーサル・スタジオ・ジャパン」となっている。
　日立造船は、昭和44年(1969)、青函航路の渡島丸Ⅱ型車両渡船の3番船・十勝丸Ⅱ、50年(1975)に同6番船・石狩丸Ⅲを受注したが、建造は「日立造船・向島工場」(広島県御調郡向島1111)で行われた。現在、この工場もまた船舶関係から撤退し、橋梁鉄工関係の専門工場になってしまった。
　また、昭和49年(1974)、伊予丸型客載車両渡船の4番船・讃岐丸Ⅱを、53年(19

78)、宮島航路の旅客フェリー・みせん丸Ⅲ、みやじま丸Ⅲの姉妹船を納入しているが、製造は、前者が日立造船傘下の「内海造船株式会社」の「瀬戸田工場」(広島県豊田郡瀬戸田町大字沢222-6)で、後2者は同社の「田熊工場」(広島県因島市田熊町2517-1)で行われた。

⑦浦賀船渠(うらがせんきょ)・浦賀(うらが)造船所

　日清戦役(1894〜95)後のわが国海運界は活況を呈していた。そのため各私立造船所では施設の拡張を、また船渠会社の創設などが相次いだ。「浦賀船渠株式会社」もそのひとつで、明治30年(1897)に設立登記された。主唱者は、初代社長になった塚原周造ほかで、当時農商大臣であった榎本武揚も名を連ねていた。
　「浦賀工場」は、神奈川県三浦郡浦賀町大字谷戸(現・横須賀市浦賀町4)の地に建設を開始。船渠の構築はじめ工場の建設、港湾の浚渫などを進め、明治33年(1900)に開業した。
　浦賀港は外洋に面しているが、波が静かで船舶の停泊には適しているものの、横浜港から遠く、通常の修理工事を施工するには不便であった。そのうえ、近くの浦賀町大字川間(現・横須賀市西浦賀町4)に、明治32年(1899)開業した、株式会社東京石川島造船所(現・石川島播磨重工業株式会社の前身)の浦賀分工場との間に、激しい受注競争を余儀なくされるといった、多難の幕開けであった。結局、共倒れを回避するため両者で話し合った結果、浦賀分工場は、35年(1902)浦賀船

渠に買収され、同社の「川間分工場」となった。以降、浦賀本工場とともに造船所として長い歴史を歩むことになるのである。

浦賀工場が建造した鉄道連絡船は、明治43年(1910)に竣工した舞鶴－宮津間航路(京都府)の客船・第三橋立丸が最初である。次は、少し間を置いて大正9年(1920)竣工の関門航路客船・長水丸、豊山丸の姉妹船であった。

この頃の浦賀工場は、第一次世界大戦(1914〜18)、そして戦後いっとき続いた好景気に対応するため進めてきた造船設備の拡張工事が完成した時期であった。しかし、その直後に始まった深刻な反動不況、さらに追い討ちをかけるように発生した、大正12年(1923)の関東大震災により壊滅的な打撃を被った。この時、浦賀工場内に居合わせたのが、青函航路の翔鳳丸型客載車両渡船の1番船・翔鳳丸と2番船・飛鸞丸の2隻であった。

両船は、前々年浦賀船渠が受注したもので、この日は艤装のため岸壁に繋留されていて、危うく難を逃れたのである。当時の状況を『浦賀船渠六十年史』では、従業員の談として「震災当日は午前8時ごろ雨の中で駆逐艦早蕨の進水式をやった。第1船渠の中には駆逐艦早苗が入っていたが、昼から連絡船飛鸞丸をいれる予定で、昼飯も食べずに駆逐艦を出したので、震災の時は船渠の中には1隻も船はいなかった。船渠と船台は被害が少なかったが、工場は木造であったため、倒壊または焼失したものが多く……(後略)」と伝えている(210ページ)。

工事は大幅に遅れ、とくに飛鸞丸は、輸入したばかりの同船用のタービン減速ギヤーが、横浜港で「はしけ」もろとも沈没するなどのアクシデントがあり、その復旧に手間どり、2番船でありながら、完成したのは同型4船のうちの最後であった(3・4番船は三菱・長崎造船所建造)。しかし、就航後の成績が良好であったことが評価され、その後数多くの青函連絡船を受注する要因となったのである。

一方、工場の復旧がほぼ完了したのは、翌13年(1924)であった。

昭和12年(1937)、青函航路の車両渡船・第三青函丸を、つづいて14年(1939)、第四青函丸を受注した。

明33.1
浦賀船渠(株)・浦賀工場
　明43　S.66 第三橋立丸
　大9　S.180 長水丸、S.181 豊山丸
　大13　S.200 翔鳳丸、S.201 飛鸞丸
昭18.9　昭14　S.442 第三青函丸、S.488 第四青函丸
浦賀船渠(株)・浦賀造船所
　昭18　S.535 第五青函丸、S.536 第六青函丸、
　　　　S.537 第七青函丸、S.538 第八青函丸、
　　　　S.539 第九青函丸、S.540 第十青函丸
　昭20　S.546 第十一青函丸、
　　　　S.547 第十二青函丸
　昭23　S.548 北見丸　、S.549 日高丸I
　昭23　S.550 摩周丸I
　昭30　S.686 空知丸I
昭37.11
浦賀重工業(株)・浦賀造船所
　昭39　S.846 津軽丸II
　昭41　S.885 十和田丸II
昭44.6
住友重機械工業(株)・浦賀造船所
平8.4
住友重機械工業(株)・浦賀艦船工場
平15.3
浦賀艦船工場閉鎖

浦賀造船所で建造中の第三青函丸。昭和14年3月

　その頃青函航路では、翔鳳丸型は片道運航時間が4時間30分で1日2往復が可能であったが、第一青函丸型車両渡船は6時間もかかり、1日1往復半がやっとであった。そのため国鉄では将来を見越し、1日2往復可能な車両渡船を2隻建造することになったのである。

　第三青函丸は昭和14年(1939)竣工した。就航後の実績により、さらに凌波性を良くするため、第四青函丸は船首を3.2m延長し、長さを113.2mとした。この長さ(垂線間長)113.20mは、幅(型幅)15.85mとともに、その後昭和30年(1955)に檜山丸I型車両渡船が出現するまで、すべての青函連絡船に踏襲された。

　第四青函丸は昭和18年(1943)に竣工した。

　この年の秋、浦賀工場は改称して「浦賀船渠株式会社・浦賀造船所」となった。太平洋戦争(1941～45)中、建造を認められた鉄道連絡船は、当初青函航路の車両渡船の「W型戦時標準船」のみであったが、浦賀造船所はこの型の建造を一手に引き受けたのである(112ページ参照)。

　W型船は、船体寸法こそ第四青函丸と同じであるが、性能は度外視され、すべてを簡易化された極めて低質船にならざるを得なかった。

　同型船は、昭和18年(1943)6月に起工した1番船・第五青函丸から、20年(1945)8月の終戦までに7隻進水し、うち6隻が竣工した。7船目の第十一青函丸は、終戦日の翌日第1回の海上試運転を行い、9月に竣工。また8番船・第十二青函丸は、終戦後進水し、翌21年(1946)国鉄に引き渡された。

　つづいて青函航路のW型車両渡船改良型・北見丸と洞爺丸型車載客船の3番船・摩周丸Iを昭和21年(1946)に、また北見丸の姉妹船・日高丸Iを翌22年(1947)に

受注した。これらは先に連合軍総司令部（GHQ）が建造を許可した、17隻のうちの3隻であった（109ページ参照）。いずれも23年（1948）に竣工し、引き渡された。

また、昭和29年（1954）に青函航路で発生した「洞爺丸事件」で、沈没した車両渡船の代船として計画された檜山丸Ⅰ型車両渡船2隻のうちの1隻・空知丸Ⅰを30年（1955）に受注し、同年竣工させている（109ページ参照）。

この頃会社は、大型船台の建設などの近代化投資に多額の資金を必要としていたが、調達のメドがたたず、資金繰りにも事欠く状況になっていた。それにもかかわらず、昭和37年（1962）表面上は晴れやかに、玉島ディーゼル工業株式会社と合併し、「浦賀重工業株式会社」を誕生させたのである。

その後も紆余曲折はあったが、住友機械工業株式会社の支援をうけ、経営合理化を推進した結果、ようやく業績が好転した。

この間、昭和37年（1962）に青函航路の津軽丸Ⅱ型客載車両渡船の1番船・津軽丸Ⅱを、また40年（1965）同7番船・十和田丸Ⅱを受注しており、それぞれ39年（1964）と41年（1966）に竣工させた。これが浦賀造船所における鉄道連絡船建造の最後であった。

昭和44年（1969）、住友機械工業株式会社と合併し「住友重機械工業株式会社」となった。

わが国の新造船建造量は、昭和50年（1975）には最高を記録したが、第4次中東戦争（1973～74）後に続いた造船不況により、63年（1988）には最低となった。その後、回復に向かったものの、徐々に台頭してきた後発国の、激しい安値攻勢にさらされることになった。造船界はこれに対抗するため、これまでになかった形態の業界再編が行われたのである。

その一環として、住友重機械工業は、平成7年（1995）石川島播磨重工業との共同出資で、護衛艦の設計などを一本化したエンジニアリング会社「株式会社マリンユナイテッド」（MU）を設立した。MUは、平成14年（2002）石川島播磨重工業の船舶海洋部門を統合し、「株式会社アイ・エッチ・アイ　マリンユナイテッド（IHIMU）」となった。

その結果、住友重機械工業の艦艇事業は、IHIMU横浜工場（横浜市磯子区新杉田町）に、また商船事業は、昭和47年（1972）に完成した住友重機械工業・追浜造船所（横須賀市夏島町の現・横須賀造船所）に集約された。そのため「浦賀艦船工場」は出番を失い、閉鎖されることになったのである。平成15年（2003）であった。

なお、前掲の「浦賀艦船工場」の呼称は、平成8年（1996）、「浦賀造船所」から変更した工場名である。

＊

これより先、浦賀で建造された青函連絡船のうち、第五青函丸などＷ型戦時標準船と十和田丸Ⅱを進水させた「川間工場」は、昭和53年（1978）新造船事業から撤退し、橋梁機械鉄構の専門工場になったが、これも59年（1984）に追浜造船所に

④ 鉄道連絡船の主な建造所

集約されてしまった。跡地の一部に「シティマリーナ・ヴェラシス(帆の楽園)」と名づけられたマリーナが誕生している。

⑧ 川崎造船・神戸工場

「川崎造船所」を創設したのは、薩摩出身の川崎正蔵である。正蔵は、明治維新以来次々と来航する外国艦船の威容を目のあたりにし、また和船による自らの体験を踏まえ、今後の海運には西洋型船が不可欠であり、そのためには「外国造船所の手を借りずに西洋型船を建造することがわが国に尽くす道である」との思いを募らせてきた。彼は政府に対し、船舶の改良、造船業の奨励、500石積以上の大和型和船製造の禁止等を献策するとともに、自らの造船所建設の支援を要請した。これが正蔵の切望した造船所の建設、ならびにその後も長く続いた政府、とくに海軍の手厚い支援のきっかけとなったのである。その頃の彼は、政府系の船会社、日本国郵便蒸気船会社の副頭取や、大蔵省ご用命などを歴任し、意見を具申しやすい地位にあったとはいえ、説得に成功した要因は、時宜を得たものであったことに加え、これまで培われてきた人脈が大きな力になったものと思われる。

明治11年(1878)、東京府京橋区南飯田町13の官有地(現・東京都中央区築地7)を借用し、ここに初めて「川崎築地造船所」を設立した。続いて14年(1881)には兵庫県摂津国神戸区兵庫東出町の官有地(現・神戸市中央区東川崎町2に編入)に「川崎兵庫造船所」を開設し、東西呼応し

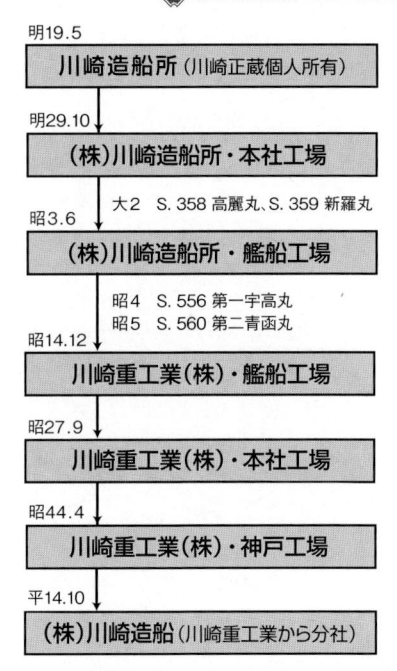

```
明19.5
  ↓
川崎造船所 (川崎正蔵個人所有)
  ↓ 明29.10
(株)川崎造船所・本社工場
  ↓ 昭3.6   大2  S.358 高麗丸、S.359 新羅丸
(株)川崎造船所・艦船工場
  ↓ 昭4  S.556 第一宇高丸
    昭5  S.560 第二青函丸
  ↓ 昭14.12
川崎重工業(株)・艦船工場
  ↓ 昭27.9
川崎重工業(株)・本社工場
  ↓ 昭44.4
川崎重工業(株)・神戸工場
  ↓ 平14.10
(株)川崎造船 (川崎重工業から分社)
```

て造船業に進出したのである。官有地はいずれも海軍省用地であった。

わが国海運界は、西南の役(明治10年[1877])の終わる頃より次第に活発化し、これに伴い船舶修繕工事が増える趨勢にあった。当時神戸区東川崎町(現・神戸市中央区東川崎町2)にあった工部省の「兵庫造船局」は、これに対応するため、恒久的な船架や船台を多数建設しつつあった。しかし、政府の方針が"官営事業払い下げ"になったため、明治19年(1886)正蔵は政府に出願して、完成したばかりの諸設備を含め「兵庫造船局(当時兵庫造船所と改称)」の土地、工場、設備一切を借用。それとともに築地、兵庫両造船所をこの場所に移設統合し、社名を「川崎造船所」に改めた。さらに明治20年(1887)、「兵庫造船所」の払い下げをうけ、

121

川崎造船所・神戸工場の第二青函丸。昭和5年

ここに「川崎造船所」の基盤が確立したのである。なお、工部省の「兵庫造船所」と「川崎兵庫造船所」は、その頃神戸と兵庫の地区境を流れていた湊川尻をはさんで、それぞれ東岸と西岸に位置していた。

　明治29年(1896)、川崎正蔵個人の組織を変更して「株式会社川崎造船所」となった。正蔵は顧問役に退いたが、その影響力は衰えることはなかった。工場ならびに諸設備は三菱・長崎造船所に次ぐほどになっていたが、明治40年代には戦艦など大型艦艇を受注し、その建造のために船台はじめ巨大なガントリークレーンの新設等、設備の大拡張工事に着手した。

　同社が鉄道連絡船を受注したのはこの頃で、関釜航路の客貨船・高麗丸、新羅丸の2隻が最初である。両船は、国鉄にとっても関釜航路初の新造船であり、大正2年(1913)に引き渡された。

　第一次世界大戦(1914～18)後の造船界は深刻な不況に襲われていた。川崎造船所は、主力取引銀行の休業によって倒産の瀬戸際に立たされながらも、海軍の支援による切れ目のない軍艦の建造、そしてストック・ボートと呼ばれる多数の自社船等の建造を続けた。本格的な回復徴候を見せはじめたのは、昭和10年(1935)になってからである。その間人員整理に起因する大規模な労働争議にも耐えなければならなかった。そんな中にあって、大正8年(1919)わが国で初めて＜8時間労働制＞を導入している。それまでは10時間制であった。

　川崎造船所は、創業以来船舶の建造は神戸の「本社工場」で行われてきたが、昭和3年(1928)この工場名を「艦船工場」に変更した。

　翌4年(1929)に宇高航路の車両渡船・第一宇高丸を、5年(1930)に青函航路の車両渡船・第二青函丸を相次いで建造したが、これが同社における鉄道連絡船建造の最後であった。

④ 鉄道連絡船の主な建造所

昭和14年(1939)、社名を「川崎重工業株式会社」に変更。艦船工場は「川崎重工業株式会社・艦船工場」となった。

昭和20年(1945)、太平洋戦争(1941～45)の敗色は濃厚となり、神戸も2度にわたるB-29爆撃機大群の爆撃により焼土と化した。重要軍需工場と目されていた艦船工場は、その存続さえ危ぶまれるまで徹底的に破壊された。さらに敗戦後の苦難にも耐え、前途にほの明るさを取り戻したのは24年(1949)に入ってからであった。

昭和27年(1952)、「艦船工場」は改称し、再び「本社工場」となった。

昭和37年(1962)、激しい戦禍にも生きのび、かつ長年造船の町のシンボルとして神戸市民に親しまれてきたガントリークレーンが、建造方式の変化に伴いその姿を消した。

昭和44年(1969)、「本社工場」は「神戸工場」と改称した。

神戸工場は、第4次中東戦争(1973～74)後に続いた不況により昭和61年(1986)から、また阪神大震災により平成7年(1995)から、商船建造を一時休止した時期があった。その間の建造は、昭和42年(1967)に建設された同社の坂出工場(香川県坂出市川崎町)でつづけられた。平成13年(2001)、造船界再編成の一環として、石川島重工業株式会社との間で造船事業の統合を発表したが、出資比率などで食い違いが生じ、わずか5カ月で白紙撤回となった。

結局、翌14年(2002)、船舶部門が分社させられ単独運営の新会社「株式会社川崎造船」の誕生となったのである。

現在、「川崎重工業・神戸工場」は主機等の機械類の製造を行っており、「川崎造船・神戸工場」はその敷地内で操業している。

川崎正蔵が夢を実現させて以来、常に事業の中核となって会社の発展に貢献してきた神戸工場120年目の現実である。

⑨ 播磨(はりま)造船・相生(あいおい)工場

兵庫県の西部に位置し、播磨灘を望む相生湾は水深6～8m。陸地に深く切れ込み、背後を小高い山々に囲まれた天然の良港である。古来、瀬戸内海航路の避難港ともなっていた。

この湾の西岸、兵庫県赤穂郡相生村(あう)(現・相生市相生(あいおい)5292)が「播磨造船所」発祥の地である。村長唐端清太郎を中心とした村民が「この寒村を西の神戸にする」との意気に燃え、湾の一角に船渠を掘って船舶修繕業を始めようとした。日清戦役(1894～95)から日露戦役(1904～05)後にかけて、盛んになった企業熱に後押しされたものと思われる。

明治40年(1907)「播磨船渠株式会社」を設立登記したが、船渠完成目前の42年(1909)、渠口が崩壊したため事業は頓挫し、会社は解散してしまった。前途の波乱を暗示させるような第一幕であった。

この事業に最初から関係していた高橋為久は、放置された船渠を見るに忍びず、再建に奔走した結果、明治44年(1911)旧会社から事業一切を譲り受け、「播磨船

渠合名会社」を設立登記した。

　明治45年（1912）に船渠が完成し、船舶修繕業を開始したが、経営基盤をさらに強化するため、この年数社の船会社と結び「播磨造船株式会社」を設立し、播磨船渠合名会社の事業を継承、ようやく修繕工場としての形態を整えたのである。しかし、事業の経営は、不況を反映し次第に困難となっていった。大正3年（1914）、第一次世界大戦が勃発したが、新情勢に対応するための積極性に欠き、せっかくのチャンスを生かすことができなかった。

　その頃神戸の新興財閥・合名会社鈴木商店は、大戦勃発による世界的な船舶不足に対応するため、造船事業の必要性を痛感し、既設造船所の買収をすすめていた。その一環として、経営不振に悩む播磨造船株式会社を買収し、大正5年（1916）「株式会社播磨造船所」として発足させた。

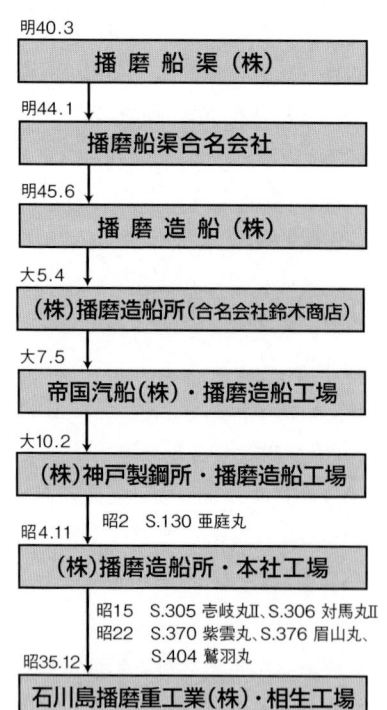

　鈴木商店は、播磨造船所の新造船事業を拡大するため、広大な海面の埋め立て、大小5基の船台の建設等を行い面目を一新させた。これら鈴木商店がこの地に投じた資本による諸設備は、以後の播磨造船所を築く基礎となったのである。

　大正7年（1918）、鈴木商店は戦後の反動を予測し、組織の改変を行った。その結果、播磨造船所は同系列の帝国汽船株式会社と合併し、名称を「帝国汽船株式会社・播磨造船工場」となったが、10年（1921）になり、帝国汽船から分離し、再び同じ系列の株式会社神戸製鋼所と合併して「株式会社神戸製鋼所・播磨造船工場」となった。

　播磨造船所は、大正5年（1916）鈴木商店の傘下にはいったが、営業権は同店にあったため、実質上は鈴木商店の一工場にすぎず、その後もこの状態が続いた。

　しかし、大正8年（1919）前後に最盛期を迎えた鈴木商店であったが、その後一転して資金調達に窮し経営は破綻に向かった。その後処理（あとしょり）に追われるようになった神戸製鋼所は、事業の性質が異なり、かつ規模の大きい造船所を一工場として経営しつづけることは適当でないとの見地から、これを切り離すことにしたのである。播磨造船所は、神戸製鋼所から一切の事業を継承し、昭和4年（1929）、新しい「株式会社播磨造船所」として再生。ようやく造船所としての独自性が発揮できる環境となったのである。

```
明40.3
┌─────────────────────┐
│   播 磨 船 渠 （株）    │
└─────────────────────┘
明44.1 ↓
┌─────────────────────┐
│   播磨船渠合名会社      │
└─────────────────────┘
明45.6 ↓
┌─────────────────────┐
│   播 磨 造 船 （株）    │
└─────────────────────┘
大5.4 ↓
┌─────────────────────┐
│ （株）播磨造船所（合名会社鈴木商店）│
└─────────────────────┘
大7.5 ↓
┌─────────────────────┐
│ 帝国汽船（株）・播磨造船工場 │
└─────────────────────┘
大10.2 ↓
┌─────────────────────┐
│ （株）神戸製鋼所・播磨造船工場│
└─────────────────────┘
昭4.11 ↓     昭2  S.130 亜庭丸
┌─────────────────────┐
│ （株）播磨造船所・本社工場  │
└─────────────────────┘
             昭15 S.305 壱岐丸Ⅱ, S.306 対馬丸Ⅱ
             昭22 S.370 紫雲丸, S.376 眉山丸、
                  S.404 鷲羽丸
昭35.12 ↓
┌─────────────────────┐
│ 石川島播磨重工業（株）・相生工場│
└─────────────────────┘
```

昭和6年(1931)に勃発した満州事変により、造船界はようやく立ち直りをみせはじめた。播磨造船所も積極的に設備の拡大に努め、船渠、船台等の拡張、新設工事を相次いで完成させた。

　播磨造船所が、初めて国鉄から鉄道連絡船を受注したのは大正15年(1926)。稚泊(はく)航路の砕氷客貨船・亜庭(あにわ)丸である。神戸製鋼所時代はこの1隻のみであったが、新会社になってからは、昭和14年(1939)、関釜航路の貨物船・壱岐丸Ⅱ、対馬丸Ⅱの姉妹船を、また昭和21〜22年(1946〜47)、宇高航路の車載客船・紫雲丸、眉山(びさん)丸、鷲羽(わしう)丸の3姉妹船を受注している。紫雲丸型は、先に連合軍総指令部(GHQ)が建造を許可した鉄道連絡用船舶17隻のうちの3隻である(109ページ参照)。建造はいずれも相生の本社工場で行われた。

播磨造船所で進水する紫雲丸。昭和22年3月10日

　昭和30年(1955)以降の造船界は、船舶の大型化、専用船化に伴い、企業間の競争が内外ともに激しさを増していた。そのため、競争力強化のため企業間の合併や提携が積極的に進められた。

　この頃、播磨造船所は経営基盤の強化が強く求められていた。一方、東京都江東区豊洲2に主力造船工場を持つ石川島重工業株式会社(旧・株式会社東京石川島造船所が改称)は、造船所の敷地が狭い上に、工場に通じる航路に橋が架けられるなどのため、将来とも大型船の建造は困難な状況になっていた。また主機メーカーとしてもタービン汽機のみで、ディーゼル部門を必要としていた。

　播磨造船所はこれらの要件を満たしていることから、両社の思惑が一致し、昭和35年(1960)合併して「石川島播磨重工業株式会社」の設立となったのである。これに伴い相生工場は、造船部門が「相生第1工場」、造機部門が「相生第2工場」となった。

平成2年(1990)同工場の船舶部門が分離し、「株式会社アイ・エッチ・アイ・アムテック(AMTEC)」となったが、現在は、14年(2002)に石川島播磨重工業から分社した「株式会社アイ・エッチ・アイ　マリンユナイテッド(IHIMU)」の傘下に入っている(120ページ参照)。

＊

相生における鉄道連絡船の建造は、昭和23年(1948)竣工の鷲羽丸で終わった。

石川島播磨重工業になってから、鉄道連絡船の受注は遠のいていたが、62年(1987)になり、同社の呉第一工場(現・IHIMU呉工場、広島県呉市昭和町2)の巨大な第2建造ドックから、国鉄最後の新造船となった宮島航路の旅客フェリー・ななうら丸Ⅱが誕生した。同ドックの許可建造能力は114,000総tで、ななうら丸Ⅱの大きさは196総tであった。

⑩函館船渠・函館造船所
　　　はこだてせんきょ　はこだて

箱館(函館)港は、「日米和親条約(神奈川条約)」により、薪水食料の補給港として、安政2年(1855)に下田とともに開港した天然の良港である。さらに同6年(1859)には長崎、神奈川(現・横浜)とともに国際貿易港となり、寄港する船舶の数も増えつづけた。しかし、入渠を含めこれら船舶を修理する設備は皆無に等しかった。西洋型船の船底掃除には、港内で船体を傾斜させ、反対舷の水線付近を露出させて行っていたが、風向きが急変し転覆することさえあった。そのため、当地では古くから本格的な船舶修理設備の必要性が論議されていた。

明治29年(1896)になり、ようやく待望の会社「函館船渠株式会社」の設立認可がおりたものの、会社としての実態は未だ何もなかった。そこで函館区真砂町(現・函館市大手町)にあった「函館造船所」を買収し、船渠会社の分工場として、同所において一部営業を開始した。この「函館造船所」は、かねて修理設備の必要性を痛感していた函館財界人の有志が、機械製造修理ならびに船舶の建造修理業を目的として開設した会社である。明治14年(1881)の開設当初は「函館製鉄器械製造所」と称していたが、24年(1891)に社名を変更して「函館造船所」となったのである。一方、函館船渠は、設立認可取得後、江戸幕府が黒船来襲に備えて築いた弁天崎砲台沖の海面(現・函館市弁天町20)を埋め立てるとともに船渠の掘削を開始した。完成したのは設立認可を取得した6年後の明治35年(1902)であった。

函館船渠は、創設以来船舶修繕を主業としてきたため、好況時代にも新造船に対する設備や工場の拡張は、常に最小限にとどめていた。新造船の多くは(小型船ではあったが)船架の両側で建造し、これを船架に横移動してから進水させる工法をとった。そのため第一次世界大戦(1914～18)後の不況時にも、その打撃を比較的軽くすることができたのである。"己れを知る先人の知恵"だったのだろうか。

鉄道連絡船との関わりは長く、会社は、青函連絡船の運航確保のためには欠くことのできない存在であった。各船が毎年

函館ドックで建造中の渡島丸Ⅱの船底ブロック。昭和44年

1度は行う中間入渠工事(船底掃除)を独占受注していたが、新造は大正15年(1926)に1隻だけ受注建造している。青函連絡船ではなく、関森航路の第三関門丸型車両渡船の3番船・第五関門丸であった。

下って昭和26年(1951)、社名を「函館ドック株式会社」に変更した。

昭和38年(1963)、青函航路の津軽丸Ⅱ型客載車両渡船の3番船・松前丸Ⅱを受注した。38年ぶりの連絡船新造であった。つづいて43年(1968)、同航路の大型車両渡船の1番船・渡島丸Ⅱを受注。両船はそれぞれ39年(1964)と44年(1969)に竣工した。これら津軽丸Ⅱ型および渡島丸Ⅱ型新鋭船は1年間のロングランが可能となり、その出現は、長年独占受注していた旧型船の中間入渠工事が、44年(1969)をもって廃止されるといった皮肉な結果となった。

翌年、会社は船舶大型化時代に対応するため、北側海面を埋め立て、161,000総トン級の建造ドックを含む新鋭工場の建設を開始し、昭和49年(1974)に竣工させた。しかし、建設を開始した頃には、すでに先発造船所の新大型専門工場が続々と完成し、稼働を開始していたのである。浮沈の激しい造船界において10年の遅れは致命的であった。不運にも、建造ドックの竣工と、オイルショックの発端となった第4次中東戦争(1973〜74)の終結時期が重なってしまったのであった。ドックスケジュールを埋めつくしていた大型船の建造予定は次々とキャンセルされ、ドックスケジュール(ドック使用計画表)から消えていった。

```
明29.11
  │
┌─────────────────┐
│  函 館 船 渠 (株)  │
└─────────────────┘
  │     大15  S.75 第五関門丸
昭26.8
  │
┌─────────────────────────┐
│ 函館ドック(株)・函館造船所 │
└─────────────────────────┘
  │     昭39  S.347 松前丸Ⅱ
  │     昭44  S.430 渡島丸Ⅱ、S.628 空知丸Ⅱ
昭59.12
  │
┌─────────────────────────┐
│ 函館どっく(株)・函館造船所 │
└─────────────────────────┘
```

建造ドック竣工と同じ49年(1974)に受注した渡島丸Ⅱ型車両渡船の4番船・空知丸Ⅱ(4,132総t)は、このドックで建造された。鉄道連絡船の『ドック建造』第1号であるが、会社としても想定外の成り行きであったものと思われる。

函館ドックは、負債の軽減を計るため、「特定船舶製造業安定事業協会」に対し、建設した大型設備一切の売却を申請。昭和54年(1979)に承認され、その買上げ第1号となった。協会は、前年政府と造船界が共同出資して設立された認可法人(昭和53年[1978].法律第103号)である。

しかし、事態は好転せず、ついに営業のすべてを他社に譲渡せざるを得なくなった。昭和59年(1984)、社名を「南北海道興産株式会社」に変え、所有する工場施設の賃貸、ならびに棚上げ負債の返済をする不動産リース業に転換したのであった。

ドックの営業権は、その2カ月前設立された別会社(M.社)に譲渡されていた。そして「函館ドック株式会社」の名が消えたその日、その別会社は商号を「函館どっく株式会社」と改め、ドック会社の全従業員を移籍し、造船業、建設業の実業務を開始したのである。

それから4年。長年支えあってきた一方の青函連絡船たちは、昭和63年(1988)の航路廃止により函館港から去っていった。他方、函館ドックの流れをくむ「南北海道興産株式会社」もまた、平成11年(1999)にすべての負債を清算し終わって解散した。

【主な参考文献】
『日本近世造船史・明治時代』造船協会[原書房、復刻版](昭48)
『写真集／日本軍艦史　1.明治編』世界の艦船 NO.229、海人社(昭51)
『地図で見る百年前の日本』上野明雄／小学館(平10)
『長崎製鉄所／日本近代工業の創始』楠本寿一／中央公論社(平4)
『創業百年の長崎造船所』三菱造船(昭32)
『日本近世造船史・大正時代』造船協会[原書房、復刻版](昭48)
『昭和造船史・第1巻』日本造船学会、原書房(昭52)
『昭和造船史・第2巻』日本造船学会、原書房(昭48)
『私の戦後海運造船史』米田博／船舶技術協会(昭58)
『三菱神戸造船所七十五年史』三菱重工業・神戸造船所(昭56)
『角川日本地名大辞典・28.兵庫県』角川書店(昭63)
『新造船写真史』三菱重工業・横浜造船所(昭56)
『横浜港史・各論編』横浜港湾企画課(平元)
『三菱重工横浜製作所百年史』三菱重工横浜製作所(平4)
『角川日本地名大辞典・14.神奈川県』角川書店(昭59)
『日本鉄道連絡船史』山本煕／交通協力会(昭23)
『日立造船株式会社七十年史』日立造船(昭31)
『日立造船―90周年を迎えて』日立造船(昭46)
『船舶経歴書』日立造船(昭47、58)
『角川日本地名大辞典・27.大阪府』角川書店(昭58)
『浦賀船渠六十年史』浦賀船渠(昭32)
『浦賀・追浜百年の航跡 1897-1997』浦賀重工業横須賀造船所(平9)
『日本の造船所』世界の艦船 NO.651、海人社(平17)
『会社四季報 2003年第4集』東洋経済新報社(平15)
『車両航送』山本煕／日本鉄道技術協会(昭35)
『思い出の連絡船』篠田寅太郎／篠田米子自費出版(平5)
『神戸市史　本編　各説』神戸市役所(昭12)
『川崎造船所四十年史』川崎造船所(昭11)
『川崎重工業株式会社社史』川崎重工業(昭34)
『川崎重工業株式会社百年史 1896-1996』川崎重工業(平9)
『本土防空作戦／丸スペシャル109』潮書房(昭61)
『播磨造船所50年史』播磨造船所(昭35)
『SHIPBUILDING AND MARINE ENGINEERING IN JAPAN』Japan Ship Exporters' Association (1978)
『角川日本地名大辞典・1. 北海道(上、下)』角川書店(昭62)
『造船不況』鎌田慧／岩波書店(平5)
「朝日新聞」(昭60,61、平8,9,12,13)、「読売新聞」(平11,13,15)、「神戸又新」(明19)

【資料提供者】(記述順、敬称略)
茅ケ崎市立図書館、神奈川県立川崎図書館社史室、三菱重工・神戸造船所総務課、三菱重工・下関造船所総務勤労課、大阪市市民局市民部区政課、住友重機械工業・IR広報室、東京都中央区立京橋図書館地域資料室、兵庫県立図書館調査相談課、川崎重工業・神戸工場、石川島播磨重工業・本社広報室、IHIマリンユナイテッド・呉工場総務課、IHIアムテック・営業課、函館市総務部市史編さん室、
北山栄雄、池田嬉進

鉄道連絡船
華やかなりし頃の情景

海峡の女王(クイーン)として君臨していた
昭和20〜30年代、青函・宇高航路の
連絡船を活気あふれる写真で振りかえる。

青函航路

青函航路、函館港での見送り光景。昭和28年4月

青函航路の摩周丸Ⅰの出港。函館港にて。昭和32年頃／提供：国鉄広報部

◀P129
函館桟橋に停泊中の洞爺丸・羅針船橋上から羊蹄丸Ⅰを望む／写真：古川達郎

青函航路、函館港での羊蹄丸Ⅰ出港。昭和27年8月／写真：古川達郎

黒煙をなびかせて函館港を出航する摩周丸Ⅰ。昭和28年4月

青函航路、函館港での摩周丸Ⅰ。昭和28年4月

青函航路、摩周丸Ⅰ。昭和28年4月

空知丸Ⅰ。函館の有川桟橋出港時の船尾扉。昭和30年

大雪丸Ⅰと綱取艇「たけかぜ」。昭和31年

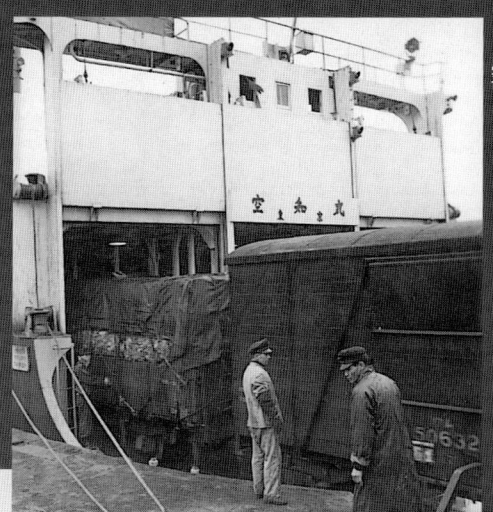

空知丸Ⅰ。昭和30年

檜山丸Ⅰのレーダーマスト。昭和30年

青函航路、檜山丸Ⅰ甲板より函館山を望む。昭和30年

青森桟橋で乗船を待つ人々。昭和30年

函館桟橋着の羊蹄丸Ⅰから上船する乗客。昭和30年

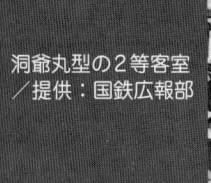

青森桟橋の3等待合室。昭和30年

洞爺丸型の2等客室／提供：国鉄広報部

摩周丸Ⅰの2等客室。昭和30年

羊蹄丸Ⅰの食堂。昭和30年

羊蹄丸Ⅰの事務長、船長、機関長。昭和30年

羊蹄丸Ⅰの1等客室。昭和30年

羊蹄丸Ⅰの1等客室での救命胴衣装着の練習。昭和30年

檜山丸Ⅰのヒーリング・ポンプ室。昭和30年

檜山丸Ⅰの甲板。昭和30年

檜山丸Ⅰの機関室。昭和30年

檜山丸Ⅰの機関室。昭和30年

檜山丸Ⅰのボート・デッキ。昭和30年

宇高航路

宇高航路、紫雲丸型の乗船光景。
昭和25年10月

紫雲丸型の3等客室。昭和23年頃／提供：古川達郎

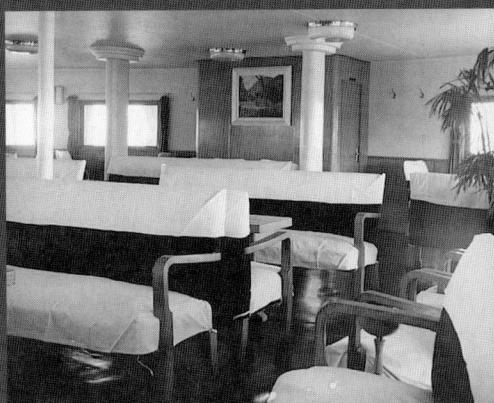

紫雲丸型の2等客室。昭和23年頃／提供：古川達郎

讃岐丸Ⅰの2等客室。昭和36年4月／提供：古川達郎

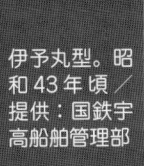

伊予丸型。昭和43年頃／提供：国鉄宇高船舶管理部

所蔵：JTBパブリッシング（特記以外）

5 船舶塗装規程
——国鉄連絡船の制服——

ドレスは、同じデザインでも「色」によって、印象は千変万化となる。人は"色を着ている"ともいえる。船も同じで、外観はそっくりの姉妹船であっても、色の扱い次第で全く別の船のようになるし、船型は異なっても、色の扱いを統一することによって、グループの一員を示す"制服"ともなるのである。

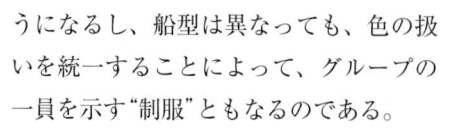

カラー化する以前の国鉄の大型船は、航路を問わず、すべて黒と白の船体と、黄樺色の煙突に、赤の「エ」字マークを付けていた。簡素ではあるが、どこにいても、一目で「鉄道連絡船」と分かる優れた感覚の"制服"であった。

この"制服"を定めたのが明治42年(1909)3月に制定された『鉄道院汽船塗装規程』(達第147号)である。

この規程は、明治39年(1906)から翌40年(1907)にかけて、それまで私鉄が所有していた航路権ならびに船舶が「国有化」され、また41年(1908)2月には、国鉄にとって最初の新造船である青函航路の客船・比羅夫丸(1,480総t、同型船・田村丸)(図5-1)が建造されたのを契機として制定されたものである。

その後、基調に変更はないものの、時々の要求等により、大正11年(1922)3月と昭和12年(1937)5月に改定され、それぞれ『鉄道省汽船塗装規程』(達第197号)、

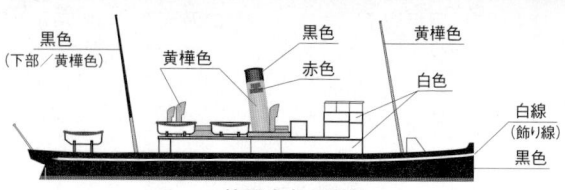

[図5-1] 比羅夫丸の配色
（黒色(下部／黄樺色)、黄樺色、黒色、赤色、黄樺色、白色、白線(飾り線)、黒色）

『船舶塗装規程』(達第494号)となった。前者は、関釜航路の客船・景福丸(3,619総t、同型船・徳寿丸、昌慶丸)、後者は、同航路の客貨船・金剛丸(7,081総t、同型船・興安丸)といった新型船の出現に対応して改定されたものであった。

国鉄連絡船は、この姿で、全期間の約2／3にあたる56年間を走り続けたのである。この間の国鉄連絡船の塗色事情を、塗装規程の改変を追いながら、検証してみたい。

明治期の『鉄道院汽船塗装規程』

以下に『鉄道院汽船塗装規程』(明治42年[1909]3月6日、達147号)を掲げる。

第1条　鉄道院所属汽船ノ塗装ハ本規程ニ依リ施行スヘシ
第2条　船体外舷ハ総噸数五百噸以上ノ船舶ニ在リテハ黒色ニ総噸数五百噸未満ノ船舶ニ在リテハ白色ニ塗装スヘシ
両舷外部ニハ船舶ノ大小ニ拘ハラス外舷ノ塗色ト反対ノ塗色ヲ以テ一線ヲ画スヘシ
但姉妹船ニ在リテハ其一隻ハ淡赤色ヲ以テ画スヘシ
第3条　船首及船尾ニ於ケル船名、船籍港、吃水標及載貨水線記号ハ外舷ノ塗色ト反対

⑤ 船舶塗装規程

ノ塗色ヲ以テ標示スヘシ
船尾稜縁線(ナックルライン)ハ黄色ニ塗装スヘシ
第4条　煙筒ハ支索帯(ステーバンド)以上ヲ黒色ニ以下ヲ黄樺色ニ塗装シ左右両面適当ノ位置ニ赤色ヲ以テ工字ヲ標示スヘシ
第5条　上甲板以上ノ船室、出入口及天窓ノ外側ノ鋼及軟材ノ部分ハ白色ニ堅材ノ部分ハ木地色ニ縁材ハ琥珀色ニ塗装スヘシ
第6条　客室附近ニ在ル通風管ノ外部ハ白色ニ塗装スヘシ
第7条　客室及同附属諸室ノ内部ハ鋼及軟材ノ部分ハ白色ニ堅材ノ部分ハ木地色ニ塗装スヘシ但食堂及談話室ノ内部ハ艶消色ニ塗装スヘシ
上級船員室及同附属諸室ノ内部ハ白色ニ下級船員室及同附属諸室ノ内部ハ黄色ニ塗装スヘシ郵便官署員等ノ船室モ亦之ニ準ス
第8条　客室ノ外部及廊下ノ囲壁ハ白色ニ塗装スヘシ
第9条　機関室囲壁ノ甲板間ニ於ケル外部及汽機室ノ内部ハ白色ニ塗装スヘシ
第10条　本規程ニ規定ナキモノハ適宜塗装スヘシ
附則
第11条　本規程ハ明治42年4月1日ヨリ施行ス
但本規程実施ノ際之ニ抵触セル塗装ヲ施シアル船舶ハ塗換ノ際漸次之ニ適合セシムヘシ

本規程では、商船の外観における色彩の調和に不可欠な、上甲板(じょうこうはん)(註①)以下の船体外舷と、それより上の構造物ならびに煙突の塗色と、船内の塗色について定めた簡潔なものである。条文化するに当たっては、当時、私鉄から移籍した船の現状、とくに最も隻数の多かった山陽鉄道会社船の塗色がベースになったものと考える(表5-1)。

外舷の塗色については、総トン数500tを境に、それ以上の船は黒色に、それ未満の船は白色にするように定めている(第2条)。この500総tの根拠は不明であるが、移籍した船を遠距離航路船と短距離航路船に分けると、前者で総トン数が最小だったのは舞鶴・境間航路の客貨船・阪鶴丸(かくまる)の760総t。後者で最大だったのは中国・四国間航路の客船・児嶋丸(こじままる)型の224総tであることから、その中間をとったのではないかと推測する。阪鶴丸の外舷は、移籍後白色から黒色に塗り替えられた。

この外舷を黒色に塗ることは、連絡船に限らず、その頃の一般商船のほとんどが行っていたことである。船の塗装面積は大きい。船の経費にも影響するので、汚れやすい部分には汚れの目立たない色を、また面積の大きいところには安い色が塗られてきた。黒色が広く用いられたのはこの条件にあったからである。

外舷の黒色と上部構造物の白色が一般化しているなかで、他社と差別化するために重要になってくるのが煙突の配色である。

規程では、煙突は頂部を黒色、それより下部の地色は黄樺色とし、この面に赤の「工」の字を付けるように定めている(第4条)。黒色は排煙による汚れ防止で

[表5-1] 国有化された連絡航路

会社名	買収期日	航路	汽船	はしけ	船員
日本鉄道	明39.11.1	青森―函館	(2)隻	一隻	一人
山陽鉄道	明39.12.1	下関―門司 岡山―三蟠 三蟠―高松 尾道―多度津 宮島―厳島 下関―釜山	12	42	230
阪鶴鉄道	明40.8.1	舞鶴―宮津 舞鶴― 境 舞鶴―小浜	4(1)	21	68

( )内は製造契約済のものを示す

139

ある。「工」の字は、国鉄が発足した当時所属していた工部省の省旗からとったものであるが、船の所属を表すために煙突に付ける社名マーク、いわゆるファンネルマークである。

したがって、地色はこのマークの「赤色」を、鮮明に浮き立たせる色でなければ効果がない。これに選ばれた「黄樺色」とはどのような色だったのだろうか。日本の慣用色名には「樺色」はあるが、「黄樺色」は見当たらない。『日本色彩辞典』(武井邦彦、昭48)によると、「かばいろ」は「蒲(ガマともカバともいう)の穂のような色、および樺の樹皮のような色である。(中略)現在では、赤みのふかい黄赤のような比較的彩度の高い色をいうが、古くは赤みの茶色程度のものをいっている」とある。茶系のかなり鮮やかな色で、このままでは赤色を目立たせることはできない。そのため黄色の領域に近い、黄みのあさい黄赤色を選んで黄樺色と称したものと考える。しかし、それでもまだ各人が思い描く色が一致するとは限らない。色の諧調は連続して変化している。一般に使われている色名は点ではなく、一定の広さを持つ領域を示していることから、黄みのあさい黄赤色といっても無数に存在するからである。

第5条の縁材(壁すそに当たる部分)の「琥珀色」についても同じである。琥珀色は黄みのにぶい黄赤、すなわち琥珀(アンバー UMBER)のような色であるが、琥珀自体にも薄い黄赤、ふかい黄赤、暗い黄赤などがあり、黄樺色に劣らず色調の幅は広い。

現在では、「マンセル」記号(註②)のように科学的に点として表示することができるし、「DICカラーガイド」(註③)のように色数が2千数百種に及ぶような色見本も発行されている。これらを利用することにより、誤差はほとんどなくなり、また塗り替えの際に起きがちな色違いの心配はなくなるが、当時にこれを求めることは不可能である。今となっては、各人の"思い"に委ねるより仕方がないようである。

船内の塗色は、ほとんど白一色であるが、下級船員室および同付属室は黄色となっている(第7条)。現在乗組員の呼称は、法律(『船員法』、昭22.法律第100号)で国家試験の海技免状を取得した者は職員、それ以外は部員と定められているが、当時国鉄では上級船員(後に高級船員)、下級船員(普通船員)と呼ばれていた。階級意識が強く、両者の間には、居住室から船で支給される食事にいたるまで大きな格差があった。室内の塗色もその現れと考えるが、一方、下級船員はボイラーの投炭作業のような汚れ作業が多いので、室内の汚れ防止に、ある程度の効果があったものと思いたい。

大正期の『鉄道省汽船塗装規程』

以下に『鉄道省汽船塗装規程』(大正11年[1922]3月29日、達197号)を掲げる。

第1条　鉄道省所属汽船(発動機船ヲ含ム)ノ塗装ハ本規程ニ依リ施行スヘシ
第2条　船体ノ外舷ハ左ノ区別ニ依リ塗装

スヘシ
　1　総噸数五百噸以上ノ汽船ハ黒色
　1　総噸数五百噸未満ノ汽船ニ在リテハ旅客ヲ搭載スル連絡船及小蒸気船ハ白色、旅客ヲ搭載セサル連絡船は黒色、其ノ他ニ小蒸気船ハ鼠色
第3条　船首及船尾ニ於ケル船名、船籍港、喫水標示及乾舷標示ヲ有スル船舶ハ其ノ標示ヲ外舷ノ塗色ト反対ナル黒色又ハ白色ニ、鼠色ノ場合ハ白色ヲ以テ標示スヘシ
船尾稜縁線ハ黄樺色ニ塗装スヘシ
　　　　ナックルライン
第4条　煙筒ハ上部ヲ黒色ニ下部ヲ黄樺色ニ塗装シ左右両面ニ別紙図面ニ依リ赤色ヲ以テ工字ヲ標示スヘシ
第5条　前檣、後檣下部及通風管ハ黄樺色ニ、後檣上部ハ黒色ニ塗装スヘシ
第6条　上甲板以上ノ船室、出入口及天窓ノ外部ニシテ鋼及軟材ノ部分ハ白色ニ、堅材ノ部分ハ木地色ニ、縁材ハ琥珀色ニ塗装スヘシ
第7条　客室附近ニアル通風管ノ外部ハ白色ニ、内部ハ空色ニ塗装スヘシ
第8条　客室及附属諸室中鋼及軟材ノ部分ハ内外部共白色ニ、堅材ノ部分ハ木地色ニ塗装スヘシ
船員室、同附属諸室ノ内部ニシテ堅材ノ部分ハ木地色ニ、軟材ノ部分ハ白色ニ、倉庫、灯具室ハ黄色ニ、料理場、洗場ハ白色ニ塗装スヘシ
第9条　本規程ニ規定ナキモノハ適宜塗装スヘシ
　附則
第10条　明治42年3月達第147号鉄道院汽船塗装規程ハ之ヲ廃止ス
第11条　本規程ニ抵触セル塗装ヲ施シアル船舶ハ塗換ノ際漸次之ニ適合セシムヘシ

　大筋では前規程の『鉄道院汽船塗装規程』を踏襲している。主な改定点は、外舷色である。500総t未満の船を連絡船
　　こじょうせん
と小蒸気船に分離した(第2条)。小蒸気船は、主として港内であらゆる雑用をこなす船であるが、旅客送迎用は白色、それ以外はねずみ色となった。また旅客を乗せない連絡船は黒色になったが、これは大正8年(1919)から就航した、わが国初の自航式車両渡船・第一関門丸型(463総t)の出現に対応したものである。
　　　　　かんもん

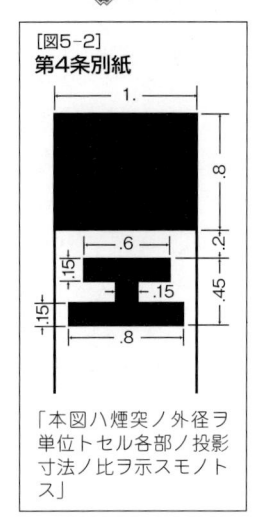

　その他、マストの塗色(第5条)とファンネルマークの「工」の字の寸法比(第4条)が追加されている(図5-2)。

　一方、上甲板の甲板線に添って、船首から船尾にかけて、舷側に引かれた一本の飾り線(前・第2条)と機関室関連の項(前・第9条)が削除された。前規程では、舷側の飾り線の塗色を1番船は外舷色と反対色、すなわち黒色の船には白色、白色の船には黒色に、また2番船には淡赤色にするようになっていた。船名識別に役だたせる斬新な着想であった。しかし景福丸型のように姉妹船が2隻以上になったことにより廃止になった。当時はまだ人工色の多用に慎重な時代であった。

　また、前規程第7条にあった下級船員室内部の黄色は、上級船員室と同じ白色となった(第8条)。大正8年(1919)頃より盛んになった大正デモクラシー運動が影響したものと考える。機関室関連の項が削除された理由は不明である。

[図5-2]
第4条別紙

「本図ハ煙突ノ外径ヲ単位トセル各部ノ投影寸法ノ比ヲ示スモノトス」

昭和期の『船舶塗装規程』

以下に『船舶塗装規程』(昭和12年[1937]5月22日、達第494号、改正、同16年[1941]9月、達591、同25年[1950]7月、総裁達399、同27年[1952]9月総裁達503、同30年[1955]7月、総裁達398)を掲げる。

第1条　日本国有鉄道所属船舶ノ塗装ハ本規程ニ依リ施行スベシ　但シ戦時又ハ事変ニ際シ必要アルトキハ本規程ニ依ラザルコトヲ得
前項但書ノ場合ニ於ケル塗装ニ関シテハ船舶部長之ヲ指示ス
第2条　船体ノ外舷ハ左ノ区別ニ依リ塗装スベシ
1　沿海以上ノ航行区域ヲ有スル船舶ハ黒色トシ旅客船ニ在リテハ其ノ上部ヲ白色ニ塗装スルコトヲ得
1　平水ノ航行区域ヲ有スル旅客船ハ白色トシ貨物船ハ黒色トス　但シ総屯数1,000屯以上ノ旅客船ニ在リテハ前号ニ準ズルモノトス
1　補助汽船ハ鼠色トシ主トシテ送迎ニ従事スルモノニ在リテハ白色トス
第3条　外舷ニ於ケル船名、船籍港名(以上何レモ国字ヲ以テ記入)吃水及乾舷標示ハ外舷ト反対ノ黒色又ハ白色ヲ以テ標示シ鼠色ノ場合ハ白色ヲ以テ標示スベシ
第4条　煙筒ハ上部ヲ黒色ニ下部ヲ黄樺色ニ塗装シ左右両面ニ第1号様式ニ依リ赤色ヲ以テ工字ヲ標示スベシ
第5条　前檣、後檣下部、「デリック」及「クレーン」並ニ通風管ノ外部等ハ黄樺色ニ通風管ノ内部ハ空色ニ後檣上部ハ黒色ニ塗装スルコトヲ得　但シ客室附近ノ「デリック」及「クレーン」、通風管ノ外部ハ白色ニ塗装スルコトヲ得
第6条　上甲板以上ノ船室、出入口、端艇鈎及囲壁内ニアル甲板機械並ニ天窓ノ外部ニシテ鋼及軟材ノ部分ハ白色ニ堅材ノ部分ハ木地色ニ暴露部分ニアル甲板機械、繋船器具及縁材其ノ他汚損シ易キ箇所ハ薄鼠色ニ塗装スベシ　但シ端艇甲板上ニ於ケル天窓並ニ其ノ他ノ構造物ノ囲壁外面ニシテ汚損シ易キ箇所ハ黄樺色ニ塗装スルコトヲ得
第7条　防火扉、防水扉、非常口、救命胴衣並ニ防火装置格納箇所ハ夫々標示シ端艇ハ白色ニ塗装シ何レモ国字ヲ以テ船名ヲ記入スベシ
第8条　船員室、同附属諸室、甲板機室、料理室、流場ノ内部ハ白色ニ小荷物室、郵便室、倉庫、灯具室内部周囲ハ薄鼠色ニ天井ハ白色ニ塗装スベシ
第9条　機関室内部ハ白色ニ塗装スベシ但シ汚損シ易キ箇所ハ薄鼠色ニ塗装スルコトヲ得
第10条　機関室内ノ主機、汽缶、補機類及配管、電線等ニシテ防錆上塗装ヲ要スル場合ハ白色ニ塗装スベシ　但シ汚損シ易キ箇所ハ薄鼠色ニ塗装スベシ
第11条　諸管並ニ電線ハ第2号様式ニ依リ必要ナル箇所ニ塗装ヲ施シ其ノ系統ヲ標示スベシ
前項ノ塗装ハ客室附近ニアリテハ不体裁ニ渉ラザル様注意スベシ
第12条　端艇、汽缶其ノ他ノ番号ハ船首又ハ右舷ヨリ始メ両舷ニ配置アルモノハ成ベク右舷船首左舷船首ノ順ニ記スベシ
第13条　本規程ニ規定ナキモノハ適宜塗装スベシ
附則
大正11年3月達第197号鉄道省汽船塗装規程ハ之ヲ廃止ス

　船舶の大型化に伴い、外部色(第2～6条)、緊急時の標示(第7条)、内部色(第8～10条)、各種識別(第11、12条)と大幅に整理、細分化されたが、塗色の主体は白色と黒色で変わらない。

　外舷色は、これまで500総tを境に分類されていたが、航行区域(註④)、すなわち航路による分類となった(第2条)。当時国鉄が運営していた連絡航路のうち、

5 船舶塗装規程

稚泊、青函、関釜の3航路は沿海区域、宇高、宮島、関門、関森の4航路は平水区域に指定されていた。新外舷色は、平水航路船では1,000総t未満の旅客船は白色。貨物船と1,000総t以上の旅客船は黒色。沿海航路船はすべて黒色と定められた。このうち、旅客船は上部を白色にすることができるようになった。関釜航路の金剛丸などは、船楼の高さの半分の箇所で白黒に塗り分けたので堂々たる風格となった。

なお、この項に現れた補助汽船は、昭和10年(1935)3月小蒸気船が改称になったものである。

ファンネルマークの「工」字の寸法比が、これまで煙突の径が基準であったが、煙突形状の多様化に対応するため、「工」字の長辺が基準となった(第4条、図5-3)。

上甲板より上の暴露部に装備されるボート吊り下ろし装置や繋船機械類および縁材などの汚れやすい箇所は薄ねずみ色になった(第6条)。これにより前規程まであった琥珀色は姿を消した。

また、前回削除された機関室が復活。主機、汽缶などの機械類に、配管、電線を加えて白色とし、汚れやすい箇所は薄ねずみ色となった(第9～10条)。

本規程の大きな特長は、安全標識および諸管・電線系統の表示が追加されたことである。

防火扉、防水扉、非常口、救命胴衣ならびに防火装置格納箇所の標示が条文化された(第7条)。ただ難をいえば、今日ではこれらの標識は、まず形と色で、それが何であるかを知らせ、必要があれば文字を入れるということに主眼をおいているが、当時は「安全色彩」のついての考え方は希薄であった。そのため文字が主体となり、そのほとんどが赤色であり、表示法も各船まちまちであった。その後、昭和28年(1953)に公示された日本工業規格『安全色彩使用通則』(JIS-Z9101)により標示されるように改められた。

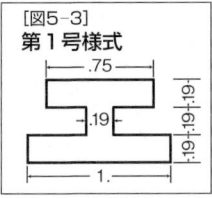

一方、船内は天井、壁、柱等に添って、いたる所にパイプや電線が縦横に走っている。とくに機関室では天井も壁も見えなくなるほどである。これらが、一見して何の管や電線であるかを識別できるよ

[図5-3] 第1号様式

[図5-4] 諸管電線色別図(第2号様式)

諸 管

管種別		塗色別
汽管	蒸　汽　管	─赤─ (150粍)
	排　汽　管	─赤─│─白─│─赤─
	蒸汽疎水管	─赤─│─空色─│─赤─
油管	潤滑油管	─黄樺─
	燃料油管	─黄樺─│─赤─│─黄樺─
水管	海　水　管	─空色─
	清　水　管	─空色─│─白─│─空色─
	湯　水　管	─空色─│─黒─│─空色─
	排水および汚物管	─黒─
気管	高圧空気管	─薄鼠─

電 線

線別	直　流			交　流		
	─100粍─			─100粍─		
動力線	─薄赤─			─緑─		
電灯線	│─薄赤─│─白─│─薄赤─│			│─緑─│─白─│─緑─│		
通信線	│薄赤│白│薄赤│白│薄赤│			│緑│白│緑│白│緑│		

「直流ニ於テ正負ノ区別ヲナス必要アル箇所ニハ正ニ赤色負ニ空色塗装スベシ
交流ニ於テ相ノ区別ヲナス必要アル箇所ニハ赤色、空色、緑色ヲ塗装スベシ」

うにすることは、保安上からも、保守上からも必要不可欠である。連絡船では第2号様式(第11条)による標示(143ページ図5-4)を行ったが、この方式は、『船舶労働安全衛生規則』(運輸省令第53号、昭39)が制定される昭和40年(1965)まで続いた。

＊

　鉄道連絡船は、国有化以降これらの規程に従って塗装されてきた。その間、太平洋戦争(1941～45)中は海軍の指示で船体迷彩が施行されたが、敗戦後、半年余りで戦前の色彩に復帰した。

　余談になるが、昭和20年(1945)10月に米軍が初めて函館に進駐して間もなく、函館駅の一角にR.T.Oが設置された。R.T.Oというのは連合軍総司令部(GHQ)の末端機構で、輸送業務を監督する停車場司令室(Rail Transportation Office)の略である。青函連絡船はその指揮下におかれた。命令は絶対であった。

　前述の戦時迷彩色からの復帰は、その命令であった。当時ペイントメーカーは原料もなく、戦時中のストックで細々とやっていた時代で、希望する色彩のものを入手するにも並大抵ではなかったが、関係者の涙ぐましい努力により、比較的短期間に復帰できたのである。

　このように連絡船の外部色を元に戻すことには功があったが、その反面、司令官が変わるたびに、個人的な好みによって「通風筒の内部は赤にしろ」とか、「腰塗りはもっとハデな色がよい」などの"ご指示"に、塗装規程を無視した塗装も余儀なくされたのであった。

　昭和26年(1951)にはいり、わが国に本格的な色彩調節(Color Conditioning)が導入され、連絡船でも、その後の改造や新造工事に際して、試験的に一部あるいは全部にこれを実施するに至った。また、外舷色についても、昭和28年(1953)に建造された宇高航路の車両渡船・第三宇高丸(1,282総t)が初めて緑色を採用したのを皮切りに次々とカラー化し、ついに『船舶塗装規程』は、昭和40年(1965)3月31日を最後に消滅してしまったのである。

註①：本文における上甲板(Upper Deck)は、船体の主要部を構成する最上層の、全通(船首から船尾まで通しの甲板)またはこれに準じる甲板をいう(33ページ『甲板の名称』参照)。

註②：マンセル記号は、マンセル(A.H.Munsell)が考案した色票配列に基づいた表色系をいう。色相、明度、彩度の三属性によって物体色を表す。赤は5R4／14。

註③：DICカラーガイドは、大日本インキ化学工業株式会社発行の色標。

註④：航行区域は、平水区域、沿海区域、近海区域および遠洋区域の4種に大別されている。航行区域ごとに、その区域を航行する船舶に対して、相応の堪航性ならびに人命の安全を保持し得るよう、その大きさ、速力、構造および設備等の基準が示されている。平水区域とは、湖、川および港内の水域と、地形、面積、海象等の条件を考慮し、湖、川および港内と同様な平穏な水域(省令上で指定)をいう。沿海区域とは、本邦の各海岸から20海里以内の水域をいう(『船舶安全法施行規則』)。

【主な参考文献】
『海事六法(2005年版)』国土交通省海事局、海文堂出版(平17)
『日本鉄道史　中編』鉄道省(大10)
『商船の形態』上野喜一郎／海と空社(昭15)
『日本色彩事典』武井邦彦／笠間書院(昭48)
『色彩芸術論』武井邦彦／光村図書(昭59)
『色の手帖』商学図書、小学館(昭58)
『青函連絡船50年史』国鉄青函鉄道管理局(昭32)
『軍艦の塗装／モデルアート臨時増刊No.561』モデルアート社(平12)
『連絡船物語・その風雪90年』阪田貞之／日本海事広報協会(昭45)
『鉄道終戦処理史』日本国有鉄道外務部(昭32)
『色彩調節』上田武人／技報堂(昭28)

⑥ 青函航路の寝台車航送

青函航路の車両航送船はもともと貨物列車を航送するために計画され、建造されたものである。その後大正15年（1926）8月から、積み替えの手数を省くため、手荷物車と郵便車を併送するようになり、その姿が長くつづいた。

ところが、ひょんなことから客車を航送するハメになったのである。それもお客を乗せたままの1等寝台車を……。

ひょんなこと……それは太平洋戦争の敗戦であった。その結果、国鉄は連合軍の完全な指揮下に置かれてしまった。当時進駐軍の命令は絶対であった。

国内各地への進駐軍輸送が一段落した昭和20年（1945）の暮、連合軍から定期専用旅客列の設定を指令された。専用とは軍専用のことである。東北・北海道方面に対しては昭和21年（1946）2月11日の上野発から第1101列車が上野－青森間に、翌12日の青森発から第1102列車が青森－上野間にそれぞれ運転を開始した。当初これら列車に連結の荷物車「スニ」1両、2等寝台車「マロネ」1両を青函間に航送したい意向であったが、航送できる船がなかった。

戦争中の青函航路は、翔鳳丸型客載車両渡船4隻と青函丸型車両渡船8隻で過酷な戦時輸送に耐えていたが、終戦1カ月前の昭和20年（1945）7月14、15両日にわたる米高速空母機動部隊所属艦載機の攻撃を受け、壊滅したのである。被害は沈没8隻、擱坐炎上2隻、損傷2隻であった。

第1101・1102列車が計画されていた当時、青函航路にいた車両航送船は、損傷したが戦後まで生き延びた第七青函丸、第八青函丸と、終戦直後完成した第十一青函丸の3隻であった。しかし、実情は、第八青函丸は前年11月に青森第1岸壁（当時）で貨車の積みおろし中沈坐。また、第十一青函丸は2月に吹雪に視界を奪われ北海道・葛登志岬付近で座礁し、両船とも未だ復旧工事中で、使える船は第七青函丸のみであった。

その後、間もなく前記列車に代わって常磐・東北・函館線経由で、上野－札幌間に軍用直通列車1往復設定の指令があり、昭和21年（1946）4月下旬から第1201・1202列車（"Yankee Limited"）の運転が開始された。これに伴い青函航路初の寝台車航送がはじまったのである。

当時の状況ならびにその後の寝台車航

青函航路・石狩丸Ⅰの寝台車航送。1等寝台車（前方）および荷物車を積み込み中／『鉄道辞典・上巻』より転載

送をたどってみたい。

進駐軍輸送専用列車連結の寝台車の航送

【開始時期】

新たに設定された列車、軍臨第1201列車（上野－札幌間）および同第1202列車（札幌－上野間）は昭和21年（1946）4月22日運行を開始した。したがって、青函航路での航送開始は4月23日となる。

【利用客】

日本進駐の将兵、軍属、およびその家族。

【航送車種】

列車は7両編成であったが、航送はその内の2等寝台車「ロネ」1両、他に荷物車「マニ」2両である。「ロネ」は早い時期（6月20日現在には）1等寝台車「マイネ38形」または「マイネフ38形」に変更になったようである。

【航送便】

昭和21年（1946）4月23日の時点
（上野－札幌間）
　　93便青森発18：20　函館着22：50
　　54便函館発06：00　青森着12：00

当初上野発着であったが、7月15日札幌発第1202列車、同16日東京発第1201列車から東京発着になり、さらに11月6日から横浜発着に変わった。航送便は次のようになった。

昭和21年（1946）11月6日の時点
（横浜－札幌間）
　　27便青森発18：30　函館着23：00
　　22便函館発05：00　青森着09：40

【使用船舶】

明確な記述はないが次のように推測される。

昭和21年（1946）4月23日の時点
第十一青函丸、第七青函丸

当時両船とも純車両渡船であった。5月15日になり第十二青函丸が、また7月23日に石狩丸Ⅰが就航した。両船とも車両渡船タイプであったが、急遽船楼甲板上の船員室前後に客室を設け、客載車両渡船（通称・デッキハウス船）として竣工した。なお第十一青函丸も9月に同様工事を行い客載となった。しかし、3隻とも就航したとたんに『進駐軍専用船』に指定されてしまったのである。

第十二青函丸、石狩丸Ⅰが就航した時点での使用船舶は第十二青函丸、石狩丸Ⅰ、（第十一青函丸は予備船）。ただし、第十二青函丸が就航した5月15日から、石狩丸Ⅰが就航した7月23日までの間の配船は不明である。

【終了時期】

昭和24年（1949）頃から日本海沿岸に現れた浮遊機雷が、朝鮮戦争（1950～1953）の勃発とともに、急激にその数を増して北上し、昭和26年（1951）5月9日に津軽海峡への流入が確認された。

軍の対応は早かった。直ちに寝台車航送を中止したのである。ただし、荷物車「マニ」2両の航送はそのまま続行された。

進駐軍輸送専用列車以外の寝台車の航送

【開始時期】

国鉄は、前記進駐軍輸送専用列車第1201・1202列車とは別に、寝台車航送を計画。上野－青森間急行第201・202列車、

⑥ 青函航路の寝台車航送

青函連絡船第1・2便および函館－札幌間急行第1・2列車を設定し、昭和23年(1948)12月15日運行を開始した。したがって、青函航路では12月16日の開始となる。

【利用客】

いずれも外国人の、貿易業者、観光客、宣教師、僧侶および教師等で、余席のある場合は日本人も利用できた。

【航送車種】

1等寝台車「マイネ40形」1両（一時特別寝台車と呼称した）。

【航送便】

昭和23年(1948)12月16日の時点
　　1便青森発15：40　函館着20：40
　　2便函館発　7：00　青森着12：10

その後のダイヤ改正で、何度か便名や発着時刻が変更になっている。主なものは下記である。

昭和24年(1949)9月15日改正
　　3便青森発　9：40　函館着14：10
　　4便函館発16：20　青森着21：00

昭和25年(1950)10月1日改正
　　1便青森発　0：40　函館着5：10
　　2便函館発23：50　青森着4：30

【使用船舶】

洞爺丸、羊蹄丸Ⅰ、摩周丸Ⅰ、大雪丸Ⅰ

この洞爺丸型「車載客船」4隻は、設計当初から夜航便の寝台車を航送することを考慮して建造された。東北および奥羽両線からの寝台車各2両、手小荷物車各1両、その他郵便車1両の計7両を船内2条の線路に分けて搭載できるようになっていた。4隻そろったのは4番船の大雪丸Ⅰが就航した昭和23年(1948)11月27日。寝台車航送開始の半月前であった。

【終了時期】

昭和26年(1951)5月9日の浮遊機雷発見により、青函連絡船は夜間運航を停止。そのため寝台車が指定の陸上列車に接続できない状態がつづき、ついに接続列車である急行第201列車「みちのく」および急行第2列車「大雪」は18日の始発から寝台車の連結を打ち切ってしまった。連絡船による寝台車航送の中止は、第2便は18日から、第1便は19日からとなる。

寝台車の航送再開

【開始時期】

対日平和条約発効を目前にした昭和27年(1952)4月1日、進駐軍輸送専用列車が廃止され、この第1201・1202列車を臨時急行旅客列車(特殊列車と称す)として運行を再開。1等寝台車は横浜－札幌間直通として復活した。

青函航路の寝台車航送再開は4月2日となる。なお、これ以外の寝台車航送は行われなかった。

【航送車種】

1等寝台車「マイネフ38形」1両、荷物車「マニ」1両。

【航送便】

昭和27年(1952)4月2日の時点
　　1201便青森発13：00　函館着17：30
　　1202便函館発　6：30　青森着11：10

昭和27年(1952)9月1日改正
　　1201便青森発11：15　函館着15：45
　　1202便函館発13：20　青森着18：00

【使用船舶】
　第十一青函丸、第十二青函丸、石狩丸Ⅰ。

【終了時期】
　昭和29年(1954)9月26日に発生した「洞爺丸事件」により中止となった。「洞爺丸事件」とは、この日、北海道を襲った台風15号により、港外に難を避けて投錨した洞爺丸、第十一青函丸、十勝丸Ⅰ、日高丸Ⅰ、北見丸(後の3隻は車両渡船)の5隻が相次いで沈没。犠牲者は旅客、乗組員など合わせて1430人にのぼり、平時としては、明治45年(1912)の「タイタニック遭難事件」に次ぐ、世界海難史上第2の惨事となった。一般には「洞爺丸事件」と呼ばれた。翌27日は全連絡船の運航を中止。28日に上り11航海、下り9航海で再開し、29日からようやく13往復となった(事件前は17往復)。

　寝台車航送の中止は、『洞爺丸台風海難誌』(国鉄青函船舶鉄道管理局、昭40)では9月30日としている。しかし、事件後の大混乱、輸送力の大幅減の状態で、当面遭難者の遺体や遺骨の輸送、滞貨輸送や秋冬繁忙期対策に追われている状況下で、たとえ数日とはいえ、実際に寝台車航送が行われたのであろうか？

「洞爺丸事件」当日の寝台車航送

　事件の発生した昭和29年(1954)9月26日当日の、関係各船の動向は次の通りである。

第十一青函丸…第1202便として青森に向け出港したが天候険悪となり函館山・穴澗岬沖から引き返し、搭載していた1等寝台車「マイネ38 5」および荷物車「マニ32 16」を降ろした後、貨車を5両補充、計45両として再出港。港外で仮泊中沈没した。

洞爺丸…第十一青函丸から降ろした1等寝台車および荷物車を船内2番線に収容、搭載車両を計ボギー車4両、貨車8両として出港。港外で仮泊したが圧流され七重浜に座礁・転覆。車両は海没した。

第十二青函丸…手入れ待機中で、空船のまま港内で錨泊していたが、港内が混乱状態となり港外に脱出。函館湾内を漂泊して危機を脱した。

石狩丸Ⅰ…青森からの第1201便として函館に着岸。貨車積降ろし作業中強風のため繋船索が切れたため、作業を中断し貨車21両を船内に残したまま港奥で錨泊し難を免れた。

　事件直前に、昭和29年(1954)10月1日から第1201・1202列車に加え、第201・202列車の寝台車を航送する計画であった。連絡船には洞爺丸型を当てる予定であったが、事件のためすべて取りやめとなった。

　その後、昭和39年(1964)から41年(1966)にかけて竣工した津軽丸Ⅱ型客載車両渡船は、基本設計の段階から、将来寝台車航送を実施した場合に備え、手戻り工事を最小にとどめるように考慮され、第5船以降の3船、摩周丸Ⅱ、羊蹄丸Ⅱ、十和田丸Ⅱには、寝台車の旅客が直接船楼甲板の出入口広間に上がるための階段を設けて建造された。

　しかし、監督官庁である運輸省(現・

⑥ 青函航路の寝台車航送

国土交通省）との折衝において、旅客を寝台車内で寝たまま航送したい国鉄側と、安全上旅客は船室に移るべきだとする運輸省側との接点を見いだすことの出来ないまま、せっかくの設備も使われることなく終わった。

【主な参考文献】
『鉄道終戦処理史』日本国有鉄道外務部（昭32）
『駐留軍専用列車』K.E.生／鉄道ピクトリアル第174号（昭40）
『連合軍専用列車の時代』河原匡喜／光人社（平12）
『戦後の1等寝台車（イネ・ロネ）運転概史』三宅俊彦／鉄道ピクトリアル第483号（昭62）
『鉄道運輸年表』大久保邦彦・三宅俊彦・曽田英夫（1999年「旅」1月号別冊付録）
『青函連絡船五十年史』国鉄青函船舶鉄道管理局（昭32）
『車両航送』山本凞／日本鉄道技術協会（昭35）
『洞爺丸台風海難誌』国鉄青函船舶鉄道管理局（昭40）
『昭和を走った列車物語』浅野明彦／JTBパブリッシング（平13）
『旅客列車編成並びに客車運用表』国鉄水戸、東京、盛岡局（昭27〜29）
『時刻表』日本交通公社（昭23.12〜29.10月号）
『青函航路新造客貨船の設計の基本に関する報告』青函連絡船取替等設計委員会（昭36）
【資料提供者】（順不同、敬称略）
三宅俊彦、神田・交通博物館、JTBパブリッシング

宇高航路の客車航送

寝台車ではないが、宇高航路でも「客車航送」が行われたことがある。昭和25年（1950）10月1日、2時25分宇野発第3便が、大阪発の夜行列車を搭載して、初の客車航送を開始した。宇野、高松における夜間の乗り換えをなくす目的のため、深夜の第3、第20便のみであった。初便の旅客は186名であったが、その後宣伝が行き渡り、次第に利用客も増え、夏期には宇野、高松から客車を増結するほどになった。しかし、昭和30年（1955）5月11日、予期せぬ出来事のため、中止となってしまった。それは「紫雲丸沈没事件」であった。

"海を行く客車"のポスターで、はなばなしく宣伝された

船内に固定された客車

客車の座席に座ったままで航送された

客車の乗降口から船内に降りる

149

JR宮島航路の新型船 みやじま丸Ⅳ

平成18年（2006）5月、JR西日本の宮島航路（宮島口－宮島間）に新型旅客フェリー・みやじま丸Ⅳが就航した。

本船は、昭和53年（1978）9月に就航したみやじま丸Ⅲ（266総ｔ）の代船として、西日本旅客鉄道会社が、『鉄道建設・運輸施設整備支援機構』（註①）の支援をうけ、広島県江田島市の中谷造船会社に発注したものである。多くの観光客や通勤客を運ぶのにふさわしく、また環境にやさしく、人にもやさしい連絡船とすることを基本概念として計画され、建造された。

本船は、総トン数254t、全長35m、幅12mで、旅客500人と乗用車7台（4.7m車換算）を搭載し、小型ディーゼル発電機で駆動する電動機によって、推進器を回転させる「電気推進船」である。推進器は、ポッド型で、船体中心線上の船首尾に各1台ずつ装備している。

このポッド型は、一見、卓上首振り扇風機を逆さにしたような格好をしているが、プロペラは、固定ピッチの3枚翼が2基で1組となっている（右図）。このプロペラ翼が取り付けられている部分の形状が、飛行機の翼下に見かける紡錘形の格納器（Pod）に似ているところからポッド型と称したという。前後の推進器はそれぞれ360度旋回し、水流の方向を任意にかえて操船する。舵は不要である。通常は2台連動で作動するが、別々でも動かせるので、その場回頭、横移動などの細かい操船が可能である。

船型は「両頭双胴型」である。「両頭」は、同じ形の船を真ん中で輪切りにして、船首部同志をつなぎ合わせた格好をしている。前後の方向転換が不要となるので、狭い海域をピストン運航するのに有効である。「双胴」は、間隔をおいて平行に並べた同型2隻の船の上に、幅広い甲板を

みやじま丸Ⅳ／提供：中谷造船設計部

Pod型ツインプロペラ

渡したような格好をしている。甲板面積が広くとれる利点がある反面、ややもすると重量過多になり勝ちである。本船は、ランプドア(乗船口)をアルミ製に、また上部構造物の大部分をガラス繊維入り強化プラスチック(FRP)にするなど軽量化に努めているが、それでも先代にくらべ、満載時の喫水が約72cm深くなった。

上甲板の右舷側は「車両格納所」である。自動車を搭載しない場合、この場所は旅客300人分の立席として使用することが出来る。

同甲板左舷側には、高齢者や身体障害者の車椅子が、ランプドアから段差なしに行ける「バリアフリー室」が設けられた。室内は、ゆったりとした空間に椅子席34人分と、車椅子8台分のスペースが確保されている。

遊歩甲板客室の椅子44脚は、2人掛けの前後転換式である。各旅客室とも大型窓を取り付けるなど、観光地の連絡船らしく、風景をゆっくり展望できるよう最大限の配慮がなされている。

また、船の外部塗色は、みやじま丸Ⅲ型以来踏襲されてきた、白色を基調に、厳島神社の大鳥居をイメージした朱色の線をあしらったデザインとしている。

みやじま丸Ⅳは、『シップ・オブ・ザ・イヤー2006』(Ship of The Year 2006)コンテストに応募し、「この海域の自然に調和し」、「環境に優しい、人にも優しい乗り物を創る」ことを開発方針として建造された船として評価され、「小型客船部門賞」を受賞した(註②)。

平成20年(2008)10月現在、JR宮島航路には、みやじま丸Ⅳに、ななうら丸Ⅱ(196総t)、みせん丸Ⅳ(218総t)を加えた3隻の旅客フェリーが就航し、1日53往復している。

なお、みやじま丸Ⅲは、平成18年(2006)5月の運航を最後として繋船されていたが、同年8月売却された。

註①: 『鉄道建設・運輸施設整備支援機構』は、平成15年(2003)10月、特殊法人である「日本鉄道建設公団」と「運輸施設整備事業団」を統合し、新たに設立された独立行政法人である。
　電気推進化などの環境にやさしく、経済性や安全性の面で優れた性能を持つスーパーエコシップ(SES船)の建造、あるいは少子高齢化対策としてバリアフリー化船の建造などの促進に取り組んでいる。そのために、国内で唯一の共有建造方式を採用しており、みやじま丸Ⅳの建造はこの方式によった。

註②: 『シップ・オブ・ザ・イヤー』賞は、社団法人「日本造船学会」が、優れた船の建造を促進し、広く一般に海事思想の普及を図るため、平成3年(1991)に創設した作品賞である。前年度中に、日本で建造された船舶の中から、技術的・芸術的に優れた船に対して贈られる。現在は、17年(2005)4月に「日本造船学会」が「関西造船協会」と「西部造船会」を統合して、発足した社団法人「日本船舶海洋工学会」に引き継がれている。

賞の選定は、これまでは応募した全船舶から、船種に関係なく一様に選ばれていたが、平成18年(2006)度の第17回目から、大型客船、小型客船、大型貨物船、小型貨物船、特殊船、海洋構造物・海洋開発機器、舟艇の7部門に分け、これらの部門賞を受賞した船の中から選出することになった。

ちなみに、第1回の1990年度受賞船は、三菱重工・長崎造船所が建造した、日本郵船会社の客船「クリスタル・ハーモニー」(CRYSTAL HARMONY、48,621総t)である。

【主な参考文献】
『スーパーエコシップ第一船"みやじま丸"』中谷造船・設計部、海技研ニュース／船と海のサイエンス 2005-3(平18)
『世界の艦船 No.678』海人社(平19)
『進化する船』日本船舶海洋工学会　海事プレス社(平18)
『JTB時刻表第993号』JTBパブリッシング(平20)

【写真・資料提供者】(順不同、敬称略)
中谷造船・設計部、JR西日本・宮島船舶管理所、今井到

❼ 十勝丸Ⅱの進水

　船体構造の主な部分がほぼ出来上がると、舵やスクリューを取り付けて、初めて船を水に浮かべる。これが船の「進水」である。

　国鉄連絡船の進水は、後述（157ページ）の2隻を除き、すべて滑り台方式で行われた。

　滑り台方式は、水面に向かって敷かれた滑り台上を、スキーのお化けのような木台に船を乗せて、滑り下ろす方式である。造船用語では、この滑り台を「固定台」(Standing ways)、木台の方を「滑り台」(Sliding ways)と称し、両者を合わせて「進水台」(Launching ways)という。以下の記述はこの用語で行う。この方式は、何の動力もないのに、何千トン、何万トンもあるビルのような巨大な構造物が、予告された時間に、静かに静から動に移り、わずか数十秒で、船尾から水しぶきをあげて水中に滑り込む、他に例を見ない壮大なショーである。それだけに、これまでに行う準備が大変である。その過程を、青函航路の渡島丸Ⅱ型車両渡船の3番船・十勝丸Ⅱ（4,091総 t）の進水を例として追ってみたい。

船台上の進水準備

　十勝丸Ⅱは、昭和44年（1969）11月、日立造船会社・向島工場（広島県）の1号船台で起工された。

　「船台」は、水際に設けられたコンクリー

滑り台方式で進水する青函航路の第三青函丸（浦賀船渠）。昭和14年3月9日

ト造りのスロープである。スロープにしたのは、進水させやすいためである。船は、船体を形づくるすべての鋼構造物を、いくつかのブロックに区分けして造る。これらは船台に運ばれ、配列した盤木上に船尾を水面に向けた状態で組み立てられる。船尾の方が（船首より）太っているので、進水の際、より早く浮上するからである（図7-1）。

　「盤木」には、船の中心線を支える「キール盤木」と、その外側の船底部を支える「腹盤木」がある（以下、図7-2、右ページ写真参照）。キール盤木は、船の背骨にあたるキールの全長にわたり配置し、ブロックの据付け基準となる。腹盤木は、ブロックの搭載状況に応じて適宜配置し、また必要に応じて「支柱」を立てて船体重量を支える。盤木は40cm角くらい、長さ1〜1.5mくらいの角材を積み上げたもので、高さは船底部の工事や進水台の設置

[図7-1] 進水直前の十勝丸Ⅱ

作業を考慮して決められるが、キール盤木で1.5m程度である。

*

進水日が近づくと、船体工事と並行して、「進水台」の設置がはじまる。

進水台は、船体中心線をはさんで平行して2条設ける。間隔は約3.8mである。「固定台」は、断面が厚さ39cm、横幅85cmの長い木をつなぎ合わせたものと、これを所定の高さと位置を保つための枕木とからなっている。長い木は節のない、木目の通った良質の木を平滑に仕上げ、滑る方向に対し逆目にならないようにつなぐ。全長は、船台後端までの149m、平均傾斜は1／17.5。傾斜がゆるいと、自重での、自然な滑りだしは出来ない。また滑走面は一直線ではなく、中央が54cmほど盛り上がった

⑦ 十勝丸Ⅱの進水

円弧状をしている。中央部に起こりがちな自然沈下の防止や、進水速度を速めるのに効果的である。外側面には、滑り台が滑走中に脱線しないようにガイド役の「縦木」を添える。

「滑り台」は、船とともに滑り下りるため、複雑な構造と、逐次変化する外力に対応する強度が要求される。とくに船首部は、船尾が浮き上がった時の支点となり、船一生のうちで最大ともいえる程の大きな力が集中する。

滑り台の全長は113m。固定台に接する部分は、断面が厚さ33cm、横幅80cm

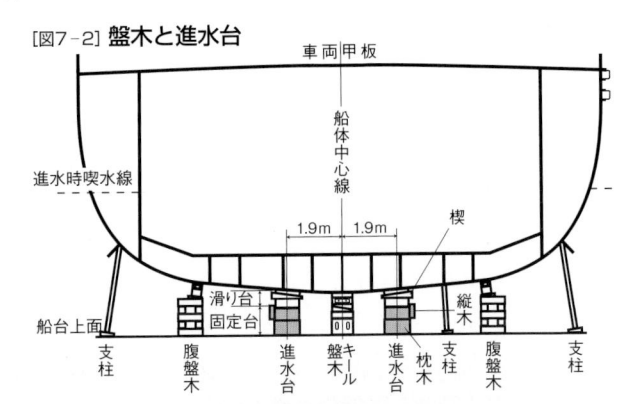

[図7-2] 盤木と進水台

十勝丸Ⅱ「船首部」①固定台、②滑り台、③圧力吸収用軟材

「船尾部」①固定台、②滑り台、④キール盤木

の長い木をつなぎ合わせたものである。固定台と同様の注意をもって施工される。この板の上にさらに一列の厚板を敷き、下板との間には多数の堅木製の楔（通称"矢"）をはさむ。上板の上面には、直接船体を支えるための厚板または柱を立てる。柱は、断面が35cm×85cm程の角材で、上部は船底の形に合わせて削る。船の幅は、中央部が最も広く、船首尾にいくにつれて痩せていく。柱はそれに連れて長くなり安定が悪くなる。船首部の最も長いもので約4m。この部分は、前述のように大きな力がかかる。もし滑走中に崩れるようなことがあると大事故となる。そのため、何本かの柱をグループとして添え木などで固め、さらにこれらの柱の下部には、厚さ10cmの軟木の板を挿入し、力が加わった時、これを圧縮して圧力を吸収させるよう考慮されている。船の方にも柱をうける金具の取り付けや、船内からの補強は欠かせない準備である。なお、この部分の柱と船体との固縛はワイヤーなどで行う。

進水の1週間くらい前になると、固定台の滑走面にヘット（Vet＝オランダ語）と呼ばれる調合した牛脂を塗りはじめる。当日の気温を予測して調合されるが、スキーのワックスと同じで、予想が外れるとうまく滑りださない。ヘットは、溶解して何回にも分けて流す。ヘットが十分に固まると、その上にさらに滑りやすくするため、水石鹸を塗った後、膜面保護のためのカバーをかけて、進水を待つのである（註①）。

しかし、これだけでは進水できない。

船は進水すると、次回の入渠……たぶん海上公試運転直前まで、水面下の工事が出来ない。そのため、工事の出来なくなるもの、あるいは困難になるものは工事を急がなければならない。例えば、船底に装備されるプロペラ、バウスラスター、舵をはじめ、音響測深儀、喫水計、速度計、海水温度計の各発信器などの工事の完了と作動の確認。海水吸入弁、喫水表示、防食用亜鉛板などの取り付け。タンクの船底栓の閉鎖。船内では、浮上すると結露するので二重底タンク内の塗装の完了等々、その他コマゴマしたものが山ほどある。

さらに、これらが終わると、船底外板全面にわたり、防錆塗装の手直しをし、最後に藻やフジツボなどの生物が付着しないように防汚塗料を塗付して、ようやく進水準備の前段が終了する。

当日の進水準備

昭和45年（1970）2月19日。十勝丸Ⅱ進水当日の朝6時40分、進水作業員が1号船台に集合した。準備作業の最終工程である、船の全重量を盤木から進水台へ移し替える作業の開始である。手順は表7-1のように分刻みである。船台前の水域は、干満の差が大きく、潮流が早い。したがって大潮の時間に合わせて進水させなければならない。万一作業が大幅に遅れるような事態になると、進水は不能となる。それは刻々と満ちてくる潮とのたたかいでもあった。

7 十勝丸Ⅱの進水

作業は、まず滑り台の楔を打ち込む"矢締め"からはじまる（左下写真参照）。両舷同時に、船尾から順次打ち込んでいく。その数83組。これによって滑り台と船体が密着すると同時に、徐々に船体重量が滑り台に移っていく。

次に、盤木や支柱を外す。船の重量が均等に進水台にかかるよう慎重に行う。最も重量がかかるキール盤木は、船首尾から中央に向かって1台おきに外し、次いで残りを外すといった具合に……。

そしてキール盤木ならびに腹盤木の全数を外し終えると、船の全重量は完全に進水台に移り、トリガー（Trigger）と称する滑り止め金具を外せば、直ちに滑りだせる状態にして、進水準備作業は完了するのである。このトリガーには、誤作動を防ぐため、幾重にも安全装置が設けられており、「支綱切断」の寸前まで解除されない。

「進水式」まであと僅か。その僅かな時間にも、さらに最後の総検査が行われる。こればかりは"お産"と同じで、やり直し

[表7-1] 十勝丸Ⅱ進水準備作業

進水日時		昭和45年（1970）2月19日　10時20分		
場所		日立造船株式会社向島工場1号船台		
開始時刻 （時：分）	所要時間 （分）	作業内容	終了時刻 （時：分）	潮高
6：40		進水作業員集合		
6：40	5	進水主任訓示	6：45	1.520m
6：45	10	水中部矢締め（83組のうち10組）	6：55	
6：55	25	水中部キール盤木外し（90台のうち13台）	7：20	1.880m
7：20	80	矢締め（83組のうち73組） 腹盤木外し（9台）	8：40	2.680m
8：40	30	第1回キール盤木外し（90台のうち39台）	9：10	2.960m
9：10	20	第2回キール盤木外し（90台のうち38台）	9：30	
9：10	30	くす玉取付	9：40	
9：20	30	総検査	9：50	
9：30	20	進水台整備	9：50	
9：40	10	トリガーワイヤー取り付け	9：50	
9：50		作業員集合		
9：55		作業用乗船梯子外し		

が効かない。いくら念を入れても、入れ過ぎるということはないのである。

「進水式」開始

9時50分。工場内の他船などから発していた、工事騒音がピタリと停止した。

10時00分。進水作業員配置完了。作業員の緊張が最高潮に達する時である。

10時10分。静寂のなか、船台先端に設けられた式台に、船主をはじめ参列者一同が着席して「進水式」が開始された（156ページ表7-2参照）。

進水式はまた「命名式」でもある。これまで本船は、建造番号である4296番船と呼ばれていたが、ここに初めて北海道・大雪山国立公園の十勝岳（標高2,077m）にちなんで「十勝丸」と名づけられた。二代目の誕生である。

10時20分。日本国有鉄道船舶局長によって、式台と船首を結ぶ「支綱」が切断された。

船首で"御酒"のビンがパッと砕け散る。と同時にトリガーが外れ、船は勇壮な

矢締め作業（十勝丸Ⅱ）⑤楔、⑥滑車付き木槌

マーチに送られ、静かに滑り出した。やがて船首のくす玉が開き、色とりどりのテープや千代紙が花吹雪となって会場に降り注ぐ中を、船は次第にスピードを上げ、船尾から海上に滑り込んでいった。

沸き上がる拍手。付近に停泊中の船は一斉に汽笛を鳴らし、この新しい誕生を祝うのであった。まさに「進水」の名にふさわしい、華麗な、そして壮大なショーである。そして進水作業員にとって、これまでの苦労が報われる一瞬であった。

この時の進水重量(註②)は3,944t。最大スピードは秒速6.6m(時速約24km)であった。

ところが、この進水にはもう一つの問題があった。それは船台前の海域である尾道水道が狭いことである。

向島工場1号船台の後端から、対岸の漁港区域までの距離約212m(図7-3参照)。これに対し、十勝丸Ⅱの全長は144.6m。そのまま滑り下りると、時速14〜15kmで対岸に激突する。そこで船にブレーキを付けることになった。ブレーキは錨鎖(びょうさ)のかたまりをワイヤーで引っ張らせよう

[表7-2] **十勝丸Ⅱ進水式次第**

開始時刻 (時:分)	進水式次第 [昭和45年(1970)2月19日]
10:00 10:10	1. 進水作業員配置完了 2. 参列者着席 3. 船主着席 4. 開　式 5. 国歌吹奏 6. 進水準備完了報告 7. 船主、命名 8. 工場長、進水主任に進水を下命 　　用意　作業員配置 　　1番　支柱(セレモニー用3本)外し 　　　　　根止め安全栓外し 　　2番　トリッガー支柱外し 　　　　　連結器安全栓外し 　　3番　トリッガー安全栓外し
10:20	9. 船主、支綱切断　進水 10. 進水完了報告 11. 閉　式

「右舷船首」①固定台、⑦くす玉、⑧制動錨鎖曳行索(曳行開始直前)／提供：日立造船・向島工場

7 十勝丸Ⅱの進水

というものであった。この方式は、先に昭和40年(1965)2月、日立造船・旧桜島工場(大阪市)で進水した、青函航路の津軽丸Ⅱ型客載車両渡船の6番船・羊蹄丸Ⅱ(8,311総t)で行われていた。同工場は市内を流れる安治川沿いにあり、水域が狭いためこの方式が採られた。制動錨鎖50tを両舷に分けて水際に配置し、船が水面に下りてから、135mのワイヤーで曳かせて制動したのである。

しかし、向島の場合はさらに条件が厳しく、そのため制動錨鎖の全重量は280tとなった。進水重量の7%である(羊蹄丸Ⅱは1.5%)。これだけの重量を無造作に曳かせては、かえって進水に支障をきたす。そこで過去の経験と精密な計算によって、制動錨鎖を100t(Ⅰ)、100t(Ⅱ)、80t(Ⅲ)の3グループに分け、さらにそれぞれを両舷に分けて、船台先端に配列した。曳行索の長さは、船が進水台上を滑走60mの地点で、まずⅢグループが曳行を開始。つづいて65mと70mの地点でⅡグループ、Ⅰグループが相次いで曳行を開始するよう決められた。それぞれの曳行距離はⅠグループが80m、以下100m、125mに設定された。これらによると最後のⅢグループ解放時の、船尾端と漁港境界線との距離は31.5mになる計画であった。

さらに安全策として、あらかじめ船台左舷近くの海底に沈めた錨と、船尾左舷とを結ぶ誘導索を3組装備し、船が海面に下りて、Ⅲグループの曳行索が解放されると同時に、誘導索が展張し、錨を支点として船尾を左に旋回させるようにした。誘導索の平均長さは約108mである(158ページ写真参照)。

このように幾多の対策を施された十勝丸Ⅱは、予定どおりに進水し、船体左舷側を式場に向けて停止した。Ⅲグループの曳行索が解放された時点の、船尾端と漁港境界線との実距離は33.5m。誤差は+2mであった。

やがて十勝丸Ⅱは、曳船に曳かれ、艤装岸壁に向って、静かに去っていった。

文頭で、滑り台方式によらないで建造された国鉄連絡船が2隻あったと述べた。その2隻は、昭和50年(1975)12月に函館ドック会社・函館造船所で、また61年(1986)11月に石川島播磨重工業会社・呉

[図7-3]
十勝丸Ⅱの進水

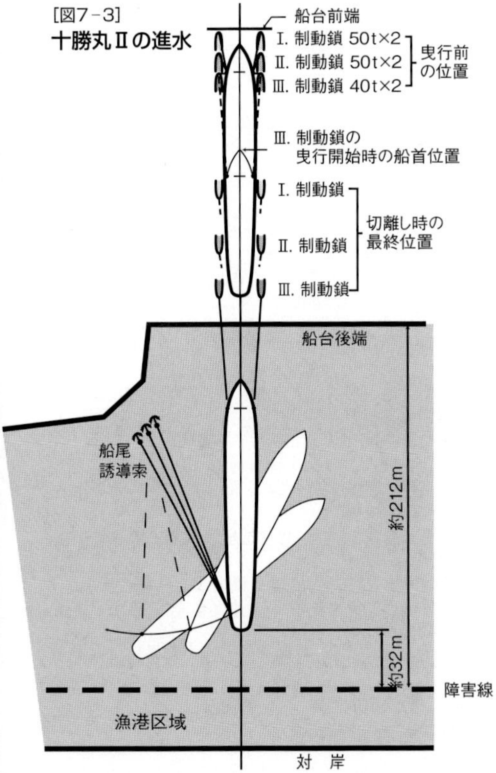

第一工場(現・IHIMU[アイ・エッチ・アイマリンユナイテッド]呉工場)で、それぞれ進水した十勝丸Ⅱの同型4番船・空知(そらち)丸Ⅱ(4,123総t)と、宮島航路の旅客フェリー・ななうら丸Ⅱ(196総t)である。両船の進水は「ドック進水」であった(註③)。

「左舷船尾」①固定台、⑧Ⅲ制動錨鎖曳行索、⑨船尾誘導索／提供：日立造船・向島工場

「ドック進水」は、建造ドックの中で組み立て、浮上できる状態になると、ドックに注水して、船を浮かべる方式である。滑り台方式のような面倒な準備や潮位を気にする必要はない。しかし注水に時間がかかるため「進水式」は、船が浮かんだ状態で行われるが、命名後「支綱切断」してもくす玉が開くだけ。やがて曳船でドックから曳きだして、終わる。そこには、滑り台方式から受けるような感動は、皆無である。慣習上「進水」と称しているが、実態は「浮上」である。

勝丸Ⅱ程度の船であっても大変な苦労が伴う。それが何万トン、あるいはそれ以上に大型化するにつれ、進水設備もますます大がかりとなり、困難さも増大する。その点、ドック内で建造することは、進水設備あるいは工費の節減はじめ、進水時に避けることのできない船体のひずみと、これに伴う危険の防止、傾斜面における船体建造の不利の解消、クレーンの高さの低減等々の利点がある。しかし、これらの利点を認識されながら、当時としては、ドックを長期間にわたり独占することが大きなネックとなって、民間の造船会社に普及するまでには至らなかった。

ところが昭和30年(1955)代にはいり、スーパータンカーなどに見られるような、船舶の巨大化が急速に進み、かつ世界的な需要の増大により、ドック建造に移行せざるを得ない趨勢となった。そのため、昭和37年(1962)頃より、主要造船所では、超大型船用の建造ドックを中心とした、合理的なレイアウトを有する新鋭造船所を建設し、一部既存の造船所も集約して、現在に至っている。これらの新造船所で建造される超大型船は、当然「ドック進水」であるが、これ以外の船舶の進水は、依然として「滑り台方式」が主流である。本項で述べた2隻の国鉄連絡船が「ドック進水」になったのは、たまたまその時期、建造ドックに"空き"があったからであった。

註①：滑り台方式の進水には、本項で紹介した「ヘット式」のほかに「ボール式」がある。「ボール式」は、ヘットの代わりに、直径90mmのクロム鋼製ボールを、適当な保距具を用いて、敷きつめる方法である。昭和22年(1947)に三菱日本重工業(現・三菱重工業)・旧横浜造船所(横浜市)が開発、実用化した画期的な進水法で、繰り返し使用ができることや要員配置上有利なことなどから、急速に全国に広がった。

昭和39年(1964)10月、同工場で進水した津軽丸Ⅱ型の4番船・大雪(たいせつ)丸Ⅱ(8,298総t)はこの方式によった。ボールの使用総数は2376個であった。

註②：進水重量は、船体重量と滑り台重量の合計。

註③：わが国の「ドック進水」第1号は、戦艦・扶桑(ふそう)(30,600排水t)である。明治45年(1912)、日本海軍が呉海軍工廠内に、初めて築造した建造ドックで誕生した。従来の「滑り台方式」の進水は、本項で紹介したように、十

主な参考文献

『船舶の理論と実際』笠川春重／有象堂出版(昭17)
『最新初等造船工学・工作編』津村均／東京開成館(昭18)
『十勝丸進水曲線』日立造船・向島工場造船鉄構部造船設計課(昭45)
『石狩丸予定進水曲線』日立造船・向島工場造船部造船設計課(昭51)
『新造船写真史』三菱重工業・横浜造船所(昭56)
『日本近世造船史・大正時代』造船協会[原書房・復刻版](昭48)
『昭和造船史・第2巻』日本造船学会、原書房(昭48)

写真、資料提供者

日立造船会社・向島工場

8 進水記念絵ハガキ

絵ハガキ原画の制作

　国鉄連絡船の進水式には、「進水記念絵ハガキ」が参観者や関係先に配布された。進水式当日の船は、水に浮かぶ状態になっただけで、まだ完成したわけではない。絵ハガキは、その完成した姿を想像して描かれている。

　前項で登場した青函航路の車両渡船・十勝丸Ⅱ（4,091総t）の進水記念絵ハガキは、二つ折にした表紙の間に、"航走する本船"を描いた絵ハガキを挿入した、三枚綴りであった。原画は、M10号サイズ（530×333㎜）の油絵で、作者はイラストレーター野上隼夫氏（1931～）である（161ページ）。

　先にも述べたように、船は未完のため、よりリアルに描くにはその船の一般配置図はじめ、構造や艤装の細部にわたる図面や色彩、あるいは就航予定航路などの情報が不可欠である。船だけではなく背景となる海や空の描写を含めると相当な制作期間が必要となる。

　したがって、絵ハガキを進水式に間に合わせるためには、できるだけ早期に着手しなければならないが、時には資料の方が間に合わないことさえ生じる。そのため、艦船画の作者には、船をよく知り、かつ資料の入手しやすい造船所関係者が少なくない。

　野上氏もその頃日立造船会社に勤務されていた。

　昭和30年（1955）以降（「洞爺丸事件」および「紫雲丸事件」後）に建造された新型国鉄連絡船の進水記念絵ハガキ（161～175ページ）のうち、最も多くの原画を手がけた、海事史研究家としても著名な山高五郎氏（1886～1981）も、三菱・長崎造船所を皮切りに、その他の造船所や関連会社の在職期間が長い。

　また、大久保一郎氏（1889～1976）は、大阪商船会社に勤務されながら、同社の船はもちろん、阪神間の主な造船所で建造された船の多くを描きつづけた、船舶画家の草わけともいうべき方である（表8－1参照）。

[表8-1] 進水記念絵ハガキ原画の主な制作者（昭和30年以降）

原画作者	対象船舶（建造所）
山高五郎	空知丸Ⅰ（浦賀）・津軽丸Ⅱ（同左）・十和田丸Ⅱ（同左）・大雪丸Ⅱ（三菱・横浜）・讃岐丸Ⅰ（三菱・神戸）・松前丸Ⅱ（函館）・渡島丸Ⅱ（同左）
野上隼夫	羊蹄丸Ⅱ（日立・櫻島）・伊予丸（同左）・十勝丸Ⅱ（日立・向島）・石狩丸Ⅲ（同左）・讃岐丸Ⅱ（内海・瀬戸田）・みせん丸Ⅲ就航（瀬戸田・田熊）
大久保一郎	十和田丸Ⅰ（三菱・神戸）・八甲田丸（同左）・摩周丸Ⅱ（同左）・瀬戸丸Ⅰ改造（石播・呉）

絵ハガキの様式

「進水記念絵ハガキ」の様式は、造船所によって多少の差異はあっても、基本的には十勝丸Ⅱとあまり変わりがない。「おもて表紙」は、十勝丸Ⅱが船名の由来となった北海道大雪山系の十勝岳付近の景色をデザイン化して描かれたように、各船とも、船名にちなんだ地方の風景、あるいは就航予定航路を連想させるような構図がほとんどであるが、こちらの原作者はいずれも不明である。

「見返し」などの余白には、本船の主要目や一般配置図などを印刷したものが多いが、十勝丸Ⅱを建造した日立造船株式会社では、これらを薄手の別用紙に印刷して添付している。

また、津軽丸Ⅱ(8,278総t)をはじめ多くの青函連絡船を建造した旧・浦賀造船所(神奈川県横須賀市)では、"浦賀港"を描いた歌川広重の版画をあしらった図柄の絵ハガキを加えた、4枚綴りとして建造所を印象づけている。

*

『進水記念絵ハガキ』は、日本独自のもののようであるが、最近わが国でも特殊船以外は作らない造船所が増えてきた。変わりばえのしないタンカーやバラ積貨物船ばかりになったせいか、ドック建造のためショー的要素がなくなったためか、あるいは経費節減のためかは分からないが、あと数ヵ月もすれば船は完成する。その時に写真を撮ればよいわけであるが、絵ハガキには、立派に工事が完成するようにとの祈りと、未来の夢が託されており、写真にはない趣がある。

残してほしい"しきたり"のひとつである。

連絡船色変化（へんげ）

船の「外舷塗色」は、大改造あるいは所有者の変更など大きな環境の変化のない限り、一生を通じて、竣工時と変わらないのが普通である。ところが普通でない連絡船がいた。青函航路の津軽丸Ⅱ型客載車両渡船の5番船・摩周丸Ⅱ(8,327総t、164ページ)と6番船・羊蹄丸Ⅱ(8,311総t、162ページ)である。両船とも、進水時の塗色は『進水記念絵ハガキ』のように、"うす緑色"であったが、竣工時にはそれぞれ"アイ色"と"エンジ色"に変わっている。

津軽丸Ⅱ型の「外舷塗色」は、当初、それぞれの建造所に一任したのが裏目となって、結果的に似たような"うす緑"系の船が何隻もできてしまった。これに対し青函連絡船を管理・運用する現地局から、「まぎらわしいので各船ごとに色を変えて、見分けやすいようにしてほしい」との強い要望が出され、協議の末、建造中の両船が塗り変えられてしまったのである。

その他の津軽丸Ⅱ型船も、就航後に順次塗り替えられている(表8-2参照)。

【主な参考文献】
『野上隼夫艦船画集』野上隼夫／海人社(昭58)
『図説・日の丸船隊史話』山高五郎／至誠堂(昭56)
『船の雑誌・第1号』柳原良平編集／海洋協会、至誠堂(昭45)

【資料提供者】(順不同、敬称略)
浦賀重工(浦賀造船所)、三菱重工(神戸、横浜、下関造船所)、函館ドック(函館造船所)、日立造船(桜島、向島工場)、内海造船(瀬戸田工場)、山高登

[表8-2] 津軽丸Ⅱ型の外舷塗色の変遷

⑧ 進水記念絵ハガキ

船　名	進水時		竣工時		就航後　→　終航時				売却後		
津軽丸Ⅱ	鈍い青色 昭38(1963)		同　左 昭39(1964)		灰青色 昭42(1967)		同　左 昭57(1982)		アイ色 昭58(1983)		
八甲田丸	うす緑色 昭39(1964)		同　左 昭39(1964)		黄　色 昭44(1969)		同　左 昭63(1988)		同　左		
松前丸Ⅱ	緑　色 昭39(1964)		同　左 昭39(1964)		うす緑色 昭44(1969)		同　左 昭57(1982)		同　左		
大雪丸Ⅱ	うす緑色 昭39(1964)		同　左 昭40(1965)		くらい緑色 昭41(1966)		同　左 昭63(1988)		白　色 H.8(1996)		
摩周丸Ⅱ	うす緑色 昭40(1965)		アイ色 昭40(1965)		同　左		同　左 昭63(1988)		同　左		
羊蹄丸Ⅱ	うす緑色 昭40(1965)		エンジ色 昭40(1965)		同　左		同　左 昭63(1988)		青　色 平4(1992) ↓ エンジ色 平15(2003)		
十和田丸Ⅱ	オレンジ色 昭41(1966)		同　左 昭41(1966)		同　左		同　左 昭63(1988)		濃紺色 平2(1990)		

下段はそれぞれの時期を示す

青函航路

十勝丸Ⅱ
（青函・車両渡船）

羊蹄丸 II（青函・客載車両渡船）

日本国有鉄道ご注文
● 青函連絡船
羊蹄丸 進水記念
昭和40年2月20日
日立造船株式會社 櫻島工場

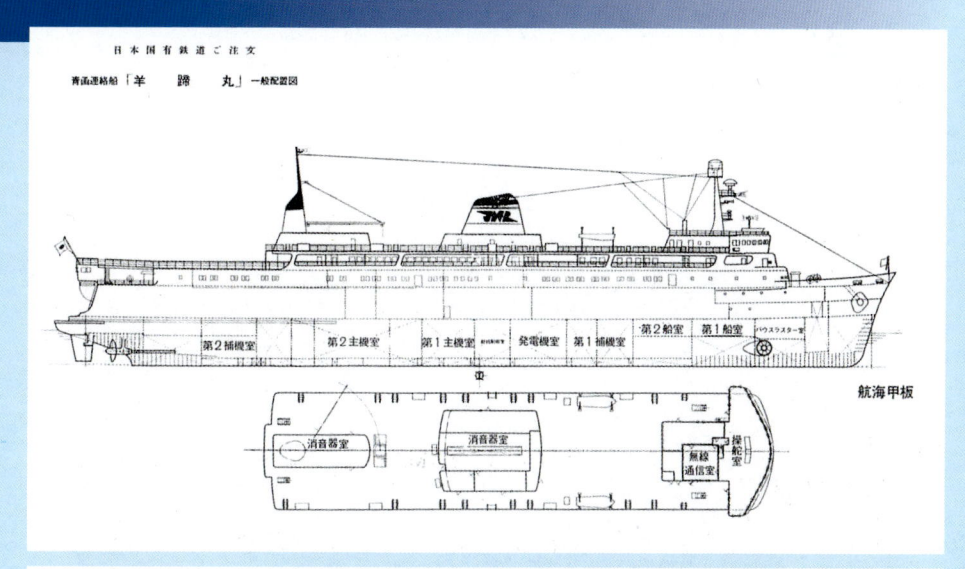

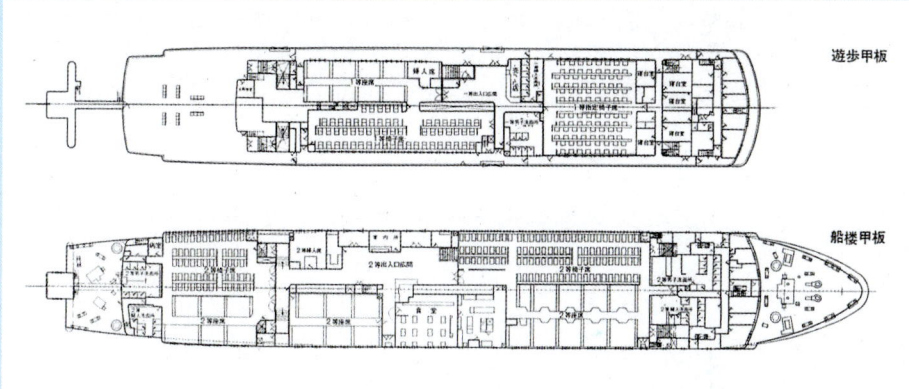

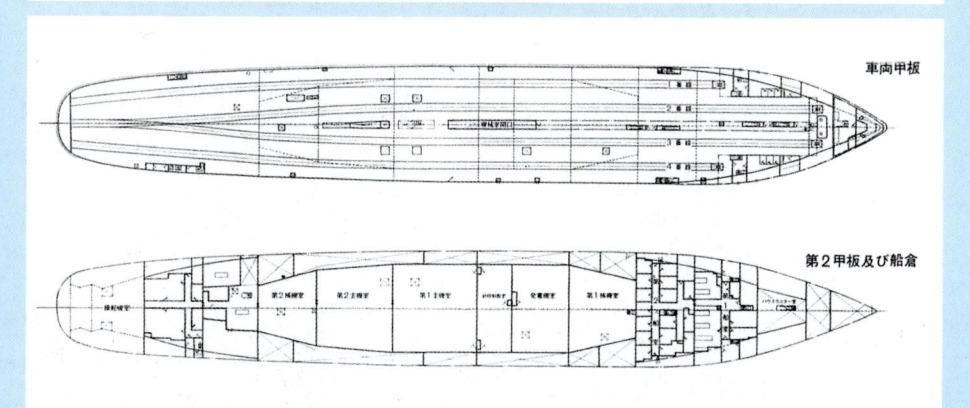

⑧ 進水記念絵ハガキ

日本国有鉄道ご注文
青函連絡船「羊蹄丸」一般配置図

航海甲板
遊歩甲板
船楼甲板
車両甲板
第2甲板及び船倉

絵ハガキに添付された3枚の一般配置図

摩周丸 II（青函・客載車両渡船）

日本国有鉄道 御注文 青函連絡船
摩周丸進水記念
昭和40年3月18日

三菱重工 神戸造船所

日本国有鉄道
摩周丸進水記念
昭和40年3月18日
三菱重工 神戸造船所建造

⑧ 進水記念絵ハガキ

津軽丸 Ⅱ（青函・客載車両渡船）

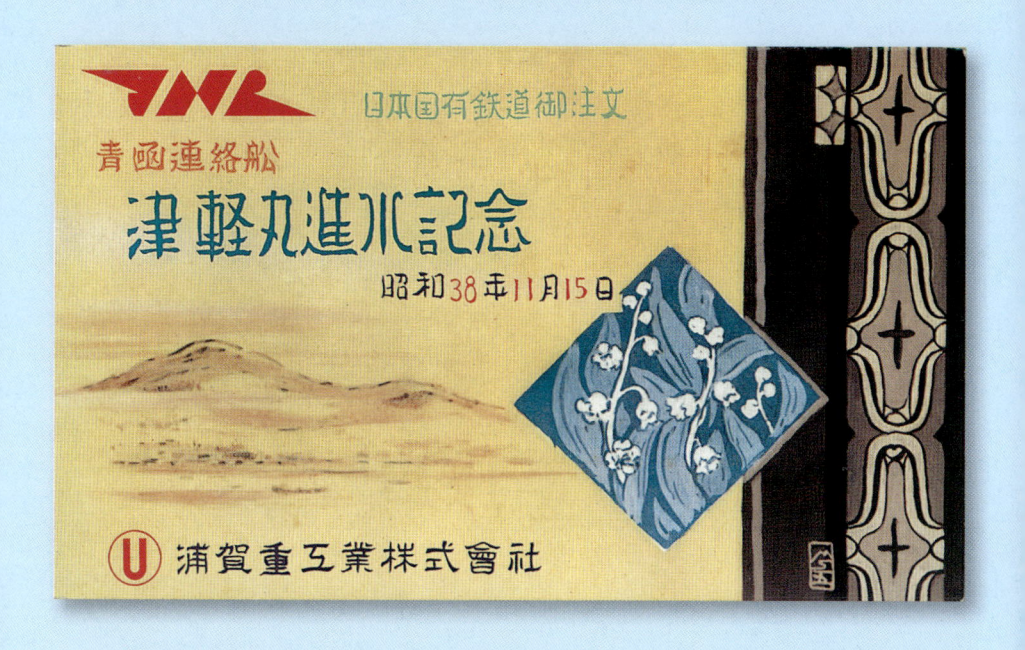

日本国有鉄道御注文
青函連絡船
津軽丸進水記念
昭和38年11月15日
浦賀重工業株式會社

日本国有鉄道　青函連絡船「津軽丸」　浦賀重工業株式会社建造

165

八甲田丸 （青函・客載車両渡船）

⑧ 進水記念絵ハガキ

大雪丸 II（青函・客載車両渡船）

青函連絡船　大雪丸　進水記念

日本国有鉄道

日本国有鉄道
十和田丸進水記念
昭和32年6月15日
新三菱重工 神戸造船所建造

十和田丸 Ⅰ
（青函・車載客船）

日本国有鉄道御注文
青函連絡船
十和田丸進水記念
昭和32年6月15日
新三菱重工 神戸造船所

松前丸 Ⅱ（青函・客載車両渡船）

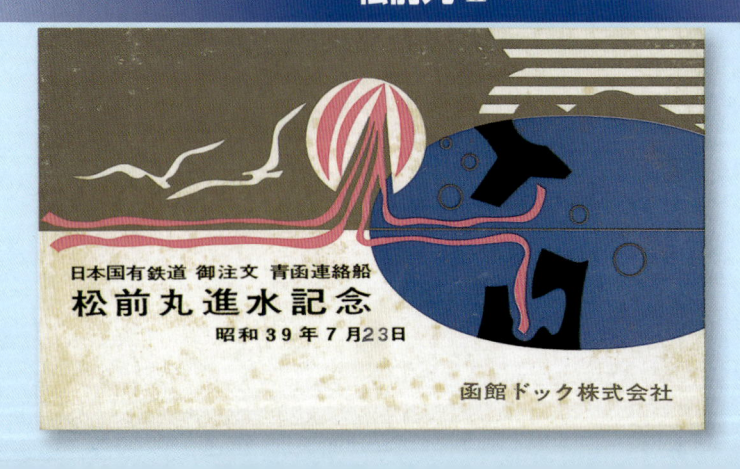

日本国有鉄道 御注文 青函連絡船
松前丸進水記念
昭和39年7月23日
函館ドック株式会社

⑧ 進水記念絵ハガキ

十和田丸 II
（青函・客載車両渡船）

日本国有鉄道御注文　青函連絡船
十和田丸　進水記念
昭和41年6月23日
浦賀重工業株式会社

日本国有鉄道　青函連絡船「十和田丸」　　　浦賀重工業株式会社建造

日本国有鉄道　御注文
松前丸　進水記念
昭和39年7月23日
函館ドック株式会社

169

日本国有鉄道青函航路用連絡船
空知丸進水記念
DIESEL TRAIN FERRY
SORACHI MARU for JAPANESE NATIONAL RAILWAYS.
launched at URAGA SHIPYARD
JULY 4, 1955
THE URAGA DOCK CO., LTD.

空知丸 I
（青函・車両渡船）

M. S. "SORACHI MARU" for Japanese National Railways Corp., built by The Uraga Dock Co., Ltd.

日高丸 II（青函・車両渡船）

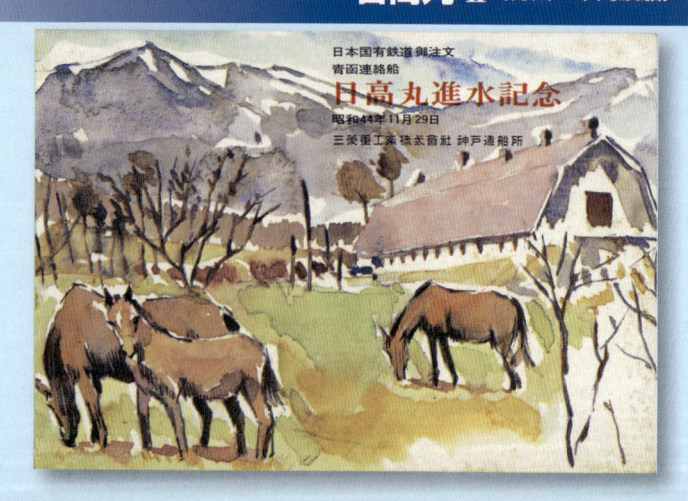

日本国有鉄道御注文
青函連絡船
日高丸進水記念
昭和44年11月29日
三菱重工業株式会社 神戸造船所

⑧ 進水記念絵ハガキ

日本国有鉄道 御注文　青函連絡船（貨物船）
渡島丸　進水記念
昭和44年6月30日

函館ドック株式会社

渡島丸 II（青函・車両渡船）

日本国有鉄道 御注文
渡島丸　進水記念
（OSHIMA MARU）
昭和44年6月30日
函館ドック株式会社

日本国有鉄道御注文
青函航路・車両航送船
日高丸 進水記念
昭和44年11月29日
三菱重工業株式会社神戸造船所建造

空知丸 II（青函・車両渡船）

日本国有鉄道 御注文　青函連絡船（貨物船）
空知丸進水記念
昭和50年12月18日
函館ドック株式会社

日本国有鉄道　御注文
空知丸　進水記念
（SORACHI MARU）
昭和50年12月18日
函館ドック株式会社

石狩丸 III（青函・車両渡船）

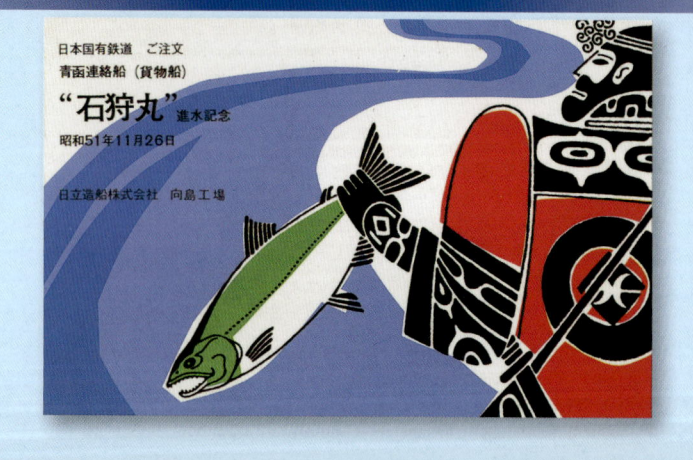

日本国有鉄道　ご注文
青函連絡船（貨物船）
"石狩丸" 進水記念
昭和51年11月26日
日立造船株式会社　向島工場

⑧ 進水記念絵ハガキ

檜山丸 Ⅱ
（青函・車両渡船）

日本国有鉄道　御注文
青函連絡船（貨物船）
檜山丸進水記念
昭和51年4月15日
三菱重工業株式会社下関造船所

日本国有鉄道　御注文
青函連絡船（貨物船）
檜 山 丸 進 水 記 念
昭和51年4月15日
三菱重工業株式会社下関造船所建造

日本国有鉄道　ご注文
青函連絡船(貨物船)"石狩丸"進水記念
昭和51年11月26日
日立造船株式会社
向島工場

173

日本国有鉄道
讃岐丸進水記念
昭和35年11月22日
新三菱重工神戸造船所建造

日本国有鉄道御注文
宇高航路連絡船 讃岐丸進水記念
昭和35年11月22日
新三菱重工神戸造船所

讃岐丸Ⅰ（宇高・客載車両渡船）

伊予丸（宇高・客載車両渡船）

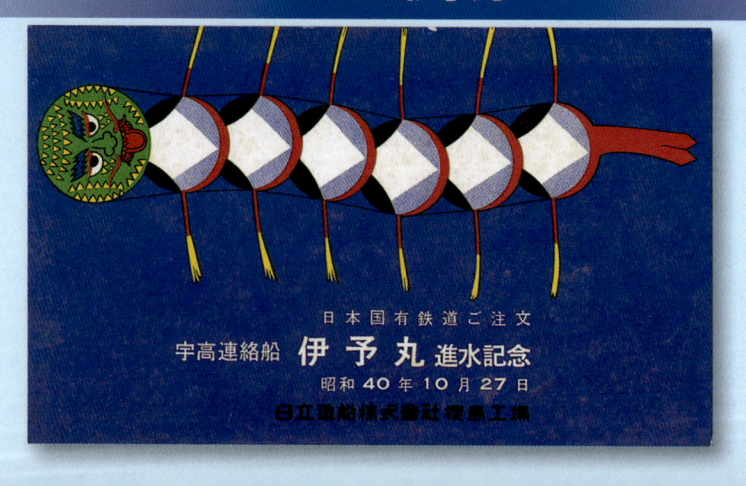

日本国有鉄道ご注文
宇高連絡船 伊予丸進水記念
昭和40年10月27日
日立造船株式会社桜島工場

⑧ 進水記念絵ハガキ

宇高
航路

讃岐丸 Ⅱ
（宇高・客載車両渡船）

鉄道連絡船主要目一覧表
（新造時）・（五十音順）

1. ここに掲載した船舶は、連絡船として使用する目的で建造されたものに限定する。
2. 河川用の連絡船は除く。
3. 船名欄下の（ ）内は、就航後に改名したもの。また船名後の（Ⅱ）、（Ⅲ）、（Ⅳ）は、二代目、三代目、四代目を表す。
4. 航路欄は、建造後最初に就航した航路を表す。
5. 主要寸法欄の単位は、英式（'フィート、"インチ）以外、メートル（m）で表す。

船名	信号符字	用途	船質	航路	総トン数 純トン数 (トン)	主要寸法 (m)				載貨量			
						全長 垂線間長	幅 (型)	深さ (型)	喫水 (満載)	貨物 (トン)	線路数 (線)	貨車 [ワム型] (両)	その他の車両 (台)
あ													
亜庭丸	TMTB	客貨船 (砕氷)	鋼	稚内-大泊	3,297.87 1,523.60	327'4 1/2" 310'0"	45'0"	30'0"	20'11 5/8"	470	—	—	—
阿波丸	JG2436	客載車両渡船	鋼	宇野-高松	3,082.77 1,198.61	88.90 84.00	15.80	5.45	3.70	—	3	27	—
い													
壱岐丸	JMNG	客船	鋼	下関-釜山	1,680.56 913.50	270'6" 260'0"	36'0"	22'0"	12'6"	300	—	—	—
壱岐丸(Ⅱ)	JGTM	貨物船	鋼	下関-釜山	3,519.48 1,794.82	103.84 98.00	14.50	8.80	5.03	4,617	—	—	—
石狩丸	JWSZ	車両渡船	鋼	青森-函館	3,146.32 1,079.16	118.00 113.20	15.85	6.80	5.00	—	4	42	—
石狩丸(Ⅲ)	JPHE	車両渡船	鋼	青森-函館	4,105.62 1,261.31	144.60 136.00	18.40	7.20	5.10	—	4	55	—
厳島丸		客船	木	厳島-宮島	70.00 36.30	75'0"	16'5".7	6'9"		—	—	—	—
伊予丸	JQDC	客載車両渡船	鋼	宇野-高松	3,083.76 1,170.33	88.90 84.00	15.80	5.45	3.70	—	3	27	—
岩滝丸	—	客船	木	宮津湾内	17.00 10.00	50'4"	10'5"	4'4".7		—	—	—	—
お													
大瀬戸丸 (弥山丸)	JKVC	客船	鋼	馬関-門司	188.83 103.30	105'0" 100'0"	27'0"	8'6"	5'9"	—	—	—	—
大島丸 (安芸丸)	7JMD	客貨船	鋼	大島-小松港	257.99 94.83	33.40 30.80	9.30	2.90	2.00	—	—	—	5トン自動車 1
大島丸(Ⅲ) (安芸丸Ⅱ)	JG2843	旅客フェリー	鋼	大島-小松港	267.03 117.15	33.60 29.70	9.60	3.00	2.00	—	—	—	4m自動車 15
渡島丸	JDZQ	車両渡船	鋼	青森-函館	2,911.81 1,000.04	118.00 113.20	15.85	6.80	5.00	—	4	42	—
渡島丸(Ⅱ)	JFLQ	車両渡船	鋼	青森-函館	4,075.15 1,284.62	144.60 136.00	18.40	7.20	5.10	—	4	55	—
き													
北見丸	JQGY	車両渡船	鋼	青森-函館	2,928.10 973.70	118.01 113.20	15.85	6.80	5.00	—	4	44	—
け													
景福丸	SJGN	客船	鋼	下関-釜山	3,619.66 1,380.60	375'0" 360'0"	46'0"	28'0"	15'0"	430	—	—	—

6 載貨量欄の貨車数は、特記以外、ワム型15トン有蓋車に換算した両数で表す。
7 ア 搭載人員欄の1等および2等は、昭和44年（1969）5月10日以降、それぞれグリーン船室、普通船室に改称された。
 イ 搭載人員欄の（ ）内数字は、自動車を搭載しない場合の人数を示す。
 ウ 搭載人員欄の、その他とは、旅客や船員に含まれないもの、例えば、船舶所有者、貨物付添人、税関職員などをいう。
8 主機械欄の、Rはレシプロ、Dはディーゼル、SDは焼玉、Gはガソリン、Tは蒸気タービン、Eは推進用電動機を表す。
9 推進器数欄のPは外輪車、Vはフォイト・シュナイダー、CPは可変ピッチ、360°は360度旋回式を表す。
10 試運転最高欄出力の、Iは指示馬力、Sは軸馬力、Bは制動馬力を表す。
11 就航年月日は、本就航を開始した日を示す。
12 終航年月日は、鉄道連絡船としての本来の業務を終了した日を示す。「貨車はしけ」の曳航、所属航路外への助勤等は除く。

搭載人員（人）					主機械		推進器数	試運転最高		製造所	起工 進水 竣工	就航 終航 終末
1等 グリーン	2等 普通	3等	計	その他	乗組	種類	数		速力 (ノット)	出力 (馬力)			
18	102	634	754	—	92	R	2	2	16.40	I 6,394	（株）神戸製鋼所 播磨造船工場	昭 2. 2.18 昭 2. 9.23 昭 2.11.25	昭 2.12. 8 昭20. 8. 9 昭20 沈没
300	1,500	—	1,800	15	42	D	2	CP2	16.21	S 4,790	三菱重工業（株）下関造船所	昭42. 3. 3 昭42. 5.25 昭42. 9.14	昭42.10. 1 昭63. 4.10 昭63 売却
18	64	235	317	—	75	R	2	2	14.96	I 2,422	三菱合資会社 長崎三菱造船所	昭37. 5.31 昭38. 6.19 昭38. 9. 5	昭38. 9.11 昭 6. 5.11 昭 7 売却
—	—	—	—	12	73	T	1	1	17.16	S 4,018	（株）播磨造船所	昭15. 4. 2 昭15. 9.26 昭15.11.30	昭15 昭23. 6. 5 昭25 譲渡
—	—	394	394	132	125	T	2	2	16.91	S 4,645	三菱重工業（株）横浜造船所	昭20. 3. 1 昭21. 3.15 昭21. 7. 6	昭21. 7.23 昭40. 9.30 昭40 売却
—	—	—	—	50	41	D	8	CP2	21.66	S 13,610	日立造船（株）向島工場	昭51. 7.22 昭51.11.26 昭52. 4.26	昭52. 5. 6 昭63. 3.13 昭63 売却
—	—	302	302	—	10	R	2	2	10.25	I 170	大阪鉄工所	明38.10 明38.11. 8	明38.11. 8 大13. 9. 1 大14 除却
300	1,500	—	1,800	15	42	D	2	CP2	16.88	S 4,870	日立造船（株）桜島工場	昭40. 3.18 昭40.10.27 昭41. 1.30	昭41. 3. 1 昭63. 4.10 昭63 売却
—	—	71	71	—	4	G	1	1	8.19		福島光教	大 4. 2	大 4. 3.27 大14. 7.31 大14 売却
29	48	258	335	—	17	R	2	2	8.20	I 145	三菱合資会社 長崎三菱造船所	明33. 9. 2 明34. 2.16 明34. 5.14	明34. 5.27 昭31. 3 昭31 売却
—	450 (550)	—	450 (550)	—	9	D	1	CP1	11.14	S 358	（株）大阪造船所	昭36. 1.18 昭36. 4. 7 昭36. 6. 2	昭36. 6.10 昭51. 7. 4 昭52 売却
—	350	—	350	—	4	D	1	CP1	11.84	S 825	（株）神田造船所 吉浦工場	昭44.11.12 昭45. 1.13 昭45. 3.12	昭45. 3.20 昭62. 1.28 昭62 売却
—	—	—	—	—	105	T	2	2	17.17	S 5,565	三菱重工業（株）横浜造船所	昭21.12.10 昭22. 7.30 昭23. 7.10	昭23. 7.26 昭40. 8.31 昭40 売却
—	—	—	—	50	40	D	8	CP2	20.67	S 11,945	函館ドック（株）函館造船所	昭44. 3.27 昭44. 6.30 昭44. 9.27	昭44.10. 1 昭53. 9.30 昭59 売却
—	—	—	—	—	97	T	2	2	17.82	S 6,005	浦賀船渠（株）	昭21. 9.14 昭22. 5. 2 昭23. 1.31	昭23. 2.27 昭29. 9.26 昭29 沈没
45	214	690	949	10	148	T	2	2	19.78	S 8,514	三菱造船（株）神戸造船所	大10. 3.15 大10.11.22 大11. 4.21	大11. 5.18 昭24. 7.30 昭33 売却

船名	信号符字	用途	船質	航路	総トン数 純トン数 (トン)	主要寸法 (m) 全 長 垂線間長	幅(型)	深さ(型)	喫水(満載)	載貨量 貨物(トン)	線路数(線)	貨車ワム型(両)	その他の車両(台)
こ													
児嶋丸	JMKH	客船	鋼	尾道―多渡津	224. 120.60	115'0"	20'0"	10'3"		—	—	—	—
高麗丸	MFKL	客貨船	鋼	下関―釜山	3,028.51 1,399.12	334'6" 320'0"	43'0"	30'0"	17'0"	930	—	—	—
金剛丸	JIPK	客貨船	鋼	下関―釜山	7,081.74 3,211.84	134.15 126.50	17.46	10.00	6.10	3,170	—	—	—
興安丸	JKBL	客貨船	鋼	下関―釜山	7,079.76 3,227.31	134.15 126.50	17.46	10.00	6.10	3,174	—	—	—
崑崙丸	JYHR	客貨船	鋼	下関―釜山	7,908.07 3,427.46	143.40 134.00	18.20	10.00	6.10	2,223	—	—	—
さ													
讃岐丸 (第一讃岐丸)	JPFL	客載車両渡船	鋼	宇野―高松	1,828.89 501.60	78.00 73.20	15.00	5.30	3.70	—	3	24	手押車6
讃岐丸(Ⅱ)	JG3385	客載車両渡船	鋼	宇野―高松	3,087.73 1,619.82	88.90 84.00	15.80	5.45	3.76	—	3	27	—
山陽丸	SMWR	客船	鋼	宇野―高松	561.19 214.56	148'0" 140'0"	28'6"	12'6"	9'11"	—	—	—	手押車14
山陽丸(Ⅱ)	JG2248	客貨船	鋼	宮島口―宮島	158.20 67.73	29.00 26.00	7.00	2.60	1.60	—	—	—	4m自動車2
し													
紫雲丸 (瀬戸丸)	JDJQ	車載客船	鋼	宇野―高松	1,449.49 585.22	76.18 72.00	13.20	5.00	3.50	—	2	14	手押車18
下関丸 (七浦丸)	JKVB	客船	鋼	馬関―門司	188.83 100.40	105'0" 100'0"	27'0"	8'6"	5'9"	—	—	—	—
下関丸(Ⅱ)	SWLH	客船	鋼	下関―門司	527.83 243.12	132'0" 125'0"	30'0"	12'0"	8'10"	—	—	—	手押車41
昌慶丸	SLQK	客貨船	鋼	下関―釜山	3,619.66 1,380.99	375'0" 360'0"	46'0"	28'0"	15'0"	430	—	—	—
翔鳳丸	SPWB	客載車両渡船	鋼	青森―函館	3,460.80 1,269.81	361'10" 350'0"	52'0"	22'0"	15'0"	—	3	25	—
白神丸	NWLG	貨物船	木	青森―函館	841.01 436.39	192'6" 180'0"	30'0"	20'0"	16'2".37	985	—	—	—
新羅丸	MFTV	客貨船	鋼	下関―釜山	3,020.66 1,398.18	334'6" 320'0"	43'0"	30'0"	17'0"	930	—	—	—
す													
周防丸	—	旅客フェリー	鋼	大島―小松港	89.36 32.17	20.50 19.00	6.50	2.50	1.50	—	—	—	4m自動車6
せ													
瀬戸丸(Ⅱ)	JG3444	旅客フェリー	鋼	仁方―堀江	399.23 156.82	43.60 39.00	10.20	3.50	2.60	—	—	—	4m自動車24
そ													
宗谷丸	JAWE	客貨船(砕氷)	鋼	稚内―大泊	3,593.16 1,539.22	338'0" 310'0"	46'0"	30'0"	21'9"	380	—	—	—

搭載人員（人）					主機械		推進器数	試運転最高		製造所	起工 進水 竣工	就航 終航 結末
1等 グリーン	2等 普通	3等 —	計	その他	乗組	種類	数		速力 (ノット)	出力 (馬力)			
12	36	98	146	—	22	R	2	2	10.65	I 354	三菱合資会社 長崎三菱船所	明 35. 8.11 明 36. 1.24 明 36. 3.12	明 36. 3.18 大 12. 6 大 13 売却
43	120	440	603	5	109	R	2	2	16.16	I 4,495	（株）川崎造船所	明 45. 7 大 1.10.11 大 2. 1.14	大 2. 1.31 昭 7.10.30 昭 8 売却
46	316	1,384	1,746	18	141	T	2	2	23.19	S 17,363	三菱重工業（株） 長崎造船所	昭 10.11. 6 昭 11. 5.24 昭 11.10.31	昭 11.11.16 昭 20. 5.27 昭 28 解体
46	316	1,384	1,746	18	141	T	2	2	23.11	S 17,645	三菱重工業（株） 長崎造船所	昭 11. 3.14 昭 11.10. 2 昭 12. 1.18	昭 12. 1.31 昭 20. 6.20 昭 25 譲渡
60	344	1,646	2,050	19	165	T	2	2	23.45	S 17,687	三菱重工業（株） 長崎造船所	昭 17. 6.20 昭 17.12.24 昭 18. 3.30	昭 18. 4.12 昭 18.10. 5 昭 18 沈没
90	710	—	800	10	40	D	2	V2	12.88	B 2,178	新三菱重工 神戸造船所	昭 35. 8.13 昭 35.11.22 昭 36. 3.15	昭 36. 4.25 昭 50. 3. 9 昭 50 売却
334	2,016	—	2,350	22	34	D	4	CP2	16.87	S 5,400	内海造船（株） 瀬戸田工場	昭 48.10. 4 昭 49. 3.23 昭 49. 6.28	昭 49. 7.20 昭 63. 4.10 平 9 売却
—	158	899	1,057	—	30	T	2	2	13.89	S 1,375	三菱造船（株） 神戸造船所	大 12. 1. 8 大 12. 4.17 大 12. 6. 2	大 12. 6.29 昭 23.12.27 昭 28 売却
10 (10)	290 (340)	—	300 (350)	—	6	D	1	1	11.49	B 385	来島船渠（株）	昭 40. 3.12 昭 40. 6. 3 昭 40. 6.30	昭 40. 7.15 昭 53. 7.31 昭 53 売却
20	167	1,313	1,500	—	61	T	2	2	14.66	S 2,181	（株）播磨造船所	昭 21. 8.16 昭 22. 3.10 昭 22. 6. 9	昭 22. 7. 6 昭 41. 3.30 昭 41 売却
29	48	258	335	—	17	R	2	2	8.01	I 187	三菱合資会社 長崎三菱造船所	明 33. 9. 2 明 34. 2.16 明 34. 5.14	明 34. 5.27 昭 30. 8.25 昭 33 売却
—	—	996	996	—	32	R	2	2	10.13	I 511	（株） 藤永田造船所	大 13.11.12 大 14. 5.13 大 14. 7.17	大 14. 8. 1 昭 36. 6.15 昭 37 売却
45	210	690	945	10	148	T	2	2	20.49	S 9,163	三菱造船（株） 神戸造船所	昭 11. 1.25 昭 11. 9. 5 昭 12. 2.28	昭 12. 3.12 昭 20. 6.20 昭 36 売却
39	208	648	895	—	123	T	2	2	16.95	S 5,730	浦賀船渠（株）	昭 11. 8.10 昭 12. 5.29 昭 13. 4.19	昭 13. 5.21 昭 20. 7.14 昭 20 沈没
—	—	5	5	—	40	R	1	1	10.05	I 555	横浜船渠（株）	大 6.11.22 大 7. 3.28 大 7. 6. 3	大 7. 6.18 大 14. 7.30 人 15 売却
43	120	440	603	5	109	R	2	2	16.12	I 4,676	（株）川崎造船所	大 1. 8 大 1.11.27 大 2. 3.14	大 2. 4. 5 昭 20. 5.25 昭 20 沈没
—	130 (300)	—	130 (300)	—	7	D	1	1	9.02	B 198	瀬戸田造船（株）	昭 39. 4.14 昭 39. 6. 8 昭 39. 6.30	昭 39. 7.10 昭 50. 3. 1 昭 50 売却
—	200	—	200	—	6	D	2	CP2	14.33	S 2,091	（株）臼杵鉄工所 臼杵造船所	昭 49. 4.23 昭 49. 9. 3 昭 49.11.29	昭 50. 3.10 昭 57. 6.30 昭 58 売却
18	102	670	790	—	87	R	2	2	17.06	I 5,851	横浜船渠（株）	昭 6.12.15 昭 7. 6.23 昭 7.12. 5	昭 7.12.22 昭 27. 8.23 昭 40 売却

船名	信号符字	用途	船質	航路	総トン数純トン数(トン)	主要寸法 (m)				貨物(トン)	線路数(線)	載貨量	
						全長垂線間長	幅(型)	深さ(型)	喫水(満載)			貨車(ワム型)(両)	その他の車両(台)
空知丸	JMMK	車両渡船	鋼	青森―函館	3,428.27 / 797.35	119.35 / 111.00	17.40	6.80	4.70	―	4	43	―
空知丸(Ⅱ)	JQAD	車両渡船	鋼	青森―函館	4,123.60 / 1,272.34	144.60 / 136.00	18.40	7.20	5.10	―	4	55	―
た													
第一宇高丸	VCFP	車両渡船	鋼	宇野―高松	312.68 / 119.78	157'6" / 150'0"	32'0"	8'6"	5'11".4	―	2	10	―
第二宇高丸	JRLJ	車両渡船	鋼	宇野―高松	322.87 / 73.66	156'6" / 150'0"	33'0"	8'6"	5'11".4	―	2	10	―
第三宇高丸	JBVG	車両渡船	鋼	宇野―高松	1,282.15 / 280.01	76.30 / 72.00	14.50	5.00	3.50	―	3	22	手押車14
第一関門丸	RPTN	車両渡船	鋼	下関―小森江	463.10 / 141.56	184'6" / 176'0"	26'0"	14'0"	7'6"	―	1	7トン車7	―
第二関門丸	RPTQ	車両渡船	鋼	下関―小森江	463.10 / 141.56	184'6" / 176'0"	26'0"	14'0"	7'6"	―	1	7トン車7	―
第三関門丸	SHWC	車両渡船	鋼	下関―小森江	493.14 / 117.79	190'0" / 176'0"	30'0"	14'0"	7'11"	―	1	6	―
第四関門丸	SHWJ	車両渡船	鋼	下関―小森江	493.14 / 117.79	190'0" / 176'0"	30'0"	14'0"	7'11"	―	1	6	―
第五関門丸	TFHB	車両渡船	鋼	下関―小森江	502.28 / 179.62	183'0" / 176'0"	30'0"	14'0"	7'10 1/2"	―	1	6	―
第一青函丸	JFYH	車両渡船	鋼	青森―函館	2,326.08 / 772.33	366'0" / 356'0"	52'0"	20'0"	13'0"	―	4	43	―
第二青函丸	VGRM	車両渡船	鋼	青森―函館	2,493.01 / 853.24	370'0" / 360'0"	52'0"	20'0"	13'0"	―	4	43	―
第三青函丸	JGWN	車両渡船	鋼	青森―函館	2,787.41 / 921.43	114.91 / 110.00	15.85	6.60	4.60	―	4	44	―
第四青函丸	JYIR	車両渡船	鋼	青森―函館	2,903.37 / 942.54	118.60 / 113.20	15.85	6.60	4.64	―	4	44	―
第五青函丸	JGVT	車両渡船	鋼	青森―函館	2,792.37 / 928.27	118.01 / 113.20	15.85	6.80	5.00	―	4	44	―
第六青函丸	JWNT	車両渡船	鋼	青森―函館	2,802.09 / 938.12	118.01 / 113.20	15.85	6.80	5.00	―	4	44	―
第七青函丸	JGHV	車両渡船	鋼	青森―函館	2,850.99 / 937.73	118.01 / 113.20	15.85	6.80	5.00	―	4	44	―
第八青函丸	JECA	車両渡船	鋼	青森―函館	2,850.99 / 939.15	118.01 / 113.20	15.85	6.80	5.00	―	4	44	―
第九青函丸	JFWA	車両渡船	鋼	青森―函館	2,850.99 / 939.15	118.01 / 113.20	15.85	6.80	5.00	―	4	44	―
第十青函丸	JYFF	車両渡船	鋼	青森―函館	2,850.99 / 936.92	118.01 / 113.20	15.85	6.80	5.00	―	4	44	―
第十一青函丸	JLLW	車両渡船	鋼	青森―函館	2,850.71 / 945.85	118.01 / 113.20	15.85	6.80	5.00	―	4	44	―
第十二青函丸	JWEZ	車両渡船	鋼	青森―函館	3,161.44 / 1,070.15	118.01 / 113.20	15.85	6.80	5.00	―	4	44	―

搭載人員（人）					主機械		推進器数	試運転最高		製造所	起工進水竣工	就航終航結末
1等グリーン	2等普通	3等	その他	乗組	種類	数		速力（ノット）	出力（馬力）			
—	—	—	—	25	79	D	2	2	17.37	B 6,454	浦賀船渠(株)	昭30. 3.28 昭30. 7. 4 昭30. 9. 5	昭30. 9.18 昭51. 2.27 昭51 売却
—	—	—	—	50	41	D	8	CP2	21.79	S 13,650	函館ドック(株) 函館造船所	昭50. 9. 4 昭50.12.18 昭51. 3.31	昭51. 4. 5 昭63. 3.13 昭63 売却
—	—	—	—	12	16	D	2	2	8.67	B 389	(株)川崎造船所	昭 4. 2.16 昭 4. 9. 4 昭 4.10.14	昭 4.11.23 昭36. 2.11 昭37 売却
—	—	—	—	12	13	D	2	2	9.38	B 366	(株) 大阪鉄工所	昭 8.11.25 昭 9. 3.27 昭 9. 7. 6	昭 9. 7.12 昭36. 4.24 昭37 売却
—	—	—	—	32	49	D	2	2	15.01	B 2,204	新三菱重工業 (株) 神戸造船所	昭27. 8.25 昭28. 1.30 昭28. 4.15	昭28. 5. 1 昭49. 6. 2 昭50 売却
—	—	10	10	—	41	R	1	P2	10.12	I 529	横浜船渠(株)	大 8. 2.25 大 8. 5.26 大 8. 7. 3	大 8. 8. 1 昭23.12.27 昭25 売却
—	—	10	10	—	40	R	1	P2	10.23	I 533	横浜船渠(株)	大 8. 2.25 大 8. 6. 4 大 8. 7. 3	大 8. 8. 1 昭23.12.27 昭25 売却
—	—	10	10	—	40	R	2	P2	8.86	I 426	(株) 大阪鉄工所	大10.11 大10.12.12	大10.12.16 昭23.12.27 昭25 売却
—	—	10	10	—	40	R	2	P2	9.65	I 362	(株) 大阪鉄工所	大10.12 大11. 1.13	大11. 1.18 昭23.12.27 昭25. 売却
—	—	10	10	—	41	R	2	P2	10.45	I 391	函館船渠(株)	大15. 6. 6 大15. 7.21	大15. 7.29 昭23.12.27 昭25 売却
—	—	—	—	12	72	T	2	2	13.51	S 2,302	横浜船渠(株)	大14.12. 9 大15.10.21 大15.11.30	大15.12.12 昭20. 7.15 昭20 沈没
—	—	—	—	12	58	T	2	2	13.93	S 2,485	(株)川崎造船所	昭 4.11. 7 昭 5. 6.30 昭 5. 8. 5	昭 5. 9. 1 昭20. 7.14 昭20 沈没
4	—	—	4	50	65	T	2	2	17.70	S 5,359	浦賀船渠(株)	昭13.10.12 昭14. 3.19 昭14.10.10	昭14.11.25 昭20. 7.14 昭20 沈没
4	—	—	4	120	76	T	2	2	17.16	S 5,314	浦賀船渠(株)	昭16. 8.16 昭17. 9.21 昭18. 2.25	昭18. 3. 5 昭20. 7.14 昭20 沈没
—	—	—	—	—	76	T	2	2	17.01	S 4,575	浦賀船渠(株)	昭18. 6.29 昭18.11.10 昭18.12.29	昭19. 1.14 昭20. 3. 6 昭20 沈没
—	—	—	—	17	85	T	2	2	16.99	S 4,080	浦賀船渠(株)	昭18.11.13 昭19. 1.31 昭19. 3. 7	昭19. 3.19 昭39. 5. 3 昭39 売却
—	—	—	—	17	83	T	2	2	17.07	S 4,185	浦賀船渠(株)	昭19. 3.11 昭19. 5.27 昭19. 7.10	昭19. 7.20 昭39.12.31 昭40 売却
—	—	—	—	17	83	T	2	2	17.31	S 4,170	浦賀船渠(株)	昭19. 5.27 昭19. 8.25 昭19.11. 2	昭19.11.22 昭39.11.30 昭40 売却
—	—	—	—	—	—	T	2	2	17.59	S 4,255	浦賀船渠(株)	昭19. 7.15 昭19.12.23 昭20. 2.15	— — 昭20 沈没
—	—	—	—	—	—	T	2	2	17.30	計測セズ	浦賀船渠(株)	昭19.12.23 昭20. 3.14 昭20. 5.19	昭20. 6. 1 昭20. 7.14 昭20 沈没
—	—	—	—	17	89	T	2	2	16.72	S 4,175	浦賀船渠(株)	昭20. 2. 3 昭20. 6. 8 昭20. 9.28	昭20.10. 9 昭29. 9.26 昭29 沈没
—	—	279	279	267	88	T	2	2	17.08	S 4,510	浦賀船渠(株)	昭20. 3.19 昭20.12.27 昭21. 5. 2	昭21. 5.15 昭40. 7. 2 昭40 売却

船名	信号符字	用途	船質	航路	総トン数 純トン数 （トン）	主要寸法（m）				載貨量			
						全 長 垂線間長	幅（型）	深さ（型）	喫水（満載）	貨物（トン）	線路数（線）	貨車 ワム型（両）	その他の車両（台）
第一太湖丸		客船	鉄	大津―長浜	516.00								
第二太湖丸		客船	鉄	大津―長浜	498.00								
大雪丸	JTBP	車載客船	鋼	青森―函館	3,885.77 1,422.12	118.70 113.20	15.85	6.80	4.90	―	2	18	―
大雪丸（Ⅱ）	JPBI	客載車両渡船	鋼	青森―函館	8,298.84 4,239.08	132.00 123.00	17.90	7.20	5.20	―	4	48	―
第二橋立丸	JWVC	客船	木	舞鶴―小浜	156.74 85.41	110'2".5	16'4".5	12'1"	―	―	―	―	―
第三橋立丸	LPBN	客船	鋼	舞鶴―宮津	168.61 91.00	104'0" 100'0"	18'0"	10'0"	7'6"	―	―	―	―
第二阪鶴丸	LFKS	客船	鋼	舞鶴―境	864.90 536.20	187'6"	28'0"	19'7"	―	―	―	―	―
第二山口丸		客船	木	大島―小松港	38.40 23.97	16.41	4.25	1.53	―	―	―	―	―
龍飛丸	RFNV	貨物船	木	青森―函館	841.01 422.70	192'6" 180'0"	30'0"	20'0"	16'2".37	985	―	―	―
玉藻丸	JMKL	客船	鋼	岡山―高松	224. 120.60	115'0"	20'0"	10'3"	―	―	―	―	―
田村丸	LFJT	客船	鋼	青森―函館	1,479.41 670.86	292'9" 280'0"	35'0"	21'6"	11'6"	239	―	―	―
ち													
長水丸	RMCL	客船	鋼	下関―門司	410.00 196.98	121'0" 115'0"	28'0"	10'6"	7'5"	―	―	―	手押車 37
つ													
津軽丸	STDV	客載車両渡船	鋼	青森―函館	3,484.65 1,273.12	360'0" 350'0"	52'0"	22'0"	15'0"	―	3	25	―
津軽丸（Ⅱ）	JQUW	客載車両渡船	鋼	青森―函館	8,278.66 4,298.39	132.00 123.00	17.90	7.20	5.20	―	4	48	―
対馬丸	JMNP	客船	鋼	下関―釜山	1,679.40 913.50	270'6" 260'0"	36'0"	22'0"	12'6"	300	―	―	―
対馬丸（Ⅱ）	JGYM	貨物船	鋼	下関―釜山	3,516.33 1,816.48	103.84 98.00	14.50	8.80	5.03	4,617	―	―	―
て													
天山丸	JABR	客貨船	鋼	下関―釜山	7,906.81 3,419.33	143.40 134.00	18.20	10.00	6.10	2,223	―	―	―
と													
洞爺丸	JTAP	車載客船	鋼	青森―函館	3,898.03 1,430.64	118.70 113.20	15.85	6.80	4.90	―	2	18	―
十勝丸	JGUD	車両渡船	鋼	青森―函館	2,911.77 998.70	118.00 113.20	15.85	6.80	5.00	―	4	42	―
十勝丸（Ⅱ）	JCAO	車両渡船	鋼	青森―函館	4,091.73 1,248.51	144.60 136.00	18.40	7.20	5.10	―	4	55	―

搭載人員（人）					主機械		推進器数	試運転最高		製造所	起工 進水 竣工	就航 終航 結末
1等 グリーン	2等 普通	3等	計	その他	乗組	種類	数		速力 (ノット)	出力 (馬力)		
			350			R					キルビー商会 小野浜鉄工所	明16.9	明22 明36 売却
			350			R					キルビー商会 小野浜鉄工所	明16.9	明22 明36 売却
46	255	633	934	16	125	T	2	2	17.61	S 6,070	三菱重工業(株) 神戸造船所	昭22.3.26 昭23.3.13 昭23.10.25	昭23.11.27 昭39.8.31 昭41 売却
330	870	−	1,200	40	49	D	8	CP2	21.22	S 13,350	三菱重工業(株) 横浜造船所	昭39.7.7 昭39.10.30 昭40.4.20	昭40.5.16 昭63.3.13 昭63 売却
−	24	70	94	−	20	R	1	1			小野清吉	明39.5	明39.7.1 大13.4.11 大13 除却
−	29	100	129	−	20	R	1	1	9.60	I 327	浦賀船渠(株)	明43.10.26	明43.12.24 大13.4.11 昭14 売却
8	41	250	299	−	46	R	1	1	11.20	I 502	大阪鉄工所	明41.4 明41.6.25	明41.7.10 大3.7.25 大3 除却
−	−	77	77	−	5	SD	1	1			原 直吉	昭12.8	昭12.10. 昭28. 昭30 売却
−	−	9	9	−	40	R	1	1	10.30	I 555	横浜船渠(株)	大6.12.24 大7.8.6 大7.10.4	大7.10.16 大15.4. 大15 売却
12	36	98	146	−	22	R	2	2	10.69	I 378	三菱合資会社 長崎三菱造船所	明35.8.11 明36.1.24 明36.3.12	明36.3.18 大12.6 大13 売却
22	52	254	328	−	71	T	3	3	18.20		WILIAM DENNY &BROTHERS CO．(英国)	明40.1 明40.8 明41.3	明41.4.4 昭2.10.21 昭4 売却
5	−	744	749	−	31	R	2	2	10.13	I 519	浦賀船渠(株)	大9.5.3 大9.7.29 大9.12.4	大9.12.27 昭39.10.31 昭40 売却
40	198	650	888	−	126	T	2	2	16.87	S 5,624	三菱造船(株) 長崎造船所	大12.6.13 大13.5.22 大13.9.24	大13.10.11 昭20.7.14 昭20 沈没
330	870	−	1,200	40	49	D	8	CP2	20.64	S 10,740	浦賀重工業(株)	昭38.5.24 昭38.11.15 昭39.3.31	昭39.5.10 昭57.3.4 昭58 売却
18	64	235	317	−	75	R	2	2	14.93	I 2,311	三菱合資会社 長崎三菱造船所	明37.5.31 明38.8.27 明38.10.26	明38.11.1 大14.12.17 大14 沈没
−	−	−	−	12	73	T	1	1	17.29	S 4,116	(株)播磨造船所	昭15.10.3 昭16.2.12 昭16.4.12	昭16 昭20.6.20 昭20 自沈
60	342	1,646	2,048	19	165	T	2	2	23.26	S 17,533	三菱重工業(株) 長崎造船所	昭15.11.19 昭16.8.8 昭17.9.10	昭17.9.27 昭20.6.20 昭20 沈没
44	255	633	932	16	128	T	2	2	17.45	S 5,455	三菱重工業(株) 神戸造船所	昭21.9.17 昭22.3.26 昭23.11.2	昭22.11.21 昭29.9.26 昭29 沈没
−	−	−	−		105	T	2	2	17.09	S 5,445	三菱重工業(株) 横浜造船所	昭21.10.1 昭22.3.22 昭23.3.15	昭23.4.7 昭45.3.31 昭45 売却
−	−	−	−	50	40	D	8	CP2	21.67	S 13,430	日立造船(株) 向島工場	昭44.11.11 昭45.2.19 昭45.6.23	昭45.6.30 昭59.1.31 昭62 売却

船名	信号符字	用途	船質	航路	総トン数 純トン数 (トン)	主要寸法 (m)				載貨量		
						全長 垂線間長	幅 (型)	深さ (型)	喫水 (満載)	貨物 (トン)	線路数 (線)	貨車 [ワム型] (両)	その他の車両 (台)
徳寿丸	SLJN	客船	鋼	下関―釜山	3,619.66 1,380.99	375'0" 360'0"	46'0"	28'0"	15'0"	430	―	―	
土佐丸	JQDH	客載車両渡船	鋼	宇野―高松	3,083.39 1,169.38	88.90 84.00	15.80	5.45	3.70	―	3	27	
豊浦丸	JFDM	客船	鋼	徳山―門司	322.	135'0"	23'0"	9'3"		32			
十和田丸 (石狩丸II)	JJZR	車載客船	鋼	青森―函館	6,148.08 2,880.99	120.00 111.00	17.40	6.80	4.72	―	2	18	
十和田丸(II)	JMUK	客載車両渡船	鋼	青森―函館	8,335.25 4,528.9	132.00 123.00	17.90	7.20	5.20	―	4	48	
な													
ななうら丸 (II)	JG4643	旅客フェリー	鋼	宮島口―宮島	196.― ―	31.00 28.50	8.50	3.00	2.00	―	―	―	4m 自動車 13
南海丸	SNBK	客船	鋼	宇野―高松	561.19 214.56	148'0" 140'0"	28'6"	12'6"	9'11"	―			手押車 14
は													
馬関丸	JFDN	客船	鋼	徳山―門司	321.	135'0"	23'0"	9'3"		32	―	―	
橋立丸	JSLC	客船	木	舞鶴―宮津	48.13 21.46	81'6" 75'0"	13'9"	7'0"	5'3"				
八甲田丸	JRRX	客載車両渡船	鋼	青森―函館	8,313.75 4,458.41	132.00 123.00	17.90	7.20	5.20	―	4	48	
阪鶴丸	JWVF	客貨船	鋼	舞鶴―境	760.	187'0"	26'0"	18'1"		―	―		
ひ													
眉山丸	JMJQ	車載客船	鋼	宇野―高松	1,456.22 568.27	76.18 72.00	13.20	5.00	3.50	―	2	14	手押車 18
日高丸	JQLY	車両渡船	鋼	青森―函館	2,932.01 977.26	118.01 113.20	15.85	6.80	5.00	―	4	44	
日高丸(II)	JBRK	車両渡船	鋼	青森―函館	4,089.04 1,283.21	144.60 136.00	18.40	7.20	5.10	―	4	55	
檜山丸	JMMI	車両渡船	鋼	青森―函館	3,393.09 850.60	119.49 111.00	17.40	6.80	4.70	―	4	43	
檜山丸(II)	JJRE	車両渡船	鋼	青森―函館	4,107.96 1,471.82	144.60 136.00	18.40	7.20	5.10	―	4	55	
比羅夫丸	LTJR	客船	鋼	青森―函館	1,480.41 676.80	292'9" 280'0"	35'0"	21'6"	11'6"	239	―	―	
飛鸞丸	STNM	客載車両渡船	鋼	青森―函館	3,459.87 1,296.39	361'10" 350'0"	52'0"	22'0"	15'0"	―	3	25	
ほ													
豊山丸	RMCN	客船	鋼	下関―門司	410.00 196.98	121'0" 115'0"	28'0"	10'6"	7'5"	―			手押車 37
ま													
摩周丸	JLXQ	車載客船	鋼	青森―函館	3,782.42 1,364.65	118.70 113.20	15.85	6.80	4.90	―	2	18	

1等グリーン	2等普通	3等	計	その他	乗組	種類	数	推進器数	速力(ノット)	出力(馬力)	製造所	起工 進水 竣工	就航 終航 結末
45	210	690	945	10	148	T	2	2	19.90	S 8,479	三菱造船(株) 神戸造船所	大 10. 6.15 大 11. 4. 1 大 11.10.28	大 11.11.12 昭 32. 8.31 昭 36 売却
300	1,500	—	1,800	15	42	D	2	CP2	16.34	S 4,960	三菱重工業(株) 下関造船所	昭 40. 7.16 昭 40.12.11 昭 41. 3.30	昭 41. 4.16 昭 63. 4. 9 昭 63 売却
—	116	146	262			R	2	2	10.34	I 347	三菱合資会社 長崎三菱造船所	明 31. 9.25 明 32. 7. 9 明 32. 8.17	明 32. 8 明 35. 5 明 36 売却
—	470	1,000	1,470	37	100	D	2	2	16.08	B 5,403	新三菱重工(株) 神戸造船所	昭 32. 2. 4 昭 32. 6.15 昭 32. 9.16	昭 32.10. 1 昭 52. 3.18 昭 52 売却
330	870	—	1,200	34	54	D	8	CP2	21.56	S 13,400	浦賀重工業(株)	昭 41. 2.15 昭 41. 6.23 昭 41.10.16	昭 41.11. 1 昭 63. 3.13 昭 63 売却
—	315 (675)	—	315 (675)	—	3	D	1	CP1	11.49	S 600	石川島播磨重工業(株) 呉第1工場	昭 61.10. 7 昭 61.11.21 昭 62. 1.30	昭 62. 2.18
—	158	899	1,057		30	T	2	2	13.86	S 1,453	三菱造船(株) 神戸造船所	大 12. 1. 8 大 12. 4.18 大 12. 6.25	大 12. 7. 3 昭 23.12.27 昭 28 売却
—	116	146	262			R	2	2	10.58	I 320	三菱合資会社 長崎三菱造船所	明 32. 2.15 明 32. 7. 9 明 32. 8.30	明 32. 9. 明 35. 5. 明 36 売却
—	16	36	52		11	R	2	2	11.0	I 151	大阪鉄工所	明 37.10	明 37.11.24 明 44.10.31 昭 6 売却
330	870	—	1,200	40	49	D	8	CP2	20.93	S 12,475	三菱重工業(株) 神戸造船所	昭 38.12. 9 昭 39. 4.15 昭 39. 7.31	昭 39. 8.12 昭 63. 3.13 昭 63 売却
						R	1	1	11.7	I 566	大阪鉄工所	明 39. 7	明 39. 7.11 明 45. 3. 1 明 45 売却
20	167	1,313	1,500	—	61	T	2	2	14.85	S 2,176	(株)播磨造船所	昭 21.10.24 昭 22. 9.16 昭 22.12. 5	昭 23. 2.26 昭 41. 5.21 昭 42 売却
—	—	—	—		92	T	2	2	17.52	S 6,035	浦賀船渠(株)	昭 22. 2.22 昭 23. 3.10 昭 23. 9.30	昭 23.10.22 昭 44. 9.20 昭 45 売却
—	—	—	—	48	43	D	8	CP2	21.43	S 13,200	三菱重工業(株) 神戸造船所	昭 44. 8.26 昭 44.11.29 昭 45. 3.30	昭 45. 4. 4 昭 59. 1.31 昭 62 売却
—	—	—	—	25	79	D	2	2	17.11	B 6,187	新三菱重工(株) 神戸造船所	昭 30. 3.22 昭 30. 7. 8 昭 30. 9. 1	昭 30. 9.16 昭 52. 7. 5 昭 52 売却
—	—	—	—	50	41	D	8	CP2	21.68	S 13,650	三菱重工業(株) 下関造船所	昭 50.10.16 昭 51. 4.15 昭 51. 7.27	昭 51. 8. 5 昭 63. 3.13 昭 63 売却
22	52	254	328	—	71	T	3	3	18.36	S 3,368	WILIAM DENNY &BROTHERS CO.（英国）	明 40. 1 明 40. 7.10 明 41. 2.20	明 41. 3. 7 大 13.10. 昭 4 売却
39	208	648	895	—	123	T	2	2	17.02	S 5,843	浦賀船渠(株)	大 11.10.12 大 12. 8.16 大 13.12.15	大 13.12.30 昭 20. 7.14 昭 20 沈没
5	—	744	749		31	R	2	2	9.60	I 304	浦賀船渠(株)	大 9. 5. 3 大 9. 7.27 大 9.12. 4	大 9.12.27 昭 36. 6.15 昭 37 売却
44	241	614	899	16	131	T	2	2	17.99	S 5,820	浦賀船渠(株)	昭 21.12. 3 昭 22. 9.26 昭 23. 7.31	昭 23. 8.27 昭 39.10.26 昭 41 売却

船名	信号符字	用途	船質	航路	総トン数 純トン数 (トン)	主要寸法 (m)				載貨量		
						全 長 垂線間長	幅 (型)	深さ (型)	喫水 (満載)	貨物 (トン)	線路数 (線)	貨車 [ワム型] (両)	その他の車両 (台)

船名	信号符字	用途	船質	航路	総トン数 純トン数	全長 垂線間長	幅(型)	深さ(型)	喫水(満載)	貨物(トン)	線路数(線)	貨車[ワム型](両)	その他の車両(台)
摩周丸(Ⅱ)	JHMI	客載車両渡船	鋼	青森－函館	8,327.71 4,329.51	132.00 123.00	17.90	7.20	5.20	－	4	48	－
松前丸	STND	客載車両渡船	鋼	青森－函館	3,429.75 1,253.10	360′0″ 350′0″	52′0″	22′0″	15′0″		3	25	
松前丸(Ⅱ)	JMTO	客載車両渡船	鋼	青森－函館	8,313.38 4,564.04	132.00 123.00	17.90	7.20	5.20		4	48	
み													
水島丸	NHWG	客船	鋼	宇野－高松	336.73 130.72	133′6″ 125′0″	25′0″	11′0″	7′3″				
みせん丸(Ⅱ)	JG2277	客貨船	鋼	宮島口－宮島	117.22 46.04	23.50 21.00	6.50	2.50	1.50				4m 自動車 1
みせん丸(Ⅲ)	JG3749	旅客フェリー	鋼	宮島口－宮島	264.49 149.44	30.60 27.00	8.00	2.80	1.80				4m 自動車 4
みせん丸(Ⅳ)	JK5495	旅客フェリー	鋼	宮島口－宮島	218.— —	34.70 27.55	9.50	3.00	2.05				4m 自動車 15
宮島丸	TDCM	客船	木	厳島－宮島	30.32 13.25	58′8″.2	12′2″.4	6′4″.7					
みやじま丸(大島丸Ⅱ)	JEUM	客船	鋼	宮島口－宮島	242.08 93.43	33.83 30.00	8.30	2.90	2.00				
みやじま丸(Ⅱ)	JG2276	客貨船	鋼	宮島口－宮島	117.16 45.90	23.50 21.00	6.50	2.50	1.50				4m 自動車 1
みやじま丸(Ⅲ)	JG3755	旅客フェリー	鋼	宮島口－宮島	266.40 150.72	30.60 27.00	8.00	2.80	1.80				4m 自動車 4
みやじま丸(Ⅳ)	JD2147	旅客フェリー	鋼	宮島口－宮島	254.— —	35.02 30.00	12.00	3.60	2.54				4.7m 自動車 7
も													
門司丸	MNKP	客船	鋼	下関－門司	256.19 94.14	116′9″ 110′0″	27′0″	10′0″	6′9″	－		－	手押車 18
文珠丸	－	客船	木	宮津湾内	17. 10.	50′4″	10′5″	4′4″.7					
や													
山口丸		客船	木	大畠－小松港	38.40 23.97	16.39	4.25	1.53					
ゆ													
由良丸	SGKW	貨物船	木	舞鶴－宮津	29.59 10.50	53′0″	12′3″	6′3″				－	
よ													
羊蹄丸	JTCP	車載客船	鋼	青森－函館	3,896.17 1,429.81	118.70 113.20	15.85	6.80	4.90	－	2	18	
羊蹄丸(Ⅱ)	JQBM	客載車両渡船	鋼	青森－函館	8,311.48 4,256.84	132.00 123.00	17.90	7.20	5.20		4	48	
わ													
鷲羽丸	JQDY	車載客船	鋼	宇野－高松	1,456.22 568.98	76.18 72.00	13.20	5.00	3.50	－	2	14	手押車 18

搭載人員（人）				その他	乗組	主機械		推進器数	試運転最高		製造所	起工 進水 竣工	就航 終航 結末
1等 グリーン	2等 普通	3等	計			種類	数		速力 (ノット)	出力 (馬力)			
330	870	−	1,200	40	53	D	8	CP2	21.15	S 13,250	三菱重工業(株) 神戸造船所	昭39.12. 2 昭40. 3.18 昭40. 6.15	昭40. 6.30 昭63. 3.13 平元 売却
40	198	650	888	−	126	T	2	2	17.37	S 5,758	三菱造船(株) 長崎造船所	大13. 6.13 大13. 6.21 大13.10.24	大13.11.11 昭20. 7.14 昭20 沈没
330	870	−	1,200	40	49	D	8	CP2	21.68	S 13,150	函館ドック(株) 函館造船所	昭39. 2.29 昭39. 7.23 昭39.10.31	昭39.12. 1 昭57.11.12 昭58 売却
10	69	414	493		22	R	2	2	11.20	I 659	(株) 大阪鉄工所	大 6. 3 大 6. 5.11	大 6. 5.15 昭26.12.25 昭28 売却
−	200 (250)	−	200 (250)	−	5	D	1	1	10.04	B 220	(株)神田造船所	昭40. 6.18 昭40. 8. 2 昭40. 9.20	昭40.10. 1 昭51. 7.24 昭51 売却
−	350 (450)	−	350 (450)	−	3	D	1	CP1	10.51	S 543	内海造船(株) 田熊工場	昭53. 2. 7 昭53. 5.10 昭53. 7.28	昭53. 8.10 平 8. 4.25 平 9 売却
−	460 (800)	−	460 (800)	−	3	D	1	2	10.60	S 960	内海造船(株) 田熊工場	平 7.12.25 平 8. 3. 7 平 8. 4.18	平 8. 4.27
−	−	107	107	−	9	R	1	1	8.75		小野清吉	明35. 3	明35. 4. 明38.11. 8 大15 公用廃止
−	−	722	722	−	11	D	1	V1	10.02	B 380	三井造船(株) 玉野造船所	昭29. 3.16 昭29. 7.20 昭29. 9.30	昭29.10. 9 昭45. 3.20 昭46 売却
−	200 (250)	−	200 (250)	−	5	D	1	1	10.05	B 220	(株)神田造船所	昭40. 6.18 昭40. 8. 2 昭40. 9.20	昭40.10. 1 昭53. 9.19 昭53 売却
−	350 (450)	−	350 (450)	−	3	D	1	CP1	10.70	S 542	内海造船(株) 田熊工場	昭53. 2. 7 昭53. 5.26 昭53. 9.18	昭53. 9.27 平18. 5.12 平18 売却
−	500 (800)	−	500 (800)	−	3	E	2	360° 2	10.47	−	中谷造船(株)	平17. 2. 8 平17. 4.26 平17.12.15	平18. 5.23
20	186	485	691		32	R	2	2	9.97	I 460	(株)大阪鉄工所	大 3. 8 大 3.11	大 3.11. 6 昭25 昭30 売却
−	−	71	71	−	4	G	1	1	8.19		福島光教	大 4. 2	大 4. 3.27 大14. 7.31 大14 売却
−	−	77	77	−	5	SD	1	1			原 直吉	昭12. 8	昭12.10. 昭23.11.10 昭26 売却
−	−	−	−	−	5	G	1	1	6.50		宮土金蔵	大11. 3 大11. 3	大11. 3.31 昭 4. 5. 6 昭 4 除籍
46	255	633	934	16	125	T	2	2	17.52	S 5,310	三菱重工業(株) 神戸造船所	昭21.11. 7 昭22. 8.20 昭23. 4. 9	昭23. 5. 1 昭40. 6.20 昭40 売却
330	870	−	1,200	38	53	D	8	CP2	21.16	S 13,625	日立造船(株) 桜島工場	昭39.10. 8 昭40. 2.20 昭40. 7.20	昭40. 8. 5 昭63. 3.13 昭63 売却
20	167	1,313	1,500	−	61	T	2	2	14.54	S 2,031	(株)播磨造船所	昭22. 3.11 昭23. 2.28 昭23. 5.29	昭23. 6.25 昭42. 9.23 昭43 売却

鉄道連絡航路年表

	年月日	事項
明治	15年(1882) 5月 1日	太湖汽船会社、大津－長浜間航路(琵琶湖)で船車連絡を開始。
	18年(1885) 7月16日	日本鉄道会社、栗橋－中田間(利根川)で渡船連絡を開始。
	19年(1886) 6月17日	利根川鉄橋の完成により、栗橋－中田間渡船連絡を廃止。
	22年(1889) 7月 1日	東海道線全通す。これにより大津－長浜間航路の船車連絡は廃止。
	24年(1891) 9月 1日	日本鉄道会社の上野－青森間鉄道全通し、既設の日本郵船の青森－函館間定期航路が、事実上の鉄道連絡航路となる。
	30年(1897) 7月26日	九州鉄道会社、大村湾で船車連絡を開始。
	9月25日	神戸を起点とする山陽鉄道会社の鉄道、徳山に達す。
	31年(1898) 9月 1日	山陽鉄道会社、徳山－門司間航路を開業。
	11月27日	九州鉄道会社の鳥栖－長崎間鉄道全通。これにより大村湾の船車連絡は廃止。
	34年(1901) 5月27日	山陽鉄道会社の神戸－下関間鉄道全通。徳山－門司間航路を廃止するとともに、新たに下関－門司間航路(関門航路)を開業。
	12月 1日	阪鶴鉄道会社、福知山－由良間航路(由良川)を開業。
	35年(1902) 4月	宮島渡航会社、宮島－厳島間航路(現在の宮島航路)を開業。
	36年(1903) 3月 8日	山陽鉄道会社、宮島航路を継承。
	18日	山陽鉄道会社、岡山－高松間航路および尾道－多度津間航路を開業。
	37年(1904) 11月 3日	阪鶴鉄道会社の福知山－由良間航路、福知山－新舞鶴間官設鉄道の開通とともに廃止。
	24日	阪鶴鉄道会社、舞鶴－宮津間航路を開業。
	38年(1905) 4月	阪鶴鉄道会社、舞鶴－境間航路を開業。
	9月11日	山陽鉄道会社、下関－釜山間航路(関釜航路)を開業。
	39年(1906) 3月31日	鉄道国有法(法律第17号、17鉄道会社買収)公布。
	7月 1日	阪鶴鉄道会社、舞鶴－小浜間航路を開業。
	10月 1日	日本鉄道会社、青森－函館間航路(青函航路)の直営に備え、タービン式汽船2隻の建造を英国に発注。
	11月 1日	政府、日本鉄道会社を買収。同社の青函航路直営計画および建造中の連絡船もともに継承。
	12月 1日	政府、山陽鉄道会社と、その所有する航路権ならびに一切の船舶を買収。
	40年(1907) 8月 1日	政府、阪鶴鉄道会社と、その所有する航路権ならびに建造中を含む一切の船舶を買収。
		≪以下、特記以外の航路は国鉄経営のものを示す≫
	41年(1908) 3月 7日	青函航路開業。
	42年(1909) 8月 5日	宮津湾内航路開業。
	43年(1910) 3月10日	日本郵船、青森－函館間定期航路を廃止。
	6月12日	宇野線開通。これにより、岡山－高松間および尾道－多度津の両航路を廃止するとともに、新たに、宇野－高松間航路(宇高航路)を開業。
	44年(1911) 10月 1日	下関－小森江間航路(関森航路)、「はしけ」による貨車航送を開始。
	45年(1912) 3月 1日	山陰本線・境線(京都－出雲今市・境間)全通。
	31日	舞鶴－境間航路廃止。
大正	2年(1913) 6月20日	舞鶴－小浜間航路、民間に譲渡。
	3年(1914) 12月10日	青函航路、「はしけ」による鉄道車両の航送を開始。
	5年(1916) 7月 1日	阿波電気軌道会社(大正15年[1926]阿波鉄道会社と改称)、阿波中原－富田橋間航路(吉野川)を開業。大正12年(1923)頃富田橋駅は廃止になり、起点は新町橋となる。
	8年(1919) 8月 1日	関森航路、自航船による貨車航送を開始。
	10年(1921) 10月10日	宇高航路、「はしけ」による貨車航送を開始。
	11年(1922) 4月 1日	関森航路、「はしけ」による貨車航送を廃止。
	11月 1日	宗谷本線全通。

188

	年 月 日	事　　　　　項
大正	12年(1923) 5月 1日	稚内－大泊間航路(稚泊航路)開業。
	13年(1924) 4月11日	舞鶴－宮津間航路、舞鶴－宮津間鉄道の開通により廃止。
	14年(1925) 7月30日	宮津湾内航路、宮津－丹後山田間鉄道の開通により廃止。
	8月 1日	青函航路、自航船による貨車航送を開始。
昭和	2年(1927) 6月 8日	青函航路、「はしけ」による貨車航送を廃止。
	5年(1930) 4月 5日	宇高航路、自航船による貨車航送を開始。
	8年(1933) 7月 1日	国鉄、阿波鉄道会社の阿波中原－新町橋間航路を買取。
	10年(1935) 3月20日	阿波中原－新町橋間航路、吉野川鉄橋が完成し、撫養－徳島間の開通により廃止。
	12年(1937)10月	山口県、大畠－小松港間航路(後の大島航路)開業。
	16年(1941)12月 8日	太平洋戦争勃発。
	17年(1942) 7月 1日	関門鉄道海底トンネル、正式に開通。
	9日	関森航路廃止。
	18年(1943) 5月20日	宇高航路、「はしけ」による貨車航送を廃止。
	7月15日	博多－釜山間航路(博釜航路)開業。
	10月 5日	関釜連絡船崑崙丸、米国潜水艦ワーフー号の魚雷攻撃により沈没。連絡船の戦災第1号となる。
	19年(1944) 1月 3日	青函航路、有川航送場(函館港)開業。
	20年(1945) 6月20日	関釜航路および博釜航路、戦局の悪化により運営困難となり、事実上、鉄道連絡航路としての使命終わる。
	7月14日～15日	青函航路、米国機動隊の大空襲により、沈没8隻、擱坐炎上2隻、損傷2隻の壊滅的打撃をうく。
	8月13日	稚泊航路、ソ連軍の南樺太侵攻に対応して緊急避難輸送を開始。
	15日	終戦。
	24日	稚泊航路、ソ連の南樺太占領により運航継続不能となる。
	21年(1946) 4月25日	山口県営の大島航路、国鉄に移管。
	5月 1日	仁方－堀江間航路(仁堀航路)開業。
	7月 1日	有川－小湊間航路開業。L.S.T.による貨車航送を開始。
	22年(1947) 3月 1日	関門航路、自動車航送を開始。
	23年(1948) 2月	有川－小湊間航路、L.S.T.による貨車航送を廃止。
	29年(1954) 7月15日	大島航路、一般自動車の航送を開始。
	9月26日	青函航路、洞爺丸ほか4隻の連絡船、台風15号のため沈没(「洞爺丸事件」)。
	30年(1955) 5月11日	宇高航路、紫雲丸、濃霧中第三宇高丸と衝突して沈没(「紫雲丸事件」)。
	33年(1958) 3月10日	関門国道海底トンネル開通。
	36年(1961) 6月15日	関門航路、自動車航送を廃止。
	37年(1962)11月 1日	宮島航路、自動車航送を開始。
	39年(1964)10月31日	関門航路廃止。
	40年(1965) 7月 1日	仁堀航路、自動車航送を開始。
	42年(1967) 6月 1日	青函航路、自動車航送を開始。
	51年(1976) 7月 4日	大島航路、大島大橋の開通により廃止。
	57年(1982) 6月30日	仁堀航路廃止。
	59年(1984) 1月31日	青函航路、有川航送場閉鎖。
	61年(1986)12月 4日	日本国有鉄道改革法(法律第87号、6旅客鉄道会社、1貨物鉄道会社等に分割・民営)公布。
	62年(1987) 4月 1日	国鉄、分割・民営化して発足。青函航路は北海道旅客鉄道会社が、宇高航路は四国旅客鉄道会社が、宮島航路は西日本旅客鉄道会社がそれぞれ継承。
	63年(1988) 3月13日	青函航路、青函トンネルの開通により、鉄道連絡航路としての使命終わる。
	4月10日	宇高航路、瀬戸大橋の開通により、鉄道連絡航路としての使命終わる。

船名索引 （五十音順・付表、写真は除く）

【あ】
安芸丸Ⅰ…大島丸Ⅰ参照
安芸丸Ⅱ…大島丸Ⅲ参照
旭丸…1・44・76・115
亜庭丸…5・35・37・41・42・46・125
阿波丸…13・47・114

【い】
壱岐丸Ⅰ型…35・38・44・107
壱岐丸Ⅰ…2・14・35・39・44・52・53・94・99・107
壱岐丸Ⅱ型…28
壱岐丸Ⅱ…6・33・40・125
石狩丸Ⅰ…8・47・112・146・148
石狩丸Ⅱ〈十和田丸Ⅰ改名〉…16
石狩丸Ⅲ…14・15・117・172
厳島丸…84・115
伊予丸型…39・41・48
伊予丸…13・47・116・174

【お】
大島丸Ⅰ…11・48
大島丸Ⅲ…みやじま丸Ⅰ参照
大島丸Ⅱ…12・29
大瀬戸丸型…44
大瀬戸丸…1・44・81・90・92・107
渡島丸Ⅰ…9・47・113
渡島丸Ⅱ型…29・39・41・127
渡島丸Ⅱ…14・127・171

【か】
関門丸型…37・45・46

【き】
北見丸型…47
北見丸…9・47・119・148

【け】
景福丸型…28・35・38・41・45・141
景福丸…3・40・45・108・138

【こ】
興安丸…6・45・97・108・138
児嶋丸…139
児嶋丸…1・74・77・80・107
高麗丸型…35・38・41・45
高麗丸…3・40・44・122
金剛丸型…37・39
金剛丸…6・45・96・108・138・143
崑崙丸…6・45・101・108

【さ】
讃岐丸Ⅰ…10・39・47・48・110・174
讃岐丸Ⅱ…13・117・175
山陽丸Ⅰ型…45・75・78
山陽丸Ⅰ…2・45・74・109
山陽丸Ⅱ…11・48

【し】
紫雲丸型…35・47・109・125
紫雲丸…10・38・39・47・75・125
下関丸Ⅰ…1・44・48・81・90・92・107
下関丸Ⅱ…4・35・46
昌慶丸…3・45・97・101・59・108・138
翔鳳丸型…31・38・39・45・46・59・108・119・145
翔鳳丸…4・31・45・46・118
白神丸…111
新羅丸…44・122

【す】
周防丸…11

【せ】
青函丸型…145

瀬戸丸Ⅰ…紫雲丸参照
瀬戸丸Ⅱ…12・39
※戦時標準船（W・H型）…7・109・112・119・120

【そ】
宗谷丸…5・35・41・42・46・112
空知丸Ⅰ…9・47・120・170
空知丸Ⅱ…14・128・158・172

【た】
第一宇高丸…5・46・122
第二宇高丸…5・46・116
第三宇高丸…10・39・40・47・48・109・144
第一関門丸型…48・141
第一関門丸…3・45・111
第二関門丸…3・39・45・111
第三関門丸型…41・116
第三関門丸…3・45・116
第四関門丸…3・45・116
第五関門丸…3・46・127
第一讃岐丸…讃岐丸Ⅰ参照
第一青函丸…46・119
第二青函丸…4・36・37・46・112
第二青函丸…7・36・37・39・40・46・122
第三青函丸型…39・46
第三青函丸…7・37・46・118・119
第四青函丸…7・46・67・118・119
第五青函丸…7・39・46・119・120
第六青函丸…7・15・46
第七青函丸…7・46・145・146
第八青函丸…7・46・145
第九青函丸…7・46
第十青函丸…7・46
第十一青函丸…8・46・47・119・145・146・148
第十二青函丸…8・46・47・119・146・148
第一太湖丸…1・44・70・106
第二太湖丸…1・70・106
第二阪鶴丸…115
第一由良川丸…1・44・48・115
第二由良川丸…1・44・115
第三橋立丸…2・118
太湖丸型…106
大雪丸Ⅰ…9・47・109・147
大雪丸Ⅱ…12・47・113・167
第二阪鶴丸…1
第二山口丸…5
龍飛丸…111
玉藻丸…1・74・76・77・107
田村丸…2・105・138

【ち】
長水丸…4・45・82・118

【つ】
津軽丸Ⅰ…4・45・46・108
津軽丸Ⅱ型…28・29・37・39・41・47・48・127・148・160
津軽丸Ⅱ…12・41・47・120・160・165
対馬丸Ⅰ…2・44・94・107
対馬丸Ⅱ…6・125

【て】
天山丸型…37・39・46
天山丸…6・45・108

【と】
洞爺丸型…29・31・37・38・39・47・109・147・148

洞爺丸…9・31・47・109・147・148
十勝丸Ⅰ型…47
十勝丸Ⅰ…9・15・47・113・148
十勝丸Ⅱ…14・117・152・159・160・161
徳寿丸…3・45・101・108・138
土佐丸…13・47・114
豊浦丸型…44
豊浦丸…1・44・89・107
十和田丸Ⅰ…10・37・39・42・47・110・168
十和田丸Ⅱ…12・47・120・148・169

【な】
七浦丸Ⅰ〈下関丸Ⅰ改名〉…48・81・87
ななうら丸Ⅱ…12・126・151・158
南海丸…2・45・109

【は】
馬関丸…1・44・89・107
橋立丸…1・71・115
八甲田丸…12・47・110・166
阪鶴丸…1・72・115・139

【ひ】
眉山丸…10・47・125
日高丸Ⅰ…9・15・47・119・148
日高丸Ⅱ…14・15・110・170
檜山丸Ⅰ型…39・47・119
檜山丸Ⅰ…9・39・40・47・110
檜山丸Ⅱ…115・173
比羅夫丸型…35・38・40・41
比羅夫丸…2・39・57・62・105・138
飛鸞丸…4・45・46・118

【ほ】
豊山丸型…35・45
豊山丸…4・45・91・118

【ま】
摩周丸Ⅰ…9・47・119・147
摩周丸Ⅱ…12・47・110・148・164
松前丸Ⅰ…4・45・46・108
松前丸Ⅱ…12・47・127・168

【み】
水島丸…2・116
弥仙丸Ⅰ〈大瀬戸丸改名〉…14・81
みせん丸Ⅱ…11
みせん丸Ⅲ…11・117
みせん丸Ⅳ…13・29・151
宮島丸…84
みやじま丸Ⅰ…11・48
みやじま丸Ⅱ…11
みやじま丸Ⅲ型…151
みやじま丸Ⅲ…11・117・150
みやじま丸Ⅳ…13・150

【も】
門司丸型…48
門司丸…4・35・45・116

【や】
山口丸型…87
山口丸…5

【よ】
羊蹄丸Ⅰ…1・47・109・147
羊蹄丸Ⅱ…12・47・116・148・157・162

【り】
利尻丸…55

【わ】
鷲羽丸…10・47・125・126

※は特例として掲載した。

あとがき

　執筆のために資料を調査中、いくつかの大きな社会的変革に遭遇した。

　そのひとつは「造船業界の統廃合」である。本文でも述べたが、わが国の新造船建造量は、昭和50年(1975)には最高を記録したが、第4次中東戦争後に続いた造船不況により、同63年(1988)には最低となった。その後、回復に向かったものの、徐々に台頭してきた後発国の激しい安値攻勢にさらされることになった。造船界はこれに対抗するため、これまでになかった形態の再編が大掛かりに行われたのである。多くの著名な造船会社が統廃合とともに社名が変わり、鉄道連絡船の馴染みの深かったいくつかの建造所が廃止されて、姿を消した。筆者が今回の調査をはじめたのは、一応再編が一段落した後であったが、問い合わせ先の何社からは"梨の礫"であった。

　かつて、『鉄道連絡船　100年の航跡』という本(昭和63年[1988]刊)を執筆中、正確を期するために、関係する県庁、市役所、図書館などの公共機関をはじめ、民間の造船所、船会社等に何十通もの照会状(返信料同封)を出したが、そのすべてから回答を得た。今回の造船所からの無回答は、統廃合によるショックの後遺症なのか、あるいは利害に関係がないからといって、相手を無視する今日の劣化した世相そのままなのか、は分からないが、いずれにしても、本来の質問の回答が得られなかった以上に、心の冷える思いであった。

　一方、そんな心を明るくしてくれた対応もあった。M重工のK造船所で建造された船の調査依頼を、勘違いをして、S造船所に送ってしまった。さっそくS造船所から電話で誤りを指摘されたが、こちらが赤面しているうちに、依頼書はK造船所に転送され、無事回答を得ることができた。幸い両造船所が共にM重工の所属であったにしても、その対応には、長年培われた伝統と余裕が感じられ、格の違いを際立たせた。

　平成11年(1999)にはじまった市町村の合併、いわゆる「平成の大合併」もそのひとつである。行政上必要とされてのことと思われるが、長年守られてきた由緒ある地名が、いとも簡単に葬り去られて、お手軽な「イメージ地名」に変えられてしまう。ただしこちらは、大変革の最中にもかかわらず、各地方の官公庁をはじめ、図書館、あるいは個人の方々から懇切な回答をいただけたことは感謝に堪えない。連絡船の小航路が集中する広島県、山口県が、全国的にみても合併が多かったことも印象的であった。本書では可能な限り、合併後の地名を付記するようにした。

　これらの変革で気になることは、それぞれに保管されてきた社史、あるいは郷土史に関する貴重な資料がどうなるのか、ということである。「イメージ地名」同様お手軽に処理されては、せっかくの歴史をつなぐ縦糸がなくなってしまう。そのような事態にならないことを心から祈りたい。

　その他、平成15年(2003)に制定された「個人情報保護法」の"神経質"な適用が追跡調査を一層困難にしたことも否めない。

　とはいうものの、本書は、大勢の方々のご助力でようやくまとめあげることができた。それでも筆者の勉強不足から、解明できなかった事項も少なくない。これらは文中でその都度"不明"の旨を記したので、今後の研究に望みを託したい。

　終わりに、本書の出版に尽力していただいた㈱JTBパブリッシングの大野雅弘さん、ともにより良いレイアウトをと心を砕かれた㈲東京編集工房の吉津由美子さん、プレスデザインの吉田了介さん、そして陰で支えてくださったスタッフの皆さんに、厚く御礼を申し上げたい。

平成20年(2008)10月　　　古川達郎

● 著者プロフィール

古川達郎（ふるかわ　たつお）

1923年	兵庫県に生れる。
1944年	横浜高工（現・横浜国大）造船工学科卒業。
1946年	国鉄に入社。函館にて青函連絡船の修繕工事の監督業務を担当。
1953年	本社（東京）に転勤。連絡船の改造および新造工事の監督業務を担当。
1977年	鉄道技術研究所（国分寺、現・鉄道総合技術研究所）に転勤。連絡船研究室主任研究員。
1979年	国鉄を定年退職。

その後、ディスプレー会社（株）ブラックアートセンター（東京）に勤務。1993年同社退職。

主な著書

『連絡船ドック』『続連絡船ドック』（船舶技術協会）
『日本の鉄道連絡船』（海文堂出版）
『鉄道連絡船100年の航跡』『鉄道連絡船のその後』（成山堂書店）

◎写真・資料提供協力（五十音順）
大月四郎・長船友則・川波伊知郎・西岡洋・橋本正夫・森内四郎・山口雅人
国鉄船舶局・国鉄広報部・国鉄宇高船舶管理部・JTBパブリッシング
※特記以外は筆者所蔵、および撮影

◎編集協力
東京編集工房／吉津由美子、湊由佳李

◎デザイン
ブレスデザイン／吉田了介（DTP協力／藤枝侑夏）

鉄道連絡船細見
海峡を結ぶ"動く架け橋"をたずねて

Can Books キャンブックス

著　者　古川達郎
発行人　江頭誠
発行所　JTBパブリッシング
〒162-8446　東京都新宿区払方町25-5
http://www.jtbpublishing.com

本書内容についてのお問合せは
☎03-6888-7845
編集制作本部企画出版部

図書のご注文は
☎03-6888-7893
営業部直販課

印刷所　図書印刷

©Tatsuo Furukawa 2008
禁無断転載・複製　083415
Printed in Japan 373070
ISBN 978-4-533-07319-9 C2026
乱丁・落丁はお取り替えいたします
旅とおでかけ旬情報 http://rurubu.com/

読んで楽しむビジュアル本 キャンブックス

鉄道

- 私鉄の廃線跡を歩く
- 私鉄廃線25年
- 鉄道未成線を歩く 国鉄編
- 鉄道未成線を歩く 私鉄編
- 鉄道廃線跡を歩く 完結編
- 鉄道廃線跡を歩く Ⅹ
- 鉄道廃線跡を歩く Ⅸ
- 鉄道廃線跡を歩く Ⅷ
- 鉄道廃線跡を歩く Ⅶ
- 鉄道廃線跡を歩く Ⅵ
- 鉄道廃線跡を歩く Ⅴ
- 鉄道廃線跡を歩く Ⅳ
- 鉄道廃線跡を歩く Ⅲ
- 鉄道廃線跡を歩く Ⅱ
- 鉄道廃線跡を歩く
- 全国保存鉄道Ⅳ 中国・四国・九州編
- 全国保存鉄道Ⅲ 北陸・上越・近畿編
- 全国保存鉄道Ⅱ 関東・信州・東海編
- 全国保存鉄道Ⅰ 北海道・東北編
- 全国保存鉄道
- 全国歴史保存鉄道
- 海外保存鉄道
- 英国保存鉄道
- サハリン 鉄道の旅
- スイスの鉄道
- アルプス・チロルの鉄道
- 韓国 鉄道の旅
- 韓国 鉄道の旅
- 世界のスーパーエクスプレス
- 世界のスーパーエクスプレスⅡ

- 世界のLRT／世界の駅
- 駅舎 再発見／駅旅のススメ
- 大阪・京都・神戸 私鉄駅物語
- 世界の蒸気機関車
- 現役蒸気機関車のすべて
- 遙かなり C58
- 鉄道構造物探見
- 知られざる鉄道
- 知られざる鉄道Ⅱ
- 全国鉱山鉄道
- 全国森林鉄道
- 全国トロッコ列車
- 地形図でたどる鉄道史
- 地形図でたどる鉄道史 西日本編
- 時刻表でたどる鉄道史
- 時刻表昭和史探見
- 鉄道考古学を歩く
- 昭和を走った列車物語
- 東京駅歴史探見
- 東京の鉄道物語
- 横浜の鉄道物語
- 中央線オレンジ色の電車 今昔50年
- 都電が走った街 今昔
- 都電が走った街 今昔Ⅱ
- 玉電が走った街 今昔
- 札幌市電が走った街 今昔
- 横浜市電が走った街 今昔
- 名古屋市電が走った街 今昔
- 京都市電が走った街 今昔
- 大阪市電が走った街 今昔
- 神戸市電が走った街 今昔
- 福岡・北九州 市内電車が走った街 今昔

- 伊予鉄が走る街 今昔
- 土佐電気鉄道が走る街 今昔
- 広電が走る街 今昔
- 長崎「電車」が走る街 今昔
- 熊本市電が走る街 今昔
- 鹿児島市電が走る街 今昔
- 日本の路面電車Ⅰ／Ⅱ／Ⅲ
- 東京 電車のある風景 今昔Ⅰ／Ⅱ／Ⅲ
- 名古屋近郊 電車のある風景 今昔Ⅰ／Ⅱ
- 名古屋近郊 電車のある風景 今昔
- 関西 電車のある風景 今昔Ⅰ／Ⅱ
- 関西 鉄道考古学探見
- 鉄道唱歌の旅 東海道線今昔
- 東北・上越新幹線
- 東海道新幹線
- 東海道新幹線Ⅱ
- 山陽新幹線
- 山陽鉄道物語
- 東武デラックスロマンスカー
- 小田急電鉄の車両
- 江ノ電～懐かしの電車名鑑
- 京急クロスシート車の系譜
- 京急の車両
- 京急の駅 今昔・昭和の面影
- 東急の駅 今昔・昭和の面影
- 大手私鉄比較探見
- 大手私鉄比較探見 西日本編
- 大手私鉄比較探見 東日本編
- 名鉄パノラマカー
- 名鉄の廃線を歩く
- 名鉄600V線の廃線を歩く
- 京阪特急
- 近鉄特急 上／下
- 近鉄の廃線を歩く
- 琴電・古典電車の楽園
- ことでん長尾線のレトロ電車
- キハ58物語
- キハ82物語
- DD51物語
- 寝台急行「銀河」物語
- 国鉄急行電車物語
- 国鉄急行電車物語 新性能電車編
- 日本の電車物語
- 日本の電車物語 旧性能電車編
- 私鉄気動車30年
- 幻の国鉄電車
- 旧型国電50年Ⅰ／Ⅱ
- 九州特急物語
- ローカル私鉄車輌20年
- ローカル私鉄車輌20年 東日本編・西日本編
- 全国鉄道博物館
- 譲渡車両 今昔
- 国鉄鋼製客車Ⅰ
- 〈キャンDVDブックス〉
  - 京急おもしろ運転徹底探見
  - 黒岩保美 蒸気機関車の世界
  - ①北海道編 ②本州編〈其の壱〉
  - ③本州編〈其の弐〉・九州編
- 追憶 新幹線0系

交通

- 絵葉書に見る交通風俗史
- 横浜大桟橋物語
- 鉄道連絡船細見
- YS-11物語

旅とおでかけ旬情報 http://rurubu.com

その他、古寺巡礼・趣味・文学歴史・美術工芸・芸術・自然・食・海外ジャンルの図書も多数ございます。